Dom Sebastião no Brasil

Coleção Khronos
Dirigida por J. Guinsburg

Equipe de realização – Revisão de provas: Iracema A. Oliveira; Produção: Ricardo W. Neves e Raquel Fernandes Abranches.
Ilustração da capa – Capa do folheto *Os Sinais do Fim do Mundo*, de José Costa Leite (xilogravura do autor).

Marcio Honorio de Godoy

Dom Sebastião no Brasil:

Fatos da cultura e da comunicação em tempo/espaço

Dados Internacionais de Catalogação na Publicação (CIP)
(Câmara Brasileira do Livro, SP, Brasil)

Godoy, Marcio Honorio de
　　Dom Sebastião no Brasil : fatos da cultura e da comunicação em tempo/espaço / Marcio Honorio de Godoy. — São Paulo : Perspectiva; Fapesp; 2005. — (Khronos ; 25)

　　Bibliografia.
　　ISBN 85-273-0730-8

　　1. Brasil - História 2. Messianismo político 3. Portugal - História - Sebastião, 1554-1578 4. Religiosidade 5. Sebastianismo I. Título. II. Série.

05-6328　　　　　　　　　　　　　　　　　　CDD-981.021

Índices para catálogo sistemático:
1. Sebastianismo : Brasil-colônia : História
981.021

Direitos reservados à
EDITORA PERSPECTIVA S.A.
Av. Brigadeiro Luís Antônio, 3025
01401-000 – São Paulo – SP – Brasil
Telefax: (0--11) 3885-8388
www.editoraperspectiva.com.br
2005

Aos meus pais, aos meus irmãos e à minha sobrinha.
Fomos pele, sangue e nervos.
Vivemos intensamente.
Viva El Rei Dom Sebastião!

SUMÁRIO

Agradecimentos 12

O Rei Encantado – *Jerusa Pires Ferreira* 14

Cronologia 16

PRIMEIRA PARTE: OS FATOS

1. Dom Sebastião em Portugal: do Desejado ao Encoberto 24

   I. O rei e seus entornos (o Desejado) 24
   Alguns pequenos apontamentos geopolíticos em favor
   de pistas que nos falem algo sobre a situação de Portugal
   no mundo do século XVI 25
   Sobre as dificuldades referentes à concepção de um herdeiro
   para o trono português, da realização deste nascimento e o
   conseqüente revitalizar de sentimentos em suspenso 28

   II. Apontamentos de vários aspectos da formação do rei 31
   Sobre um texto de formação de um sujeito, ainda vazio
   em virtude da sua condição de recém-nascido, e outro
   que alimenta sua personalidade 31
   Uma novela de cavalaria medieval em pleno Renascimento 31
   A primeira epopéia do mundo redondo: *Os Lusíadas*.
   Um fio valioso tecendo a personalidade do Desejado 35

Da formação do Desejado interna ao Castelo 40
　　Da educação do Desejado nas armas 41
　　Sobre a formação do Desejado através de um "gênero" doutrinário: os "espelhos de príncipes" 44

　III. A batalha de Alcácer Quibir e o "desaparecimento" do corpo do rei (em vias ao Encoberto) 50
　　Das questões que levaram a batalha de Alcácer Quibir a ganhar feições de Cruzada cristã 54
　　De uma lenda e sua travessia pelo tempo/espaço de uma nação 56
　　Sobre as ressonâncias da lenda do Milagre de Ourique desencadeadas por uma certa espada empunhada por Dom Sebastião 62
　　A batalha de Alcácer Quibir: a salvação do corpo físico do rei Desejado, por meio do seu "desaparecimento": a construção de um mito 67

　IV. Das novas tramas que deram continuidade a um rei Desejado entronizado no imaginário da nação como o rei Encoberto: o caso dos quatro falsos reis Dom Sebastião 70
　　Sobre as peripécias do rei Penamacor 71
　　O rei de Ericeira: um caso de maior gravidade para a Corte castelhana 73
　　O pasteleiro de Madrigal e Marco Túlio Catizone, o Calabrez: os falsos reis rompem os limites do território português 76

　V. De vozes proféticas e seus encaixes: transcrições, traduções e interpretações (Dom Sebastião é o Encoberto) .. 80
　　Bandarra: sapateiro, trovador e profeta 80
　　Sobre o chamado corifeu dos sebastianistas: um leitor singular das *Trovas* do Bandarra 83
　　De certas *Trovas* proféticas de cunho milenarista, utópico e messiânico, judaico-cristão 84

2. Presenças Primeiras da Figura de Dom Sebastião no Brasil 96

　　I. Do que irá se tratar sobre as primeiras presenças da figura do rei Dom Sebastião no Brasil 96
　　Dos navegantes colonizadores e seus contatos com terras novas: a semelhança despertando memórias 97
　　Sobre os conhecedores das *Trovas* do Bandarra no Brasil 99

　II. De visionárias e suas experiências com a figura do rei Encoberto 102
　　Luzia de Jesus e Joana da Cruz: visões do outro mundo e degredo para o Brasil 102

Um matrimônio para a sacralização universal do mundo:
Rosa Egipcíaca e Dom Sebastião 106

III. Por uma história do futuro 113
Pe. Antônio Vieira e seu *Sermão de São Sebastião*:
primeiro um sebastianista 113
Pe. Antônio Vieira joanista. De uma vontade pessoal
em confluência a uma vontade coletiva: ser o profeta dos
novos tempos para o advento do Quinto Império
Universal em sua *História do Futuro* 118
De uma utopia pessoal 119
Tornar a utopia pessoal consonante à utopia coletiva 124

3. Cartografias Brasileiras 128

I. Introdução: a que se refere este capítulo e como 128

II. A partida e a viagem: uma como completude de uma etapa,
outra como o entre, como incapacidade de apreensão 129
O objeto já se mostra na minha chegada: apresentação
de alguns traços da sua maneira de ser 130
De uma purificação permissora da continuidade da
pesquisa e suas implicações 132
Da ida à ilha dos Lençóis: obstáculos e resultados iniciais . 137
A volta a São Luís e a grande festa de São Sebastião, em
Tambores de Mina: o encontro de três em um 155

III. Região do Salgado: a contigüidade do caminho sebástico
no litoral paraense 162
Sobre formas da natureza contribuindo para a construção
de um fenômeno da cultura 164

IV. Traços sebastianistas no sertão pernambucano: o trauma de
um movimento popular rebelde e duas atuais releituras 176
Uma passagem rápida por Recife e uma pista possível,
em folhetos de cordel, de traços que compõe o imaginário
em torno do sebastianismo nordestino 184

V. Vontade de movimento. Outras cartografias. Outros
tempos e lugares 186

SEGUNDA PARTE: ELEMENTOS DO DOSSIÊ
E ESTADO DA QUESTÃO

Documentos 194

Querelas da Questão 210

Bibliografia 214

AGRADECIMENTOS

Como já disseram Félix Guattari e Gilles Deleuze; cada um de nós é uma multiplicidade, cada um de nós já é muita gente. Por isso este trabalho é um encontro de várias pessoas com as quais me aproximei, mesmo estando tão distantes às vezes. Por, entre outras coisas, fazerem parte de uma rede que me levaria à possibilidade deste trabalho, minha eterna gratidão à grande amiga Márcia Martins de Moraes, que me levou à amiga Magali Fernandes, que me entregou a alguém que tinha condições de me provocar movimento nessa pesquisa, e da qual falarei mais a frente.

Agradeço aos amigos que trocaram comigo, não só contribuições intelectuais, mas intimidades acerca dos nossos desesperos, aflições, incertezas, inseguranças e, sobretudo, de nossas alegrias. A todos os amigos do Centro de Estudos da Oralidade e Centro de Crítica Genética, muito obrigado.

Minha gratidão ao Teatro União e Olho Vivo, principalmente a César Vieira.

Do corpo docente, muito além do generoso e maravilhoso compartilhar de saberes, sou grato por receber a forte amizade e interesse de Eric Landowski, Ana Claudia Mei, Cecília Almeida

Salles, Silvio Ferraz, Olga de Sá e Amalio Pinheiro. Tenho apreço e admiração muito sincera por todos vocês.

Nos lugares em que estive em busca de Dom Sebastião, o Encantado, abraços e todo meu eterno respeito pelo amigo e irmão Tácito Borralho, do Maranhão, e a todos os que compartilharam suas experiências tidas com o Encantado. Em Belém do Pará recebi apoio fraterno de Jozebel Akel Fares e de colegas acadêmicos que estão citados no trabalho. Gratidão também a todos os narradores da região. Lembranças também dos amigos de São José de Belmonte, sertão de Pernambuco.

Voltando à minha terra, agradeço aos que participaram de minha qualificação. Desta forma tive a oportunidade de conhecer e receber apoio da pesquisadora Marion Aubrée, da École des Hautes Études em Sciences Sociales, e de Cecília Almeida Salles, professora e amiga do Programa de Comunicação e Semiótica da PUC/SP.

Agora é à minha orientadora Jerusa Pires Ferreira, excepcional ser humano, que devo especialmente agradecer. Afinal não só orientou como confiou, apoiou e acreditou neste trabalho.

Agradeço à Fapesp, que além da contribuição financeira que possibilitou traçar esta primeira cartografia do grande Encantado Rei Dom Sebastião, orientou, de maneira primorosa, os caminhos deste trabalho, por intermédio de pareceres perspicazes de um atento parecerista que eu gostaria de um dia ter a oportunidade de conhecer.

Enfim, eterna gratidão à Perspectiva, primeiramente pela luta de se comprometer em sempre oferecer títulos indispensáveis às buscas de saberes, e em segundo lugar por me dar a magnífica oportunidade de figurar, agora, entre estes títulos. Além de tudo, não posso deixar de manifestar meu mais sincero respeito ao professor Jacó Guinsburg por doar valioso tempo em apaixonados comentários acerca de assuntos que nos interessam.

O REI ENCANTADO

O que terá levado Manoel de Oliveira a insistir tanto na figura do rei D. Sebastião, em seus últimos filmes? Colocá-lo em cena, como um Hamlet, protagonista do desespero e, ao mesmo tempo, depositário de todas as esperanças? Isto num filme-teatro em que sentimos a grandeza do drama como se, num ambiente português e em dicção shakespeariana, coubessem todos os dilemas.

O poeta alentejano José Régio pôde, em seu texto, dar voz ao rei que se mostra na intensidade de seus conflitos saindo em seguida, em busca da cruzada que envolvia a promessa, a conquista, a integração.

E por sua vez em *Filme Falado,* o jovem rei que desapareceu nas areias do norte da África, é posto em boca da protagonista, jovem moderna que o explica à sua filha e aos de seu tempo. Corresponderia este fato às dificuldades contemporâneas de, em pretendida plasmação européia, acenar com a manutenção de uma identidade, a do mundo português sob os mais diversos trajetos?

Considerar também que sob diferentes acenos de promessa, de mudança social ou de anunciado fracasso, a mídia se refira ao rei desaparecido e a alguma coisa que nesses Brasis e Portugais se chamaria de Sebastianismo?

Fenômeno de nossa cultura, discutindo messianismos que apontam para nossos vieses judaico-cristãos, sustentação de movimentos populares, trabalho alegórico, o desafio levou o pesquisador e escritor Marcio Honório de Godoy a buscar uma sistematização do tema.

Do rei desejado ao encoberto, de sua origem nebulosa ao nosso presente. Por isso, procurou antecedentes, visitou e discutiu as mais diversas bibliografias, percorreu as *Trovas* de Bandarra, alcançou pontos de irradiação do mito, das crenças, da história.

Partiu em seguida para a viagem pela literatura, visando a uma espécie de conjunção de textos de alguns escritores de língua portuguesa: Vieira, Pessoa, José Lins do Rego, Suassuna e foi descobrindo o que permanece e se transforma, ainda hoje, na imaginação das gentes.

Mas contou muito a viagem que fez por alguns sítios do rei encantado, Pará, Maranhão e Pernambuco, sobretudo na escuta dos que o contaram, aqueles que permaneceram sempre às margens, quando do exercício de seus ritos e em suas fabulações mescladas, acreditando na possibilidade de reversão e no encantamento do mundo. Tudo isto ofereceu ao autor deste importante trabalho a escala de um Brasil, imenso, diverso e tão uno...

As viagens que ele fez pelas areias do Maranhão, pelas encantarias de Belém, pelas agruras de Pedra Bonita nos confirmam: os mitos não costumam mentir (Não é o contrário o que se diz?).

Os percursos que desenvolveu, das teorias ao mais fundamentalmente humano nos mostram que sem este ir e vir, sem esta escritura poética que configura a história, nos restariam apenas as areias de um deserto sem fim...

Jerusa Pires Ferreira
Professora do Programa de Pós-Graduação
em Comunicação e Semiótica da PUC/SP

CRONOLOGIA

1550 No reinado de Dom João III, Portugal tem perdas significantes de seus territórios colonizados. O reino tem fortes golpes na memória de suas glórias. Além disso, o rei tem dificuldades em gerar um herdeiro ao seu trono.

1537 Nasce Dom João, filho de Dom João III e Dona Catarina. Porém a criança revela uma saúde frágil.

1552 O infante Dom João casa-se, aos 14 anos, com Dona Joana, filha de Carlos V, imperador de Espanha. O matrimônio é realizado na esperança de se conseguir a garantia de um herdeiro para o trono português.

1554 Algumas semanas antes de nascer o seu filho, morre o infante Dom João. Nasce, em 20 de janeiro, o novo herdeiro da coroa de Portugal. É batizado como Dom Sebastião; o primeiro de sua linhagem que recebe este nome pelo fato de ter nascido no dia em que se homenageia o santo católico. Depois de dar à luz Dona Joana recebe a notícia da morte do marido. Volta para a Espanha e nunca mais retorna a Portugal.

1556	Morre Dom João III, avô de Dom Sebastião. Dona Catarina, esposa do falecido rei, assume a coroa por pouco tempo. Dom Henrique, irmão de Dom João III, assume a regência do reino até Dom Sebastião atingir uma idade aceitável para receber a coroa.
1567	O *Memorial das Proezas da Segunda Távola Redonda*, de Jorge Ferreira de Vasconcelos, novela de cavalaria possivelmente finalizada em 1554, sob encomenda de Dom João III ao seu filho Dom João, vem a ser republicada, ou ganha uma continuação – esta é uma questão bastante discutida entre seus estudiosos – e acaba sendo dedicado a Dom Sebastião. Possivelmente o romance foi importante para a formação do futuro rei.
1568	Dom Sebastião é coroado aos 14 anos de idade, assumindo assim definitivamente o reino de Portugal.
1572	A importante obra *Os Lusíadas* de Luís Vaz de Camões é publicada e traz dedicatória a Dom Sebastião. O rei nesta ocasião tem 18 anos.
1573	Dom Sebastião faz uma primeira jornada ao Alentejo e ao Algarves, com a finalidade de fiscalizar contrabando de armas feito na região, e de observar obras de defesa da costa sul do país. São as primeiras atitudes mais independentes do rei em seu próprio reino.
1574	Mais uma viagem é realizada, desta vez ao Tânger, com duração de quarenta dias. As crônicas relatam que o rei tem recepção calorosa da população.
1577	Uma jornada a Alcácer Quibir, em busca de recuperar terras em África, estava prevista para 1577. A expedição é adiada em virtude de dificuldades financeiras e militares.
1578	Dom Sebastião consegue, alguns meses antes da batalha de Alcácer Quibir, uma bula de Cruzada aprovada pelo papa Gregório XIII. Além da bula papal, uma quantia em dinheiro é entregue pela Igreja a Portugal. Outros exércitos cristãos aderem ao projeto de Dom Sebastião.
1578	Em 24 de junho, parte a armada de Portugal rumo a Tânger. Na manhã de 04 de agosto é travada, finalmente, uma batalha entre o exército português e o

exército mouro nos campos de Alcácer Quibir. Portugal tem uma derrota arrasadora. O corpo do rei é dado como desaparecido pela crônica portuguesa, e pela crença que começa a nascer em torno de sua possível volta.

1578-1580 O cardeal Dom Henrique, tio-avô de Dom Sebastião, sustenta a coroa portuguesa até sua morte, em 1580.

1580 Felipe II, rei de Castela, assume também o trono português. Portugal perde sua independência ao ser anexado a Castela.

1584 Em julho, um jovem residente na Vila de Penamacor, localidade vizinha a Espanha, é confundido com Dom Sebastião. O reino português esperava a volta do rei que acreditava estar vivo, apenas desaparecido. O chamado rei de Penamacor é um dos casos sobre a onda de falsos reis que iriam povoar o reino de Portugal.

1585 Mateus Álvares, filho de um pedreiro açoriano, é o segundo caso de reis falsos confundidos com Dom Sebastião. Este caso foi de maior gravidade para a Corte de Castela, mas logo foi desbaratado. Este novo impostor ficou conhecido como rei de Ericeira.

1595 Gabriel Espinosa, um pasteleiro de Madrigal, é ajudado por um padre e por uma sobrinha de Felipe II em sua tentativa de tomar a identidade de Dom Sebastião. Este é o terceiro rei falso, e recebeu o nome de caso do pasteleiro de Madrigal.

1596 O calabrês Marco Túlio Catizone forma uma "Corte", na cidade de Veneza e diz ser Dom Sebastião. Ao seu redor, grandes personalidades de Portugal alimentam o embuste na tentativa de recuperar o reino que permanecia anexado a Castela. Em 1603 a fraude foi descoberta, a Corte paralela sofreu um desmonte, e Marco Túlio foi condenado a morte.

1603 Dom João de Catro, um fidalgo português, imprime e comenta as *Trovas* proféticas do sapateiro de Trancoso, Gonçalo Annes Bandarra. A obra impressa é chamada de *Paraphrase et Concordancia de Alguas Propheçias de Bandarra*. A intenção de Dom João de Castro é a de ver, nas trovas proféticas, a promessa da volta do rei Sebastião como um rei messiânico chamado de Encoberto. A figura de Dom Sebastião entra para o panteão de mitos do reino português. A crença na volta de Dom Sebastião como o rei Encoberto que viria instalar o cristianismo em todo o mundo, e com isso salvar a humanidade, é divulgada em todo o reino português através das *Trovas* do Bandarra.

1634 Pe. Antônio Vieira realiza sermão na igreja de Acupe, na Bahia, no dia do santo homenageado, São Sebastião. Ao utilizar jogos de palavras, marcando o texto com os termos "encoberto" e "descoberto", faz claras alusões ao rei Dom Sebastião como a esperança de defensor do reino português ainda anexado a Castela. Traços sebastianistas estão presentes no discurso de Vieira proferidos no Brasil.

1640 Dom João IV assume a coroa portuguesa, e entra para a história do reino como o monarca da restauração.

1647 Luzia de Jesus, uma "monja doméstica", é deportada para o Brasil pela Santa Inquisição. A monja afirma ter visões com a volta do rei Encoberto. Talvez sua presença no Brasil indique um possível caminho de transmissão do mito de Dom Sebastião à colônia portuguesa.

1649 O Pe. Antônio Vieira continua a crer em um rei Encoberto, e revela grande fidelidade às profecias das *Trovas* do Bandarra. No entanto, a figura que mais lhe parece próxima de um rei messiânico é a de Dom João IV, monarca responsável pela restauração do trono português em 1640. O padre Vieira torna-se um joanista.

1660 Outra monja doméstica é degredada ao Brasil pela Santa Inquisição. Joana da Cruz também tem visões sobre o Encoberto. É interessante observar que neste momento Portugal já tem seu trono restaurado. Porém, mesmo assim a volta de Dom Sebastião ainda é esperada.

1760 Uma ex-escrava, ex-prostituta, descobre-se visionária e preve seu matrimônio com Dom Sebastião depois de um grande dilúvio universal. Rosa Egipcíaca tem suas visões em Minas Gerais e no Rio de Janeiro onde passa a ser respeitada como uma espécie de santa. O fruto do seu matrimônio com Dom Sebastião seria a concepção do messias.

1762 Rosa Egipcíaca é condenada pela Santa Inquisição de Lisboa por heresia e falso misticismo.

1820 Movimento popular de aproximadamente quatrocentas pessoas forma-se ao redor de um "profeta", Silvestre José dos Santos, um ex-soldado que, depois de algumas andanças, terminou por se assentar na Serra do Rodeador, no sertão de Pernambuco, onde criou uma cidade que passou a ser chamada de Cidade do Paraíso Terrestre. Silvestre dizia receber mensagens sobre o retorno do rei Dom Sebastião que propiciaria um mundo de igualdade. O movimento foi esmagado por tropas oficiais em 1820. Muitos morreram e outros foram presos. O líder do movimento acaba escapando e nunca mais se tem notícias do seu paradeiro.

1836 João Antônio dos Santos, morador de Vila Bela, no sertão de Pernambuco, afirma, provavelmente através de leituras de Literatura de Cordel, que Dom Sebastião terá seu reino desencantado e trará igualdade para todos na Terra. Inicia um movimento popular em um local chamado Pedra Bonita. Este local é singularizado por um complexo de pedras que passou a ser habitado pelo movimento. Duas dessas pedras eram tidas como as torres do castelo de Dom Sebastião encantado. O movimento passou a ser chamado de Pedra Bonita por sua afinidade com a localidade.

1838 Nos dias 14, 15 e 16 de maio, o movimento messiânico da Pedra Bonita conheceu um final trágico. A base de duas torres de granito foi lavada com o sangue de 30 crianças, 12 homens, 11 mulheres e 14 cães. Este ritual foi realizado a mando de um dos líderes do movimento, João Ferreira, que pregava que o desencantamento de Dom Sebastião e do seu exército salvador se daria com estes sacrifícios. Pedro Antônio, outro chefe do grupo, percebendo a loucura que tomara conta de seu companheiro, consegue matá-lo e leva os crentes para outro local. No entanto praticamente toda a população do grupo é dizimada por grandes fazendeiros locais e pela polícia oficial que já planejava acabar com o movimento popular.

1893 Antônio Conselheiro, um líder popular religioso cearense, estabelece, no interior da Bahia, uma comunidade sertaneja a qual ele chama de Belo Monte. Para a história oficial a região passa a ser chamada de Canudos.

1896 De novembro de 1896 a outubro de 1897 Canudos sofre ataques contínuos do exército da República. Finalmente a comunidade é completamente destruída, mas entra para a história e é imortalizada pela obra *Os Sertões*, de Euclides da Cunha. Textos encontrados nos escombros da guerra revelam alguma presença sebastianista em Canudos, segundo Euclides da Cunha.

1902 Euclides da Cunha lança a obra *Os Sertões*, livro reportagem sobre a guerra de Canudos. Até hoje esta obra tem recepção enorme entre leitores e recebe estudos de especialistas de várias áreas.

1938 Lançado o livro *Pedra Bonita* de José Lins do Rego. O romance conta, pela primeira vez, a história dos acontecimentos da Pedra Bonita, no sertão de Pernambuco.

1972 Ariano Suassuna lança seu livro *Romance d'a Pedra do Reino e o Príncipe do Sangue do Vai-e-Volta*. Este romance também fala sobre os acontecimentos da Pedra Bonita, mas sua narrativa é feita toda através dos olhos de uma espécie de pícaro.

2002 O tema de Dom Sebastião, ou de movimentos envolvidos com sua figura saem em pelo menos duas Escolas de Samba do Rio de Janeiro.

2002 Luis Inácio Lula da Silva se torna presidente do Brasil. Alguns intelectuais tentam ver em sua imagem traços de um sebastianismo redivivo. Outros intelectuais observam este acontecimento político de maneira completamente oposta. Uma polêmica é instalada em alguns veículos de comunicação.

2004 Até os dias de hoje Dom Sebastião é presença viva no cotidiano, na religiosidade, nas narrativas, de maranhenses e paraenses. Não podemos precisar quando a figura de Dom Sebastião migrou para estas localidades, mas é evidente que sua presença sempre foi bastante forte no espaço de encantarias destes dois Estados.

PRIMEIRA PARTE:

OS FATOS

Capítulo I

Dom Sebastião em Portugal: do Desejado ao Encoberto

I. O rei e seus entornos (o Desejado)

Buscando levantar alguns traços que revelassem a singularidade do rei de Portugal Dom Sebastião, no processo histórico em que ele viveu, faz-se necessário esclarecer, primeiramente, as circunstâncias que o envolveram em um cenário político, social, cultural que já vinha sendo formado mesmo antes do seu nascimento. Isto se faz pertinente não apenas para contextualizar historicamente esse rei português, mas também para se observar algumas linhas que irão tecer sua singularidade, tanto histórica como culturalmente.

Pretendemos perceber, desta forma, a conjunção de alguns fatores que cercam o nascimento, a vida e o "desaparecimento" do jovem rei Dom Sebastião. Será de suma importância, então, encontrarmos pistas que devem nos dizer muito a respeito do jovem rei, a partir do momento em que recebe o sugestivo e simbólico epíteto de "o Desejado". Mais tarde, sem ter perdido as marcas (que recebe em sua vida) que o identificavam como o Desejado, Dom Sebastião, ao ter seu corpo "desaparecido", acabou sendo confundido com um mítico e lendário rei, e passou a ser reconhecido como "o Encoberto". Transitando numa existência virtual, ao ser esperado como o rei Encoberto, ganhará concretude em diversos textos da cultura, e em movimentos sociais ao longo de diferentes espaços/tempos. Mas, por ora, devemos compreender o que se passava em Portugal historicamente, para que surgissem os primeiros clamores direcionados a um especial monarca, que, mesmo sem ter nascido, já seria chamado de Desejado.

Alguns pequenos apontamentos geopolíticos em favor de pistas que nos falem algo sobre a situação de Portugal no mundo do século XVI

Como se sabe, muitas conturbações na geopolítica européia afligiam vários povos no segundo quartel do século XVI. Carlos V, rei de Castela, desencadeara várias guerras em favor da sua ambição de ser um monarca universal. Ao mesmo tempo, Portugal sentia a decadência do seu império pouco tempo após o período de glórias dos descobrimentos.

Tendo se consolidado como uma forte potência mundial até o início do século XVI, Portugal começou a sentir as dificuldades de manter um império tão grande. As enormes distâncias entre a metrópole e as terras descobertas e conquistadas, e as guerras contínuas e prolongadas nestas regiões, causavam mais prejuízos que lucros para a metrópole. Desta forma, no reinado de Dom Manuel, em 1515, Portugal conheceria sua primeira grande derrota no Norte da África, em Mamora. Cerca de quatro mil homens, cem navios e toda a artilharia lusitana foram destroçados. Além desse golpe, detentor de um forte sinal de enfraquecimento de Portugal, justamente por ser a primeira derrocada depois de épocas de plenitude, outro fato humilhante ocorreu em virtude desta derrota. Após este mal sucedido combate, em que a vitória foi dos africanos, a população portuguesa, destinada a colonizar a região da Mamora e Anafe, é vendida como escrava. Este fato, como era de se esperar, ganhou repercussão nacional em todas as camadas sociais.

Porém, foi no reinado de Dom João III, avô de Dom Sebastião, que se presentificou uma época de perdas significantes de territórios portugueses no Norte da África. A partir de 1541, até 1550, posições estratégicas como Santa Cruz do Cabo da Gué,

Safim, Alcácer Ceguer e Arzila caem nas mãos dos mouros. Os dois últimos territórios citados acima nem chegaram a ser palco de combates, pois foram logo abandonados por ordem do rei Dom João III. Essa atitude do monarca nos indica, mais claramente, marcas de decadência da nação portuguesa. Esses enormes prejuízos territoriais colocavam em dúvida a concretização do sonho de um império português nesta região[1].

Diante dos recuos, outros territórios ganharam a atenção de Portugal. No Oriente, Málaca e Macau tornavam-se pontos estratégicos para acesso ao comércio da China. No Brasil, Dom João III inicia uma colonização mais ostensiva, doando capitanias hereditárias, entre 1530 e 1540.

No caso do Brasil, as ações da metrópole marcavam uma resistência contra o avanço da presença francesa em terras descobertas da América. A ameaça francesa mostrava-se mais intensa na medida em que tinha como aliados os povos nativos Tupinambás. Mas, apesar das medidas tomadas, muitos problemas internos da colônia preocupavam a metrópole por causa da total autonomia de que gozavam as capitanias hereditárias. "Os remédios proferidos por Dom João III [...] foram estabelecer uma organização mais rigorosa, criar um governo-geral, forte o bastante para garantir a ordem interna e estabelecer a concórdia entre os diversos centros de população"[2].

Trata-se, portanto, de uma época de garantia de territórios já conquistados, e de uma tentativa de maior consolidação do Estado português. Portugal sentia ir-se apagando seu ímpeto pelas descobertas e conquistas territoriais. As grandes glórias recentes dos descobrimentos, que permitiram a Portugal tornar-se uma das maiores potências do mundo, passavam a enfrentar uma profunda crise. A dificuldade de manter territórios já conquistados aniquilava projetos de tomar novos espaços em proveito de uma política expansionista que forjou, num passado recente de Portugal, àquela época, um forte orgulho estendido ao cotidiano português.

---

1. J. Hermann, *No Reino do Desejado. A Construção do Sebastianismo em Portugal: Séculos XVI e XVII*, p. 29.
2. J. C. de Abreu, *Capítulos de História Colonial (1500-1800)*, pp. 35-46 e seguintes.

No mesmo movimento de fechar a nação para o mundo, percebemos, com maior evidência, uma aristocracia que passa a ser desenhada com traços marcantes, dando vida a uma vontade de ordenação e controle. Portugal passava, logicamente, por crises econômicas: como já vimos, tinha prejuízos com suas colônias. O desequilíbrio do império português era, então, patente. A aristocracia assumiu e centralizou definitivamente o poder com grande veemência, e o povo foi relegado cada vez mais à miséria[3].

Neste mesmo reinado, introduz-se o Tribunal da Santa Inquisição e, em 1540, realiza-se o primeiro auto-de-fé público em Lisboa[4]. O controle social mostra-se duro pelo extremo receio de um reinado incapaz de manter suas glórias passadas, e de continuar com os cuidados que tinha com sua população em outros tempos. A intolerância religiosa instalada por Dom João III, o distanciamento espacial, de poder e financeiro, cada vez maior entre a Corte e o povo, mostram-se como indubitáveis provas de uma nova era pela qual passava Portugal. Um povo que, num passado bem próximo, fez parte da grandeza de sua nação, ao se aventurar no mar em busca de novas terras, que entendia estar integrado ao seu reino, e ser um de seus membros imprescindíveis, deve ter sentido, naquele momento, estar sendo relegado a um espaço social cada vez mais marginalizado. A nação portuguesa estava partida.

Este angustiante estado de crise de Portugal tornava-se mais contundente diante dos movimentos ameaçadores de uma nação vizinha. Carlos V, rei de Castela, continuava seu projeto de constituir um império universal cristão, dando ênfase a uma política expansionista. Como veremos, o reino português e seu povo, além de sentir uma certa decadência, tendo em vista seu glorioso e recente passado, percebia outras ameaças, como a perda de sua sólida nacionalidade territorial se fosse submetida a Castela. Por já ter sido condado de Castela, Portugal temia voltar a fazer parte deste reino, o que significaria ser ferido profundamente em seu orgulho nacional.

---

3. A. Novinski, "Sebastianismo, Vieira e o Messianismo Judaico", em Carlos A. Iannone et alli (org.), *Sobre as Naus da Iniciação: Estudos Portugueses de Literatura e História*, pp. 66-67.
4. Idem, ibidem, p. 67.

Todo este estado de coisas, todo este medo e angústia irão contribuir para a insuflação da idéia de um rei Desejado. Mas, para além deste cenário, outro fator auxiliaria, e muito, para que uma ansiedade coletiva insistentemente conclamasse a geração de um novo soberano. E este, já chamado de Desejado mesmo antes da sua chegada ao mundo, começa a representar os anseios da nação.

Sobre as dificuldades referentes à concepção de um herdeiro para o trono português, da realização deste nascimento e o conseqüente revitalizar de sentimentos em suspenso

Além dos problemas que diziam respeito à política externa e interna de Portugal, outra questão mais simples, porém mais devastadora, afligia a nação portuguesa. Dom João III teve grandes dificuldades para gerar um herdeiro da coroa. Casado com Dona Catarina, irmã de Carlos V, viu a morte de todos os seus nove filhos e, conseqüentemente, o quase rompimento do fio hereditário que determinaria a independência de Portugal. Porém, dois destes nove filhos conseguiram chegar à idade de procriação. Foram eles Dona Maria, que se casou com o príncipe Felipe II, sobrinho de Dona Catarina e mais tarde rei de Portugal, e o infante Dom João.

Dom João, nascido em 1537, bem cedo revelou uma saúde muito frágil. Deste modo, o rei ainda tinha grandes preocupações quanto à herança do trono. Resolveu então casar o infante Dom João, então com 14 anos de idade, com uma prima do jovem: Dona Joana, filha de Carlos V. Tal matrimônio revelava as desesperadas tentativas para a manutenção da independência portuguesa.

De fato a estratégia teve êxito, se pensarmos no fruto, advindo do casamento realizado em 1552, entre o infante Dom João e Dona Joana. Porém, ainda eram bastante tênues as linhas que poderiam compor a imagem da próxima figura a sentar no trono de Portugal. Ainda adolescente e de constituição frágil, Dom João foi afastado de sua esposa, por sentir-se doente, e pouco tempo depois morreu, em decorrência de uma forte crise de diabetes. Dona Joana, que estava grávida, só foi informada da morte do marido após o nascimento do tão esperado Dom Sebastião, em 20 de janeiro de 1554, dia do santo que daria nome ao tão aguardado filho. Envolvida em luto, Dona Joana deixa Portugal e seu filho, e retorna a Castela para nunca mais voltar[5].

O nascimento de Dom Sebastião parece colocar fim a um período de escuridão e apreensão em torno do destino do reino português. Este pequeno acontecimento se revela imenso, por significar um momento no qual, mesmo sendo relâmpago, consegue fazer coincidir, novamente, os desejos da coroa portuguesa com os do povo.

De um lado, a Corte concretiza seu desejo de perpetuação e conservação do poder institucional, social e territorial através da figura do neto recém nascido de Dom João III. Novamente se vê garantida a independência portuguesa diante das ameaças externas e internas. De outro, o rei Desejado, esperado pela população exterior ao castelo, simbolizava um novo fôlego de Portugal como potência mundial.

Além de o Desejado garantir o trono português, uma memória de algo já experimentado é reativada. Dom Sebastião, ao nascer, reaviva a memória da nação relacionada a uma certa promessa feita por Jesus Cristo que se fez presente a Dom Afonso Henriques, primeiro rei português, em uma visão. Cristo revelaria a este monarca que Portugal seria a cabeça do império cristão universal na Terra, o que garantiria a constituição futura do Seu reino. Esta lenda, conhecida como o Milagre de Ourique, teve grande transmissão oral em um período, e mais tarde é reconhecida e divulgada através da escrita, como se verá, por membros da Corte portuguesa. Ela granjeia grande importância para a constituição da história de Portugal, e do imaginário nacional, ao referir-se ao nascimento mítico da nação portuguesa.

O nascimento de Dom Sebastião também acaba despertando novamente o desejo da retomada de um projeto de conquista de territórios, iniciado pela dinastia de Avis; projeto este que estava um tanto quanto abandonado pela atual coroa, do avô de Dom Sebastião. Enfim, diversos outros elementos que fizeram as glórias passadas de Portugal, e que se encontravam em estado de profunda sonolência por causa de um reinado apático, parece que ganham novo fôlego no dia mesmo da chegada ao mundo do futuro rei.

---

5. A. M. Pires, *Dom Sebastião e o Encoberto: Estudo e Antologia*, p. 41.

Tanto é assim que as recriações feitas do dia deste nascimento estiveram presentes, depois, em várias épocas e em vários autores. O impacto da vinda ao mundo do tão ansiosamente esperado herdeiro do trono, ganhou grande repercussão no imaginário português. Um exemplo da força deste acontecimento é encontrado na evocação histórica a este rei, escrita por Antero de Figueiredo, em 1924, e chamada *Dom Sebastião Rei de Portugal*:

> Bendito seja São Sebastião, que nos livra da peste, e, em seu dia, nos dá um rei! Riem, choram, cantam! Deus e Pátria! Que alegria. E essas almas, de leves, como que levantaram o corpo. [...] Arrepiam caminho, sobem a viela, irrompem de roldão na Sé. Nos vidros das janelas altas coalha-se a luz alvaiada da primeira hora fresca do dia. No altar-mor acendem-se muitas velas, muitas. Queima-se incenso. Toca o órgão; e, então, aqueles outros cantos de rogo, substituindo-se por cantos de agradecimento, elevam-se, sonorosos, num Te-Deum laudamus gratíssimo, que transborda dos corações, se avoluma, e sobe às alturas das abóbadas da velha cátedra, transpassa-se e ergue-se aos céus. Hossana! Hossana! Nasceu finalmente o Desejado, o Desejado[6].

Parece claro, nesta evocação de Antero de Figueiredo, mesmo separada por tanto tempo do acontecimento histórico, o quanto o reino se encontrava em suspenso na espera de um rei que desse continuidade à sua independência e sustentasse o orgulho nacional. O nascimento de Dom Sebastião estimula a movimentação da nação, e aciona todo um conjunto de sentidos que pareciam encontrar-se em estado letárgico. Luzes, cores, cheiros e sons aparecem neste enunciado, ressaltando a passagem de um estado apático a outro, cheio de vida, despertado por um pequeno/grande acontecimento. Eis uma imagem, um quadro mesmo, do que representou o nascimento do Rei. Por um momento de grande intensidade, dá-se mais uma vez o encontro dos desejos da corte e da população, tão separados antes da geração do novo soberano. Todo esse movimento coletivo tomou conta do ambiente, com a chegada do Desejado. Nome próprio e epíteto se encontravam, finalmente. Dom Sebastião era o Desejado; e se tornaria a expressão do desejo de todo o reino.

---

6. Antero de Figueiredo, apud A. M. Pires, op. cit., nota 1, p. 41.

II. Apontamentos de vários aspectos da formação do rei

Sobre um texto de formação de um sujeito, ainda vazio em virtude de sua condição de recém nascido, e outro que alimenta sua personalidade

Diante das dificuldades pelas quais passava o reino português no período que assinalamos acima, parece que, na segunda metade do século XVI, existiam mesmo novos anseios de retomada do caminho das antigas glórias de Portugal. Diversos textos indicam, em enunciados encomendados pela Corte, e em outros produzidos fora dela, essa expectativa. Certamente alguns desses textos conduziram a formação do infante Dom Sebastião, por terem sido escritos mesmo antes do seu nascimento, mas oferecidos ao tão desejado herdeiro do trono português. Trataremos agora de perscrutar alguns trechos destes textos, atentando para suas contribuições para a formação do caráter do futuro rei.

Uma novela de cavalaria medieval em pleno Renascimento

O *Memorial das Proezas da Segunda Távola Redonda*, de Jorge Ferreira de Vasconcelos, novela de cavalaria possivelmente finalizada em 1554, sob encomenda de Dom João III ao seu filho Dom João, vem a ser republicada, ou ganha uma continuação – esta é uma questão bastante discutida entre seus estudiosos – em 1567[7]. A novela traz de volta temas do ciclo arturiano, mas, desta vez, eles são envolvidos em episódios da história de Portugal. Um rei chamado Sagramor, personagem criada para esta novela, é neto do lendário rei Artur, e promove uma ligadura entre os feitos dos heróis da época do rei Artur às glórias portuguesas. Nos últimos capítulos dessa novela, torna-se evidente tal associação, pois surgem personagens ilustres da história de Portugal, inclusive os contemporâneos ao texto escrito, como o rei Dom João III, seu filho Dom João, e o filho deste, ainda desprovido de nome próprio no corpo da novela. Estes, no decorrer

---

7. M. Moisés, *A Novela de Cavalaria no Quinhentismo Português. O Memorial das Proezas da Segunda Távola Redonda de Jorge Ferreira de Vasconcelos*.

do texto, ganham profunda relação com as histórias e personagens do ciclo arturiano.

Para nós este texto ganha interesse na medida em que ele é citado, por estudiosos, como um romance moralizador e educador do príncipe. Desta forma, dificilmente teria deixado de ser lido por Dom Sebastião e por seus contemporâneos. Por isso os futuros ademanes de cavaleiro cruzado, sustentados pelo rei Sebastião, e que foram tão explorados em suas biografias, podem muito bem ter modelo nesta e noutras novelas de cavalaria – como o *Amadis de Gaula* e *A Demanda do Santo Graal* – presentes na Corte do quinhentismo português.

O frontispício da edição de 1567 do *Memorial das Proezas da Segunda Távola Redonda* traz dedicatória explícita ao príncipe Dom Sebastião. Logo após o título encontramos a seguinte frase: "Ao muyto alto & muyto poderoso Rey dõ Sebastião prymeyro deste nome em Portugal, nosso senhor"[8]. Além da dedicatória ao futuro rei, este, como já dissemos, acaba fazendo parte da narrativa.

No capítulo XLVI, "De uma Maravilhosa Aventura que veio na Corte", uma sábia de nome Merlíndia (clara alusão ao mago Merlin) aparece na Corte do rei Sagramor, neto do rei Artur, para expor-lhe alguns vaticínios. A sábia mostra-lhe, primeiramente, uma Lusitânia belicosa e cheia de cristandade da qual sairão "reis, varões mui belicosos e desavindos em prejuízo dela, dentre os quais só um como penedo na fé terá larga conquista contra infiéis das duas partes do mundo, dos que alcançará notáveis vitórias por mar e por terra"[9]. O tema do infiel (a ser combatido para o alargamento do cristianismo) se mostra com ênfase, remontando os ideais das Cruzadas.

Seguindo em seus vaticínios, Merlíndia descreve Dom João III como o grande senhor ao qual devem obediência os reis orientais confirmados na "Católica Fé". Seu filho Dom João – é bom lembrar que tudo isso é enunciado em um discurso vaticinador direcionado a um futuro em relação ao presente dos personagens da novela – pede que se realize um torneio; a intenção era exer-

---

8. J. F. de Vasconcelos, *Memorial das Proezas da Segunda Távola Redonda*.
9. Idem, ibidem.

citar-se nas armas, para a continuação dos feitos dos seus antepassados. Dom João acaba morrendo neste torneio.

Talvez esta passagem da novela de cavalaria, produzida por Jorge Ferreira de Vasconcelos, seja um rearranjo do autor com vistas a uma reimpressão do *Memorial*.... O infante Dom João, como sabemos, morreu quase na mesma época da conclusão desta novela e, como já nos referimos, ela havia sido encomendada para ele. Somente depois irá ser destinada uma dedicatória ao seu filho Dom Sebastião. Sabemos também que seu falecimento se deu por graves problemas de saúde e frustrou Portugal quanto à expectativa de um herdeiro do trono. Deste modo, estrategicamente, Vasconcelos tornou a morte do infante Dom João mais honrosa: construiu um cenário de combate em um torneio de nobres cavaleiros no qual o infante tombará. Narrada desta forma, a morte de Dom João acaba ganhando complexidade dentro dos vaticínios de Merlíndia exatamente por tornar glorioso esse acontecimento, preparando a continuidade do discurso que prevê um futuro especialmente reservado a Portugal e a sua nobre linhagem de reis.

O autor tenta, através de uma recriação da realidade, em uma narrativa ficcional, dar um aspecto mais digno ao fato histórico, em detrimento da memória real deste. Os vaticínios, fictícios, narrados pela não menos fictícia sábia Merlíndia, em um não menos fictício tempo/espaço da narrativa, querem dar concretude ao desejo de se superar o tempo/espaço histórico de Portugal, num momento de grande crise nacional que é, ao mesmo tempo, a época da publicação da obra aqui comentada.

Dando continuidade aos seus prognósticos, Merlíndia continua assim sua narrativa profética:

como o canto diz que fez o católico rei Dom João de Portugal, quando viu morto o príncipe seu filho, que tinha por único sucessor, alcançando (com seus gemidos e lágrimas e, juntamente, o clamor de seu povo) de Deus outro que esperamos que renove seu estado e em imitação del-Rei Dom Afonso Henriques, que o principiou; com nome de outro Alexandre o ponha tal prosperidade, qual o reino de Israel teve por meio de Salomão, sucessor de David[10].

Dom Afonso Henriques, considerado primeiro rei português, e que foi protagonista da revelação, feita pelo próprio

10. Idem, ibidem.

Cristo, de que Portugal seria a cabeça do Seu império na Terra (como já citamos acima), é, por estes motivos, o ponto de origem da linhagem sagrada de reis portugueses desenvolvida pelo texto de Jorge Ferreira Vasconcelos. O "outro que esperamos" (Dom Sebastião, pela ordem cronológica dos acontecimentos do romance) deverá imitar o rei Dom Afonso Henriques e dar continuidade ao "projeto de Jesus".

A linhagem dos reis de Portugal acaba por ser comparada à do reino de Israel, ganhando ainda mais sacralidade ao se inserir na própria história do povo escolhido por Deus no Antigo Testamento. Toda essa construção discursiva reafirma, a cada instante, o destino glorioso da nação encabeçada pelo próximo rei que estava por nascer. Este destino fica amparado pelas forças divinas, dando-nos a impressão de um fluir histórico messiânico, fortemente salvacionista, e de continuidade dos planos de Deus, apesar de se construir em um espaço bem definidamente ficcional – o da novela de cavalaria em questão.

Em suma, o *Memorial de Proezas da Segunda Távola Redonda* evidencia a nacionalidade trabalhada com grande vigor em alguns discursos da própria cultura de Portugal. Além disso, Massaud Moisés enfatizou, em seu já citado trabalho, que este romance de cavalaria foi um grande transmissor de ideais cavaleirescos em pleno século XVI, em Portugal[11]. No corpo desta novela, em clima fantasioso, é trabalhado o tema do nacionalismo apoiado em material que procura legitimar a grandeza de Portugal perante os outros reinos. Funda-se, então, uma interessante linha de proximidade entre a matéria histórica e lendária lusitana e a matéria lendária medieval – além de especular sobre o caráter sagrado da linhagem dos reis portugueses. Eis aí traços caríssimos, que irão compor a formação da personalidade do futuro rei Dom Sebastião.

Essa novela pode ter gerado efetivamente os primeiros laivos de movimento no próprio rei Sebastião, quando ele era já adulto. Ainda sem o seu destino pessoal nas mãos, à época da publicação deste romance, podemos intuir que um ser social desejante começa a se formar por contágio a partir da manipulação desse material pelo futuro rei. Talvez não tenha tido, o autor

---

11. M. Moisés, op. cit.

do romance, a intenção de causar tais efeitos no príncipe, mas a própria atmosfera do ambiente de Portugal daquela época era carregada de uma vontade de retomar o orgulho patriótico da nação. E este aspecto poderá ser encontrado em outra obra, esta monumental, que é também dedicada ao infante Dom Sebastião.

A primeira epopéia do mundo redondo: *Os Lusíadas*. Um fio valioso tecendo a personalidade do Desejado

No canto I, de 6 a 18, Luís de Camões se ocupa em dedicar seu monumental épico, *Os Lusíadas*, ao rei Dom Sebastião. A obra é impressa em 1572, quando Dom Sebastião já tinha então dezoito anos. Como se sabe, Camões traça, em seu texto, toda a imensa força da época dos descobrimentos portugueses representada na figura do navegador Vasco da Gama. Certamente, o autor compreendia a grandeza desse período, bastante emblemático para Portugal. Tinha plena consciência de que, à época, a nação portuguesa era uma importante potência mundial, e representava a coragem de alargar os espaços do planeta e ir de encontro a várias idéias dogmáticas a respeito do espaço terrestre e do papel do homem nesse novo território.

A experiência de se saber presente em um mundo redondo, de dimensões completamente outras das dogmaticamente admitidas, talvez tenha causado grande desbaratamento de todos os sentidos e pensamentos do homem daquela época. A "perda de fôlego", causada por esse novo estado apreensivo, perdurou por muitas décadas até que amadurecesse a "adaptação" às novidades que transbordavam.

Sentindo que Portugal vivia uma crise interna e externa mais intensa a partir de Dom João III, Camões seguiu a linha de pensamento que desejava recolocar o Reino no caminho prometido a Dom Afonso Henriques; caminho que se vinha consumando nas magníficas rotas dos relativamente recentes descobrimentos, e nos outros feitos da nação. E é exatamente neste clima de exaltação que o autor d'*Os Lusíadas* vê no rei Dom Sebastião um continuador das glórias nacionais.

É assim que Camões, em uma única estrofe, a que inicia a dedicatória do poema a Dom Sebastião, magistralmente descreve, em oito versos, o desejo da nação, incorporado na figura do jovem rei:

> E vós, ó bem nascida segurança
> Da lusitana antiga liberdade,
> E não menos certíssima esperança
> De aumento da pequena Cristandade;
> Vós, ó novo temor da maura lança,
> Maravilha fatal da nossa idade,
> (Dada ao mundo por Deus, que todo o mande,
> Pera do mundo a Deus dar parte grande)[12];

A dedicatória, em primeiro lugar, chama Dom Sebastião para assegurar a independência de Portugal. Estão em causa as prioridades a serem levadas em consideração pelo jovem rei, e elas rememoram à "antiga liberdade", relacionada aos quase quinhentos anos da formação de Portugal.

Ainda em território português, em sua dedicatória Camões deposita esperanças no homenageado no que se refere à expansão não apenas das terras, mas também da cristandade. O autor d'*Os Lusíadas* qualifica o sujeito, ao qual se destina, como competente nova figura que trilhará o obstinado caminho de impor o cristianismo aos mouros infiéis, pois ele é, sem dúvida alguma, o "novo temor da maura lança".

Avançando e transbordando as pretensões portuguesas, Dom Sebastião é chamado de "Maravilha fatal...", o que lhe confere um caráter de predestinado, por ser uma maravilha que fatalmente já estava prevista para ser "Dada ao mundo por Deus". E é exatamente neste mundo no qual foi depositado o predestinado, que deve este predestinado trabalhar para conquistá-lo inteiramente, para "que todo o mande". No entanto, deve-se observar que a conquista deste mundo não está ligada a questões seculares, mas sim à continuidade do projeto português, iniciado desde sua fundação como nação, de encabeçar o alargamento da religião de Cristo por todo o mundo, criando o Quinto Império Universal Cristão. Por isso é necessário mandar em todo o mundo, mas visando entregá-lo a Deus: "Pera (Para) do mundo a Deus dar parte grande".

---

12. L. V. de Camões, *Os Lusíadas: Edição Comentada*, Canto I, 6.

Camões dá expressão aos desejos lusitanos depositados em Dom Sebastião. Procura inculcar, no espírito do jovem rei, uma "realidade" que deve lhe caber como um grande papel, o de o novo conquistador. Além disso, busca consagrá-lo como futuro mediador do poder divino, para que a obra de Cristo na Terra seja iniciada.

Ao apontar tão altos desígnios ao jovem rei, Camões alimenta a sede de aventura deste monarca, que não era então mais do que um adolescente. Portanto, Dom Sebastião causava ainda a impressão de ser uma personalidade que ainda estava se formando, e que não estava completamente direcionada aos desejos da nação. Não obstante apresentasse os traços de um sujeito imbuído de um messianismo patriótico, atribuídos por autores tão importantes, alguns discursos buscavam dar a Dom Sebastião as medidas do traje que lhe fariam vestir melhor as expectativas em torno da sua figura.

A dedicatória de Camões, por possuir um caráter também didático, é um exemplo da tentativa de educar o rei, de apontar um modelo a ser por ele vestido e seguido. Assim, após Camões desfiar grandes personagens – exemplares, segundo sua visão – da história de Portugal, n'*Os Lusíadas*, e definir o destinatário da dedicatória como o mais novo fio condutor de um passado de grandezas que se dirige a um futuro de glórias, sugere modelos muito contemporâneos a sua obra a serem seguidos por Dom Sebastião. A estrofe dezessete exemplifica bem esse didatismo, que na verdade reflete o que se espera do rei:

> Em vós, se vem, da olímpica morada,
> Dos dous avôs as almas cá famosas:
> Ua, na paz angélica dourada,
> Outra, polas batalhas sanguinosas,
> Em vós esperam ver-se renovada
> Sua memória e obras valerosas;
> E lá vos tem lugar, no fim da idade,
> No templo da suprema eternidade[13].

Camões apresenta as qualidades dos dois avôs os quais o jovem rei deveria imitar; dois versos descrevem Dom João III, avô, por parte de pai, do Desejado, e Dom Carlos V, rei da

---

13. L. V. de Camões, op. cit., Canto I, 17.

Espanha, avô por parte da mãe. Apesar de Carlos V ter sido rei da Espanha, e ter-se constituído uma ameaça a Portugal em seu tempo, traz consigo o que o autor d'*Os Lusíadas* gostaria de enxergar no rei de Portugal. Mesmo que não evidenciemos uma crítica direta a Dom João III, quando Camões fala "Ua, na paz Angélica dourada", referindo-se à alma do rei português avô de Dom Sebastião, percebemos que esta descrição, de um reinado pacífico, não podia servir completamente de exemplo aos desejos da nação, naquele momento histórico. Vê-se então Camões obrigado a citar as qualidades audaciosas e guerreiras do rei conquistador Carlos V, de Espanha, também avô de Dom Sebastião como já mencionamos. A alma de Carlos V é marcada então "polas batalhas sanguinosas" empreendidas por este rei; e é tal descrição que servirá como a imagem buscada para exemplificar o ímpeto que deveria ser observado por Dom Sebastião.

Estamos, então, diante de um discurso que ultrapassa as pretensões de uma dedicatória. Trata-se de um processo de convencimento empreendido pelo autor d'*Os Lusíadas* ao seu destinatário, bem especificado no corpo do texto camoniano. Apesar de Camões ser súdito do reino, exige que Dom Sebastião, seu senhor, cumpra sua predestinação heróica e divina, desejada por todos. Embora não demonstrando falta de respeito de um súdito para com seu soberano, Camões deixa claro que o jovem rei ainda deve se esforçar para entrar em sintonia com o desejo messiânico da população portuguesa.

A exortação aos brios e à valentia lusitana, feita por Camões e baseada na viagem às Índias, comandada por Vasco da Gama, caracterizou o primeiro poema épico português não inspirado nos heróis da Antigüidade. Ganharam espaço e valor os grandes homens que iniciaram e consolidaram a expansão marítima portuguesa. A obra *Os Lusíadas* torna-se o emblema da tentativa de animar a alma portuguesa, conturbada por um tempo triste. Camões busca, através do seu esplêndido canto, fazer pulsar novamente uma alma ressentida e inconformada com o "desvio da rota" inscrita no nascimento mítico de Portugal, quando do Milagre de Ourique; tal erro precisava ser urgentemente reparado[14]. Alvo da dedicatória do poema de Camões, e encarnando as

---

14. J. Hermann, op. cit., pp. 149-151.

expectativas do povo português, Dom Sebastião simbolizava a retomada da rota heróica e divina.

O jovem monarca assumiu o reinado em 1568, aos 14 anos de idade. Desde cedo já havia tomado para si a idéia de efetivar os desejos da nação, não deixando dúvidas quanto a sua vontade religiosa e guerreira de defender seu reino cristão, e a cristandade do mundo todo. Porém, é sugestivo que em 1573, poucos meses após a publicação d'*Os Lusíadas*, o rei começa a tomar certas iniciativas próprias. Fez uma primeira jornada ao Alentejo e ao Algarves, com a finalidade de fiscalizar contrabando de armas feito na região, e de observar obras de defesa da costa sul do país. Algumas fontes consideram esta jornada como um prólogo de outra, feita ao Tânger, em 1574, e que durou quarenta dias. A crônica de João Cascão, *Relação da Jornada d'El Rey Dom Sebastião Quando Partio da Cidade de Évora*, relata a jornada, destacando as recepções populares ao rei, e realçando o avançado estágio de organização militar encontrado na região[15].

Portanto, a primeira viagem, de 1573, significou um ponto importante da maturidade política do Desejado diante do seu reino, não só pelo caráter bélico com que possa ter inspirado o rei, como, e sobretudo, pelo que representou sua aparição no cenário das forças políticas[16]. Esta jornada demonstra os primeiros sinais de sua independência perante a Corte, e de suas primeiras incursões fora dela, demonstrando sua vontade de estar em contato com toda a população, e deixando ele de ser um títere, passando de um sujeito apenas desejado a um sujeito desejante.

De certo modo, nota-se a evidente influência causada no comportamento do rei trazida pelos textos culturais abordados nesta pesquisa até então. Certamente, outros textos que não constam neste trabalho, atravessaram o jovem monarca em sua época. Além deles, outros discursos e práticas, não relacionados com obras de cunho artístico, também tinham como objetivo conscientizar o notável rei português dos seus poderes, e da sua missão na Terra perante a nação portuguesa e o mundo. É neste material que iremos nos deter a partir de agora.

---

15. Idem, ibidem, p. 99.
16. Idem, ibidem, p. 99.

Da formação do Desejado interna ao castelo

Recuando na cronologia histórica da vida do rei Sebastião, busco agora descrever outras práticas de formação do Desejado às quais, em uma visão amparada no ponto de vista de outros historiadores, deram-se mais especificamente no ambiente interno do castelo. Porém, é bom esclarecer que alguns traços desta formação intra-castelo acabam tendo contato com anseios externos à Corte, em alguns momentos.

Já vimos que durante a gravidez de Dona Joana morreu o infante Dom João, seu marido, e pai de Dom Sebastião. Logo depois de dar à luz, a mãe do Desejado parte de Portugal para a Espanha, deixando o filho aos cuidados dos avós deste.

Três anos depois do nascimento de Dom Sebastião, seu avô Dom João III falece, e Dona Catarina é nomeada regente e tutora do neto. Logo Dona Catarina resolve afastar-se da regência. Em certa parte, essa decisão deveu-se ao seu cansaço, e talvez outra razão mais contundente do seu afastamento tenha sido os ataques que sofreu, por suspeitas de ter feito política em prol dos castelhanos. (Vale lembrar que Dona Catarina era irmã de Carlos V, rei de Castela). Após essa desistência, o cardeal Dom Henrique, irmão de Dom João III, assume a regência de Portugal.

O fato é que Dom Sebastião é criado em meio a uma acirrada guerra interna, travada entre sua avó e seu tio-avô. Ambos tinham pretensões quanto à educação do órfão, visando ao futuro do reino. A educação religiosa do herdeiro do trono era consenso entre os dois, porém divergiam quanto à Ordem a ser encarregada desta tarefa.

A rainha defendia que o mestre religioso do infante deveria ser da Ordem de São Domingos, ou da Ordem dos Eremitas de Santo Agostinho; ambas tinham enorme influência no reino de Castela. Já o cardeal acreditava que o melhor para Dom Sebastião era o contato com mestres jesuítas portugueses.

Depois de longas discussões, a rainha cedeu ao cardeal e o padre jesuíta Luiz Gonçalves de Câmara, de sólida formação humanista, educação em Paris e vivência na Itália, recebe a incumbência de doutrinar o Desejado. Quanto aos exercícios da leitura e da escrita, foi designado para tais tarefas o padre Amador Rebello.

A historiadora Jacqueline Hermann observa muito bem o que estava por trás da disputa pela educação do futuro monarca. Costurava-se uma rede de negociações que envolvia o crescimento de Dom Sebastião, sempre dividido entre Dom Henrique e Dona Catarina. Segundo a autora, estes dois parentes eram integrantes de uma política maior, que escondia contínuas tentativas de intervenção, por parte de Castela, nos destinos de Portugal[17]. De qualquer modo, apesar das dificuldades em se manter como reino independente, sofrendo com uma política de interesse de Castela nos assuntos de Portugal, verificamos um não relaxamento da Corte com relação aos futuros do reino, mesmo após o nascimento do herdeiro do trono. Afinal, Dom Sebastião ainda teria de gozar da sua infância e adolescência até tornar-se um soberano com maturidade. Portanto, fazia-se fundamental e estratégica a preocupação com sua formação religiosa e, ao mesmo tempo, bélica aplicada a todos os monarcas da época.

Da educação do Desejado nas armas

Na medida em que vai tendo mais idade, o infante começa a receber também uma educação específica quanto ao manejo das armas. O que nos interessa mais de perto, ao tratarmos deste tipo de disciplina, é a importância que cremos ter o discurso destes mestres de armas na formação do caráter do futuro rei.

Os mestres dos exercícios militares, ao treinarem a prática do uso das armas, também faziam constantes referências a grandes reis e a grandes vitórias do passado, pertencentes ao reino português:

> Sendo El-rei menino, não sómente o exortavam com palavras e exemplos de grandes Reis e de grandes vitórias que houvéram, mas em matéria de escrever e nos livros por onde lhe dávam lição, o persuadiram a tais emprêsas e exercício militar[18].

---

17. "grande parte da história do reinado de Dom Sebastião, incluindo a regência de Dona Catarina e do cardeal, se baseia em documentos espanhóis, sobretudo na correspondência entre os embaixadores castelhanos em Portugal e o soberano espanhol". Idem, ibidem, pp. 78-80.

18. *Crónica de El-re Dom Sebastião, Único dêste Nóme e dos Reis de Portugal o 16º, Composta pelo Padre Amador Rebelo, Companheiro do Padre Luís Gonçalves da Câmara, Mestre do Dito Rei Dom Sebastião*, p. 13.

Parece clara, na descrição desta crônica, o importante papel que tiveram os mestres de armas na formação da personalidade do rei Desejado. Também deram eles grande contribuição ao processo de interiorização, no príncipe, de um conceito propagado pela política monárquica medieval: o corpo físico do rei é um corpo perfeito e indestrutível; sua condição é superior a qualquer homem vivente na Terra[19]. Estamos diante de uma primeira incitação da explosão de movimentos futuros de Dom Sebastião.

Mas a crônica nos dá mais pistas sobre as possíveis conexões que Dom Sebastião ia produzindo. Elas eram importantes na formação de uma vontade que conduzi-lo-ia ao acontecimento de Alcácer-Quibir, a ser concretizado mais tarde. Assim continua o cronista Amador Rebello, em sua descrição do desenvolvimento do jovem rei nas armas:

> O menino, de sua real condição, éra esforçado e de coração altívo, de tal maneira bebía estas doutrinas que lógo começou a dar móstras de ânimo invencível: mas como a conquista dêste Reino seja África, visínha e inimiga, a principal guerra que os Mestres de El-Rei lhe mostrávam era ésta, contra o qual já o môço, com capital ódio, desejava mostrar seu esforçado caráter, e assim, não falava em outra cousa senão na Arte Militar[20].

A idéia de reconquistar territórios na África nos parece central para os mestres de exercícios militares de Dom Sebastião. O fato de que a todo momento o jovem rei tem gosto em falar de "Arte Militar", como aponta o cronista, já nos indica traços de que o futuro rei seria guerreiro e conquistador, traços tão almejados por seus contemporâneos em Portugal. A própria crônica acima citada indica-nos as várias séries que atravessam o jovem rei, compondo sua complexa e controvertida personalidade, referida por diversos historiadores.

Nos dois trechos da crônica de Amador Rebello, encontramos rastros de idéias que freqüentavam o universo de Dom Sebastião no espaço de novelas e poemas, como já vimos. Assim, Amador Rebello nos fala de livros que incitavam o jovem monarca ao exercício militar, histórias de grandes reis e grandes vitórias, e da forte imagem da África como vizinha e inimiga.

19. Cf. E. H. Kantorowicz, *Os Dois Corpos do Rei: um Estudo sobre Teologia Política Medieval*.
20. *Crónica de El-re...*, p. 13.

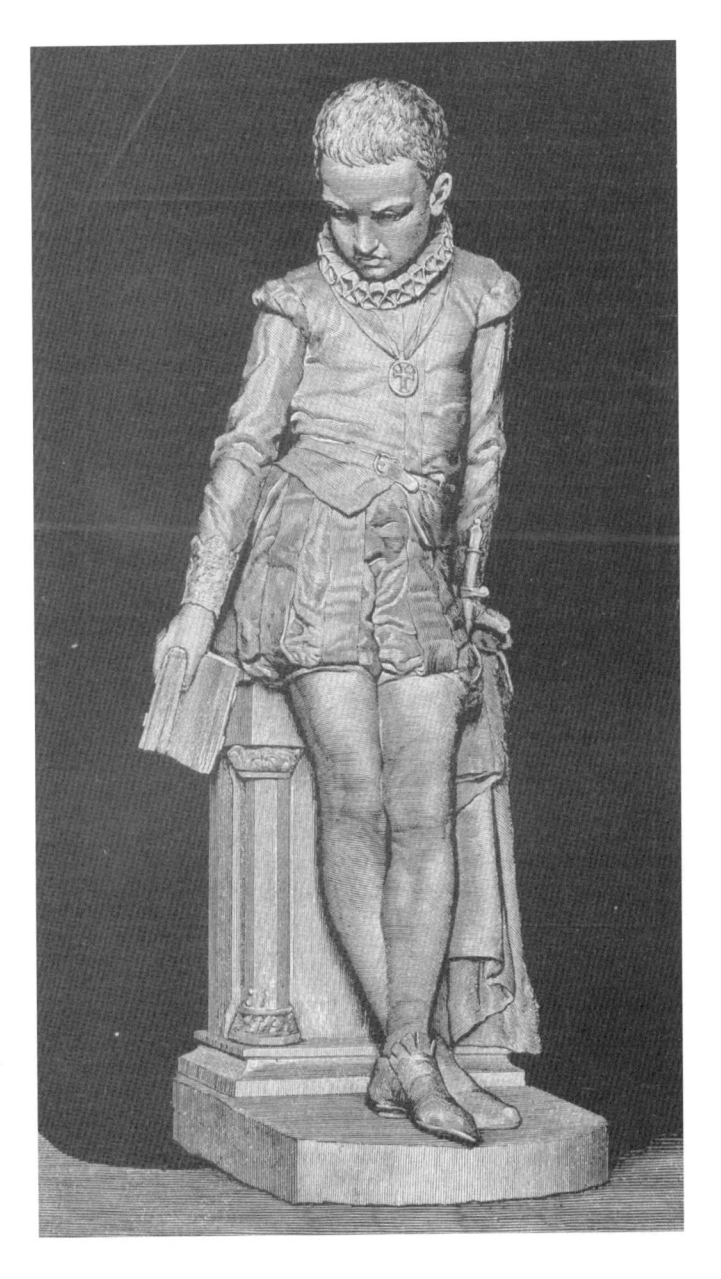

Figura 1. Escultura do jovem rei Dom Sebastião.

Tocado por estas idéias e exemplos, o rei iniciava um movimento próprio, incorporado às expectativas que compunham um rei Desejado, tornando-se ele também um ser desejante: "desejava mostrar seu esforçado caráter".

Sobre a formação do Desejado através de um "gênero" doutrinário: os "espelhos de príncipes"

Anteriormente tratamos de um material literário produzido não apenas com o propósito de circular entre a população interna do castelo. Apesar de *Os Lusíadas* e de o *Memorial das Proezas da Segunda Távola Redonda* terem sido obras dedicadas ao rei Dom Sebastião, e de conterem laivos doutrinários direcionados ao jovem rei, podiam, mesmo com as dificuldades de alfabetização externas ao castelo, transitar em todo território português.

O material literário para o qual agora estaremos atentos tinha a intenção exclusiva de atingir um corpo destinatário bastante específico; a população interna à Corte e, de modo mais incisivo, a qualquer figura que viesse a ocupar o trono, como aconteceu a Dom Sebastião. Já não estamos mais apenas diante de uma dedicatória que possui algumas sugestões apaixonadas de comportamento, e de posturas a serem seguidas por um soberano. Nos deparamos, neste momento, com um texto doutrinário rígido, que busca uma ordem tradicionalmente estabelecida, chegando a exigir uma conduta, do rei, com o objetivo de assegurar seu alto patamar diante dos demais seres da Terra.

Há no reinado de Dom João III a proliferação de uma literatura que reflete a importância e a preocupação de se constituir um discurso sobre o príncipe e a monarquia. Encontramos uma atividade literária exercida por cortesãos letrados daquela época, que situa um quadro ideológico de afirmação da monarquia; e na manutenção dessa atividade parece estar empenhado Dom João III[21].

O "gênero" de discurso ao qual iremos nos referir a partir de agora como "espelhos de príncipes", já era produzido desde a Idade Média, e retoma algumas idéias da Antigüidade Clássica

---

21. A. I. Buescu, *Imagens do Príncipe: Discurso Normativo e Representação (1525-49)*.

a respeito dos governantes. Em conjunto a estes aspectos, fez-se mais forte, em Portugal, uma progressiva celebração ideológica acerca da imagem perfeita do rei, tanto no que se refere aos valores morais e religiosos, quanto aos costumes a serem seguidos pelo príncipe.

Um dos mais influentes autores de "espelhos de príncipes" em Portugal, na época de Dom João III, foi Francisco de Monçon, cônego da Sé magistral de Lisboa, e possuidor de idéias próximas às da Santa Inquisição. Escreveu, a pedido do rei, em 1544, o *Libro Primero de Espejo Del Príncipe Christiano*, que foi reeditado em 1571, desta vez dedicado a Dom Sebastião. Toda uma doutrina de controle, disciplina e regulação de todos os aspectos relacionados com a vida e o cotidiano do príncipe, está presente nesse livro de Monçon[22].

Estão observadas, no *Espejo*, as maneiras de vestir, de andar, de estudar e de se divertir a serem seguidas pelo futuro rei, desde criança. Percebemos um esforço pela ritualização da vida cotidiana e privada do príncipe. Roger Chartier, a respeito disso, fala-nos sobre a necessidade, do Estado moderno, de estar sempre reiterando sua legitimidade, reafirmando sua ordem e representando seu poder. O Estado utiliza-se, então, de três estratégias, numa trama complexa para suprir suas necessidades: a ordem do discurso, a ordem dos sinais e a ordem das cerimônias[23]. A imagem do soberano e do seu poder será, desta maneira, de suma importância para representar e legitimar o Estado. E para concretizar isso, a tentativa de internalização do rei no espaço e no tempo da Corte, preconizada pelos "espelhos de príncipes", pode ser vista como uma preservação do símbolo máximo da monarquia, ao procurar sedimentar os movimentos do futuro rei.

Monçon constrói toda uma pedagogia envolvendo normas, interditos e códigos comportamentais a serem seguidos. Estes aspectos visavam constituir a imagem ideal e perfeita que deveria ser incorporada pelo seu destinatário. O autor especula até mesmo como deve ser a aparição do príncipe junto ao povo, em justas e torneios. Sua exposição ao público se pretende rara e majestosa em ocasiões como essas[24].

---

22. Idem, ibidem.
23. R. Chartier, *História Cultural. Entre Práticas e Representações*.
24. A. I. Buescu, op. cit., p. 13.

Também o tio-avô de Dom Sebastião, o cardeal Dom Henrique, presta-se a produzir enunciados com preceitos a serem seguidos pelo "aprendiz" de rei: trata-se de registros normativos que beiram ao caricatural, no que consiste à criação de um modelo perfeito de vida, a ser observado por um soberano que se queria ideal. Em seu livro *Lembranças para que o Rey Deue Fazer, & Repartir por as Oras do Dia, & da Noite*, Dom Henrique monta uma seqüência de horas num dia extremamente compartimentado em treze horas.

O verdadeiro roteiro a ser seguido pelo príncipe compreende o ato de acordar e fazer as orações da manhã, o vestir, a que se segue a missa; atender os negócios com os oficiais, respeitar a hora do jantar e do repouso, após a refeição. A segunda parte do dia segue com a volta aos negócios do reino, algum "passatempo, ou exercício segundo o tepo & boas praticas", a hora da ceia e de repouso, o despir-se e, finalmente, a "ora de dormir"[25].

Em suma, parece-nos que estamos diante de uma normatização totalitária da vida do rei em treze horas bem definidas diariamente, no interior da Corte. A sensação que temos é de que o rei deve cumprir um claro processo de asfixia e tédio cotidianos, levado ao extremo. Se neste "roteiro" do dia a dia do rei, pensado por Dom Henrique, não fossem previstos os negócios a serem feitos com os oficiais da Corte, poderíamos crer tranqüilamente que se trata de um enunciado que visa a construção do regimento de uma penitenciária.

* * *

Ainda nesta linha de discurso, o humanista, eclesiástico e docente do colégio de Coimbra, Diogo de Teive, recebeu a tarefa de produzir a obra mais citada e conhecida, hoje, sobre a educação de Dom Sebastião. Encomendada por Dom Henrique, foi ela finalizada em 1561. Essa primeira versão foi toda escrita em latim, e vertida para o português em 1565.

Seguindo a regra destes discursos, embasada na tentativa de exercer total controle sobre a formação do rei, aparecem no enunciado de Teive questões que supostamente estariam no âmbito da intimidade, como a proximidade de mulheres com o príncipe.

---

25. Idem, ibidem, p. 250.

Diogo de Teive estabelece um caminho cheio de cuidados, chegando ao extremo de criar uma pequena tipologia da mulher ideal, merecedora da atenção de Dom Sebastião. Recomendava-se que "se não lhe for possível afastar-se/ Das conversações mais brandas, e suaves/ Das mulheres, que quando tem mais disto/ Tanto lhe podem ser mais perigosas/ Deve-se trabalhar, porque converse/ As que forem modestas, temperadas/ Fuja das que contrário disso forem"[26]. É claro que está em jogo aqui a idéia de que a mulher traz consigo a mancha de ter sido a responsável pelo pecado original, a partir do ato de Eva, quando tomou o fruto proibido. Essa visão teve forte presença no imaginário medieval, causando o fenômeno da misoginia entre os nobres e cavaleiros das Cortes medievais[27]. Alguns historiadores especulam que esta educação dada ao rei pode ter sido uma das causas responsáveis pelo não envolvimento de Dom Sebastião com nenhuma mulher. E este fato teria acarretado, conseqüentemente, a carência de um herdeiro para o trono português.

Apesar desta rigidez, relativa aos movimentos do rei, ser comum a todos os "espelhos de príncipes", uma diferença se faz bem evidente entre o texto de Francisco de Monçon e o de Diogo de Teive. É bom lembrar que o primeiro escreveu sua obra bem antes do nascimento de Dom Sebastião, e o outro produziu seu texto quando o rei já era nascido; direcionou a ele, em pessoa, seu discurso. Temos a impressão de que, a contemporaneidade do discurso de Teive em relação ao que representava o rei Dom Sebastião para Portugal, naquela época, acabou dando à sua obra destinada à educação do príncipe, uma maior proximidade da figura do rei em relação aos anseios populares. O "espelho de príncipes" de Francisco de Monçon não nos permite distinguir a fisionomia de um destinatário. Ele se dirigia a qualquer um que eventualmente viesse a ocupar o trono. Não importavam a Monçon os olhos, a boca, o nariz, orelhas, cabelos que poderiam compor o rosto de um príncipe em determinada época, ocupando uma paisagem específica. Quem quer que fosse o príncipe, em qualquer tempo e lugar, estaria capturado pelo rosto totalitário e duro contido nas propostas pedagógicas para o príncipe construído por Monçon. O futuro soberano, embora representasse a "cabe-

---

26. J. Hermann, op. cit., p. 88.
27. H. F. Junior, *As Utopias Medievais*, pp. 81-109.

ça" do reino, não passaria de um títere, maquiado em proveito da legitimação da ordem e do poder do Estado Moderno, como bem exemplificou Roger Chartier, já citado neste trabalho.

Já Diogo de Teive dá maior singularidade e objetividade a algumas recomendações feitas ao já nascido príncipe, destinatário do seu discurso. Para a maioridade de Dom Sebastião, enuncia da seguinte maneira suas sugestões comportamentais: "Ao ânimo também já convém outro/ Mantimento maior de mais substância/ cavalgue já em cavalo de maior fúria/ Tome a espada com maior força/ [...] E incitará o corpo a maior glória/ Então desejará vestir-se d'armas/ Quais nas duras batalhas se costumam/ E combater com forte inimigo duro"[28].

Eis novamente a idéia de um rei guerreiro e conquistador, bem marcada na figura do rei Sebastião, e apontando o que se espera dele, mesmo neste "gênero" literário doutrinador. Este tipo de discurso, que se revela tão duro, que conduz muitas vezes ao estático – um claro exemplo são as horas do dia a serem ocupadas e seguidas pelo rei, de acordo com a proposta doutrinária do cardeal Dom Henrique –, nas mãos de Diogo de Teive recebe um tratamento que acaba sugerindo a liberação dos movimentos do monarca. O corpo do rei é incitado a desejar o fora, o espaço aberto, a retomada das glórias da dinastia de Avis e, conseqüentemente, de Portugal.

"Que ele por Deus foi dado a este reino/ Porque em todos os bens, glórias e honras/ O acrescente, enche, honre e enriqueça/ E levante a cabeça deste reino/ Sempre tão poderoso ora oprimido/ Com muitas e grandíssimas tristezas/ Que noutro tempo já de mil vitórias/ Africanas entrou triunfadora/ Em quando do oriental e novo mundo/ Não descobriu os bárbaros tesouros"[29]. Diogo de Teive faz coro com as esperanças da nação portuguesa depositadas no rei Desejado. Ele também conversa com textos da cultura portuguesa já comentados neste trabalho como *Os Lusíadas* e *Memorial das Proezas da Segunda Távola Redonda*.

Com uma visão mais presentificada que a de Francisco de Monçon, Teive chega a fazer, comedidamente, uma crítica ao presente de Portugal em conseqüência de um reinado oprimido e triste como foi o de Dom João III, quando este é comparado aos

---

28. J. Hermann, op. cit., p. 88.
29. Idem, ibidem, pp. 88-89.

reinados anteriores, cheios de glórias e honras. Enfim, Diogo de Teive parece contribuir para a sugestão de um espaço fora da Corte a ser exercitado por Dom Sebastião. O tema das conquistas do reino é avivado, em seu discurso. Espera, na figura do rei ao qual se destina, um personagem ativo na retomada deste tema.

A presença de Dom Sebastião chama para si a responsabilidade de concretizar os desejos coletivos da nação. E junto a estes desejos vão-se desenhando o caráter e a personalidade de um rei salvador de Portugal e da cristandade. Com esta concepção de fortes traços messiânicos, sempre vem à tona a imagem do inimigo comum, que deve ser combatido em favor do absolutismo português e cristão. O mouro, o infiel, mostra-se sempre como a personificação do mal, figura antagônica a todos os movimentos em direção ao processo histórico de Portugal e do cristianismo ocidental.

Frente a essas observações, reparamos que, mesmo tendo diferentes maneiras de encarar a educação do rei, tanto em Francisco de Monçon quanto em Diogo de Teive o "gênero" literário "espelho de príncipes" constitui um verdadeiro manual ordenador dos movimentos do rei. Desta forma, um paradoxo se apresenta diante de nós: a parte mais alta da hierarquia de um Estado moderno, a "cabeça" do reino, o único sujeito investido de poderes supremos, torna-se, nestes textos produzidos por seus súditos (personagens teoricamente inferiores ao rei), apenas um retrato, um quase objeto, com a função simbólica de manter e conservar a unidade nacional.

Diogo de Teive, apesar de escrever uma obra doutrinária, que por isso recebe um estatuto de palavra de ordem, entrega-nos elementos que incitam no rei Desejado um caminho para a formação de uma personalidade desejante. Teive, além disso, promove a aproximação do monarca ao seu reino, quando o investe de funções guerreiras e vontades de conquistas.

Já Monçon não tem esta preocupação. Ao seu ideal de príncipe, modelo de soberano, deve se ajustar qualquer um que tenha a pretensão de ser o símbolo maior do reino. Falta ao monarca de Monçon o seu próprio reino, o povo, que é colocado tão distante da sua pessoa e vice-versa.

* * *

Busquei, com este desfiar de textos e práticas com as quais conviveu o rei Sebastião, compreender alguns caminhos que o levaram a sua grande decisão, aos 24 anos de idade, de investir contra os mouros na famosa Batalha de Alcácer Quibir. Acredito que algumas séries histórico-culturais que se colocaram diante do jovem rei foram sendo definidas pelas escolhas de um sujeito que ultrapassa sua condição de sujeito Desejado e se constitui em sujeito desejante.

Uma memória um tanto quanto paralisada e sedimentada, em um tempo/espaço passados, é atualizada por atitudes e elementos simbólicos colocados em movimento, e amparados num desejo quase comum da nação portuguesa que se faz presente. Esta memória só pode ser atualizada ao ser incorporada pela figura que representava a competência de realizar este desejo: o rei Desejado.

Procuro não entrar no mérito de se foi correta ou irresponsável a decisão do rei em investir com seu exército contra os mouros em Alcácer Quibir. Também não pretendo defender a imagem de Dom Sebastião, que foi chamado de louco, imaturo e tachado de outros adjetivos pejorativos por boa parte da historiografia que lhe conferiu algumas linhas, capítulos ou obras inteiras. O que nos interessa é perceber que as atualizações histórico-culturais provocadas pela investida de Portugal contra exércitos mouriscos em Marrocos, aliás tão bem apoiada por boa parte do reino e por vários homens que rodeavam o jovem rei na Corte, trazem à tona vozes proféticas da Bíblia, escatologias medievais e mitos (atualizados por ocasião das descobertas do Novo Mundo tão recentes ao reinado de Dom Sebastião). Toda esta complexa trama mítica, que se faz manifesta no imaginário português, aponta para a construção de singularidades que estarão presentes na figura do rei Desejado e serão indispensáveis, em outro momento, quando este rei passará a ser visto como o Encoberto.

III. A batalha de Alcácer Quibir e o "desaparecimento" do corpo do rei (em vias ao Encoberto)

Acredito ser necessário retomar rapidamente alguns antecedentes da batalha de Alcácer Quibir; a intenção é verificar a postura de Dom Sebastião diante do futuro acontecimento. Tais detalhes são de indispensável importância para a compreensão do surgimento da idéia da transfiguração de Dom Sebastião no mítico rei Encoberto.

Como já foi dito, a primeira jornada de Dom Sebastião a Algarve e Alentejo ocorreu em 1573. Além de ter inspirado belicamente o jovem rei, essa jornada marcou um ponto de inflexão do Desejado na vida política de Portugal. Dom Sebastião começa a se desembaraçar das intrigas políticas – entre seu tio-avô, Dom Henrique, e sua avó, Dona Catarina – das quais era refém.

Como prova dessa independência de Dom Sebastião em evidente processo, basta verificarmos os nomes de alguns homens que o acompanharam ao Alentejo e ao Algarve, entre janeiro e fevereiro de 1573: Dom Álvaro de Castro, filho de um célebre vice-rei da Índia chamado Dom João de Castro, e pai do futuro instigador primeiro do sebastianismo; Dom Jorge de Lencastre, duque de Aveiro; Dom Francisco de Portugal; Manuel Quaresma Barreto e Cristóvão de Távora. Tais homens são citados aqui não a título de um resgate histórico pormenorizado, o que não faz parte do objetivo desta pesquisa, mas porque foram personagens de grande expressão na batalha de Alcácer Quibir, em 1578. O que esses nomes indicam é que o Desejado construiu ao seu redor um círculo de pessoas que tinham sua total confiança. Além disso, eles participam do funcionamento de um reinado que ganhava características próprias e se alçava a rumos próprios, afastando-se dos caminhos adotados pela visão do antecessor e avô de Dom Sebastião, Dom João III, e dos que eram defensores da política deste.

As aparições mais constantes de Dom Sebastião à população portuguesa demonstram também sua contrariedade com relação à visão de um rei que deve ser escondido e preservado do povo, por simbolizar um homem superior a todos, como queria o discurso da oficialidade. Dom Sebastião ganha consciência de sua supremacia, mas quer colocá-la em prática no campo de batalha, e com relativo contato com o povo português.

* * *

É difícil termos uma visão historiográfica imparcial a respeito dos antecedentes da batalha de Alcácer Quibir e dos passos do rei em direção a esse evento. A historiadora Jacqueline Hermann percebeu que nesse período evidenciou-se um grande ressentimento, por parte dos historiadores portugueses, logo após a derrota de Alcácer Quibir. Desta forma, a análise da documentação histórica deste período é bastante comprometida[30].

Discursos detratores da ação do rei Sebastião em Alcácer Quibir, e da sua própria pessoa, aparecem em vários espaços e épocas diferentes; foram alternados com outros, de aspecto mais positivo, ressaltando a importância de Dom Sebastião como símbolo de patriotismo, nacionalismo, e do modo de ser português. O pesquisador António Machado Pires fez um excelente apanhado destes textos, entre os quais encontram-se desde exemplos da dramaturgia, como uma comédia de Almeida Garret que ironiza o sebastianismo, até fervorosos enunciados em favor do rei, como *Mensagem* e *Portugal, Sebastianismo e Quinto Império*, de Fernando Pessoa. Também temos a oportunidade de assistir, resgatado por António Machado, a um ótimo debate, em réplicas e tréplicas, entre pensadores da estirpe de Antonio Sergio e Carlos Malheiro[31].

Dentro da historiografia fica nítida esta dificuldade em se definir a figura de Dom Sebastião. Tanto Oliveira Martins, em seu livro *História de Portugal*, como Costa Lobo, em *As Origens do Sebastianismo*, alternam a todo instante opiniões a respeito do rei. Apesar do seu preparo, estes acurados historiadores não atinavam para uma instância cultural na qual se inseria Dom Sebastião, a qual pretendemos esclarecê-la no decorrer deste trabalho. Ambos os historiadores descreveram o Desejado como um rei louco e misógino, responsável pela perda da independência de Portugal para a Espanha; e diziam isso por ter ele entrado na arriscada empreitada de Alcácer Quibir, sem ter se preocupado em deixar herdeiros para o trono. Também entendiam esses autores que os costumes e valores defendidos pelo jovem rei eram anacrônicos. Não obstante tais críticas, os historiadores em questão admitiram a importância deste rei como símbolo de nacionalidade e patriotismo do povo português.

De outro lado, buscando ainda justificar um período nebuloso da história de Portugal que merece, ao nosso ver, insistentes visitas da historiografia como vem sendo feito[32], temos os enun-

---

30. J. Hermann, op. cit., pp. 96-124.
31. A. M. Pires, op. cit., pp. 199-419.
32. Além das obras citadas até o momento, e que têm relação direta com Dom Sebastião, queremos destacar um estudo que parece fora de propósito, mas que revela a vontade de se elucidar melhor alguns equívocos referentes à figura

ciados de cronistas espanhóis. Esses se utilizavam de um discurso interessado, e extremamente negativo; afirmavam que o rei português era inconseqüente, doente, que apresentava problemas físicos e mentais causados pela consangüinidade. Os aspectos acima eram descritos com pormenores, de maneira que o pintavam como uma verdadeira aberração.

Este expediente era usado com claros propósitos de aviltar a forte imagem (de Dom Sebastião) como um rei cristão exemplar, que ameaçava Felipe II de Castela, forte candidato a encarnar esta imagem. Seguindo esta linha de descrição teratológica, os mouros também compartilhavam, por motivos óbvios, da ridicularização promovida em direção à imagem do rei português[33].

* * *

Retomando a rota que nos permite compreender cada vez mais a decisão de Dom Sebastião, de promover uma Cruzada contra os mouros no norte da África, temos que observar questões da geopolítica, daquele momento, às quais acabaram se cruzando com tradições ocidentais cristãs.

Preocupado com os avanços territoriais promovidos pelo líder islâmico Muley Malik no norte da África, Dom Sebastião já preparava, desde 1573, uma organização militar dentro do território português, e fora dele, graças a alianças com exércitos de outros países. Portugal pretendia, então, dar continuidade a uma política de conquistas territoriais praticamente abolida por Dom João III, projeto que visava a volta de Portugal como poderio mundial, econômico e político. Ao mesmo tempo, o avanço mulçumano sobre o norte da África reavivava um antigo receio escatológico cristão. Ao lado de epidemias, fomes e inundações que seriam responsáveis pelo advento do fim do mundo, as constantes ameaças de um crescimento territorial por parte do islamismo também reforçavam a crença em que estava próximo o final dos tempos[34].

---

do rei Desejado. Esta obra procura justificar e diagnosticar uma série de doenças atribuídas pejorativamente a Dom Sebastião no passado, que tinham o propósito de diminuí-lo perante as demais realezas do mundo. Cf. M. Saraiva. *Dom Sebastião na História e na Lenda.*

33. L. Valensi, *Fábulas da Memória – a Batalha de Alcácer Quibir e o Mito do Sebastianismo.*

34. J. Delumeau, *História do Medo no Ocidente.*

O cruzamento dessas séries culturais, políticas e religiosas nos dá uma pista do que significou a batalha de Alcácer Quibuir para a concretude de alguns elementos míticos dentro de um processo histórico. Dom Sebastião resume muito bem o sentido de sua investida ao norte da África através de um pequeno mas valioso enunciado escrito por ele. Assim ele se compromete perante todo o seu reino em um dos raros documentos que trazem seus posicionamentos descritos de próprio punho: "Trabalharey por dilatar a fé de Christo, para que se convertão todos os infiéis". E, demonstrando suas inclinações guerreiras de conquistador, ele continua: "para conquistar, e povoar a Índia, Brasil, Angola e Mina"[35].

Das questões que levaram a batalha de Alcácer Quibir a ganhar feições de Cruzada cristã

A jornada para Alcácer Quibir estava prevista para 1577. No entanto, a expedição teve que ser adiada, em virtude de dificuldades financeiras e militares. Transformar em Cruzada os esforços de se lançar contra os mouros em Marrocos tinha, entre outras coisas, um caráter estratégico para dar continuidade à expedição: os problemas econômicos para se levantar uma armada seriam amenizados, e também seria possibilitado o envolvimento de outros reinos interessados na manutenção da cristandade e contra a ameaça islâmica. Paralelamente, o espírito de Cruzada, amparado pelo conceito de Santo Agostinho, que defendia uma violência devidamente autorizada em benefício de um absolutismo em favor da cristandade, era bem vivo no imaginário dos povos cristãos, mesmo tendo sua origem em 1095[36]; tempo remoto tendo-se como referência a época da empreitada de Dom Sebastião. Em conjunto a estas circunstâncias, o rei Desejado também incorporava traços de um cavaleiro cruzado, e fazia questão de evidenciar essa sua postura, preenchendo assim as expectativas da nação relacionadas à sua pessoa.

---

35. A. M. Pires, op. cit., p. 45. Estes pensamentos vêm citados na obra de Queiroz Velloso, *Dom Sebastião (1554-1578)*, 3ª edição, Lisboa, 1945, p. 116.
36. H. R. Loyn (org.) *Dicionário da Idade Média*.

Atentos aos caminhos que levaram Dom Sebastião a buscar a legitimidade de sua expedição, imbuída em um espírito de Cruzada, não podemos concordar com certos historiadores que enxergam anacronismos nessa atitude do rei Desejado. Na verdade, ele consegue combinar os vários fios que permitem tecer um quadro típico de Cruzada. Ao atravessar séries religiosas, políticas, econômicas e culturais, o jovem rei nada faz de diferente da maioria dos homens que constituíram Cruzadas em toda a história. Pelo contrário, ele reconhece nesta instituição uma forma legal de conseguir apoio econômico e popularidade, conjuminando religião e política.

Dom Sebastião, alguns meses antes da batalha, tomou a iniciativa de procurar o papa Gregório XIII, e solicitou-lhe uma bula de Cruzada. Prova de que não havia inocência na atitude de Dom Sebastião é a concessão desta bula pelo papa e, principalmente, de todos os benefícios que a acompanharam. Com este gesto da Igreja, é entregue, ao exército de Dom Sebastião, uma quantia de 180 mil cruzados, como parte das rendas eclesiásticas, além de outro valor considerável, demonstrando o entusiasmo da Igreja com a empreitada de Portugal. Outra facilidade encontrada por Dom Sebastião foi a composição da armada, quando são contratados, a partir do momento em que a expedição ganhou caráter de Cruzada, homens franceses, alemães e italianos. Tendo apoio popular, uma Corte articulada em torno do projeto de avançar no norte da África, e recebendo o aval da Igreja e de reinos cristãos, decerto não se julgava que Dom Sebastião estivesse possuído por uma mente desvairada.

Uma manifestação que nos leva a pensar sobre a atualidade, e sobre a importância da simbologia que trazia a Cruzada naquele momento, foi a recusa, de Felipe II de Castela, quanto a auxiliar mais ostensivamente as pretensões de Dom Sebastião e de Portugal. Afinal, Felipe II, filho de Carlos V, também aspirava ter sua imagem relacionada a de um grande imperador com ademanes de cavaleiro guerreiro, combatendo em prol da cristandade. É certo que, além desta vontade pessoal de Felipe II, devemos relembrar a campanha de Castela que tentava anexar novamente Portugal ao seu reino. Eis, pois, outro fator decisivo para a quase total falta de apoio de Castela ao reino vizinho.

Tendo em vista os riscos a que estava exposta a independência de Portugal, e a aparente falta de tato político do jovem rei

Desejado, é de se crer que ele agiu impulsionado pelos textos e contextos em que estava inserido dentro das preocupações da Europa e do seu reino naquela época. Talvez a alegação de que havia uma falta de preparo para a malfadada batalha de Alcácer Quibir possa ser levantada, e com propósitos coerentes. Mas a acusação de ingenuidade e egocentrismo exacerbado não parece proceder, se analisarmos a postura de outros soberanos da época.

Talvez a maior diferença entre Dom Sebastião e outros reis da época tenha sido a sua vontade de se aproximar da população do seu reino. E é nesta tentativa de aproximar-se que percebemos seu impulso de corresponder ao desejo do povo português, crente em seu potencial de elevar a pátria, triste e insegura, a um patamar de importância no cenário mundial. Ao sair do entreparedes do castelo, Dom Sebastião recupera e movimenta uma memória lendária do Milagre de Ourique, presente na tradição oral e escrita, que comprovaria a predestinação da nação portuguesa para promover a construção do Quinto e último Império pertencente a Jesus Cristo na Terra. A idéia de Cruzada também colaboraria com estes propósitos, mas outras atitudes do rei é que iriam demonstrar sua vontade de concretizar as promessas feitas por Jesus Cristo a Dom Afonso Henriques.

De uma lenda e sua travessia pelo tempo/espaço de uma nação

Trataremos, neste momento, de uma imagem forte da história da cultura portuguesa, que abarca todo um sentimento coletivo e busca fixar a unidade da nação. Devemos nos deter mais neste fato cultural, porque sua existência na memória da nação foi um dos pivôs da expedição ao Marrocos.

Em alguns parágrafos desta pesquisa fizemos referência a essa imagem, sobretudo quando aludimos ao nascimento mítico de Portugal. Nas vezes em que foi citada, essa lenda figurava como preparação dos anseios, do povo e da Corte, relacionados ao Desejado. Vale a pena nos determos na chamada lenda do Milagre de Ourique, pelo fato de ela ter ganho força na memória coletiva da nação através da revivência e da movimentação promovidas por um ato de Dom Sebastião. Este ato o aproxima cada vez mais da tradição mítica e lendária de Portugal, na qual ele irá mergulhar depois de sua existência histórica.

De acordo com estudos mais recentes sobre o Milagre de Ourique, temos hoje uma certa segurança quanto ao seu percurso na história de Portugal. Este caminho é pontuado por diversas versões, construídas em proveito de intenções culturais e políticas, em determinados momentos históricos. Apesar de sabermos que os estudos sobre esta lenda tiveram como documentação um material escrito e datado, não estamos impedidos de termos a convicção de que houve uma circulação desta lenda no âmbito oral e cotidiano de Portugal, que veio a contribuir para as colaborações de letrados que a fixaram através da escrita.

Confiando nos sérios estudos sobre o processo de formação desta lenda, iremos nos ocupar apenas e rapidamente de alguns aspectos que levaram à sua fixação como mito das origens de Portugal. E, muito além disso, devemos estar atentos para a proposta de convergência do sagrado e do profano, que se dá no Milagre de Ourique e revela uma predestinação do reino português e dos seus monarcas, confirmada diretamente pela vontade divina.

Seguindo nestas reflexões, temos que no século XVI, com a *Crônica d'El-Rei D. Afonso Henriques* de Duarte Galvão (1505), o Milagre de Ourique ganha enorme maturidade no processo evolutivo da sua tradição[37]. A versão que apresentamos neste trabalho é mais amplificada e foi consagrada pela historiografia alcobasense na *Crônica de Cister* do frei Bernardo de Brito, escrita em 1602, e na *Monarquia Lusitânia*, de 1632, do frei Antonio Brandão. Recorremos a esta versão por não possuirmos na íntegra a crônica do frei Duarte Galvão. No entanto, temos referência de que elas são muito próximas. Mesmo assim estaremos atentos a alguns trechos da crônica de Galvão, recolhida e revisada por Ana Isabel Buescu.

O discurso atribuído a Dom Afonso Henriques nas crônicas citadas acima tem uma estrutura epistolar que talvez tenha sido uma escolha pensada, com a intenção de angariar maior efeito em favor de uma possível veracidade do texto. Dom Afonso Henriques é o destinador desta epístola que tem como destinatário toda a nação portuguesa.

---

37. A. I. Buescu, "Um Mito das Origens da Nacionalidade: o Milagre de Ourique", em F. Bethencourt e Diogo R. Curto (orgs.), *A Memória da Nação*.

Apesar de ser extensa a carta de Dom Afonso Henriques, achamos interessante reproduzi-la na íntegra, pois não podemos fazer uma análise pormenorizada de vários detalhes da mesma. Os possíveis leitores deste trabalho, ao serem privados do registro completo deste texto, perderiam o significado que traz a sua totalidade. No entanto, alguns pontos deverão ser observados por terem influência nos destinos de Portugal e do rei Desejado. O conteúdo desta carta, na qual seu suposto enunciador descreve o Milagre de Ourique, procura detalhar os acontecimentos protagonizados por Dom Afonso Henriques, no qual ele recebeu uma importante revelação, em 25 de julho de 1139:

> Eu Afonso, rei de Portugal, filho do conde D. Henrique e neto do grande rei D. Afonso, deante de vós, bispo de Braga e bispo de Coimbra e teotônio e de todos os mais vassalos do meu reino, juro em esta cruz de metal e neste livro dos Santos Evangelhos em que ponho minhas mãos, que eu, miseravel pecador, vi com estes olhos indignos a Nosso Sr. Jesus Cristo estendido na cruz, no modo seguinte: Eu estava com meu exército nas terras de Alemtejo, no campo de Ourique, para dar batalha a Ismael e outros quatro reis mouros, que tinham consigo infinitos milhares de homens, e minha gente temerosa de sua multidão, estava atribulada e triste sobremaneira, em tanto que publicamente diziam alguns ser temeridade acometer tal jornada. E eu, enfadado do que ouvia, comecei a cuidar comigo que faria; e como tivesse na minha tenda um livro em que estava escrito o Testamento Velho e o de Jesus Cristo, abri-o e li nele a vitoria de Gedeão e disse entre mim mesmo: Mui bem sabeis vós, Senhor Jesus Cristo, que por amor vosso tomei sobre mim esta guerra contra vossos adversários, em vossa mão está dar a mim e aos meus fortaleza para vencer estes blasfemadores do vosso nome. Ditas estas palavras, adormeci sobre o livro e comecei a sonhar que via um homem velho vir para onde eu estava e que me dizia: "Afonso, tem confiança, porque vencerás e destruirás estes reis infieis e desfarás a sua potencia e o Senhor se te mostrará." Estando nesta visão, chegou João Fernandes de Sousa, meu camareiro, dizendo-me: "Acordai, Senhor meu, porque está aqui um homem velho que vos quere falar". – Entre, lhe respondi, se é católico –. E tanto que entrou conheci ser aquele que no sonho vira, o qual me disse: "Senhor, tende bom coração; vencerei e não sereis vencido; sois amado do Senhor, porque sem duvida poz sobre vós e sobre vossa geração, depois de vossos dias, os olhos de sua misericórdia, até a decima sexta descendencia, na qual se diminuirá a sucessão, mas nela assim diminuida ele tornará a pôr os olhos e verá. Ele me manda dizer-vos que, quando na seguinte noite ouvirdes a campainha da minha ermida, na qual vivo ha sessenta e seis anos, guardado no meio dos infieis com o favor do mui Alto, saiais fora do Real, sem nenhuns criados, por que vos quere mostrar sua grande piedade". Obedeci, e prostrado em terra, com muita reverencia, venerei o embaixador e quem o mandava, e como posto em oração aguardasse o som, na segunda vela da noite ouvi a campainha e armado com espada e rodela saí fora dos reais e subitamente vi, á parte direita contra o nascente, um raio resplandecente, e indo-se pouco a pouco clarificando, cada hora se fazia maior,

e pondo de propósito os olhos para aquela parte, vi de repente, no próprio raio, o sinal da Cruz, mais resplandecente que o sol e Jesus Cristo crucificado nela, e de uma e de outra parte uma cópia grande de mancebos resplandecentes, os quais creio que seriam os santos anjos. Vendo, pois, esta visão, pondo á parte o escudo e espada e lançando em terra as roupas e calçado me lancei de bruços e desfeito em lágrimas comecei a rogar pela consolação dos meus vassalos e disse sem nenhum temor: "A que fim me apareceis, Senhor? Quereis por ventura acrescentar fé a quem tem tanta? Melhor é, por certo, que vos vejam os inimigos e creiam em vós que eu, que desde a fonte do baptismo vos conheci por Deus verdadeiro, filho da Virgem e do Padre Eterno e assim vos conheço agora." A cruz era de maravilhosa grandesa, levantada da terra quase dez côvados. O Senhor, com um tom de voz suave, que minhas orelhas indignas ouviram, me disse: "Não te apareci deste modo para acrescentar tua fé mas para fortalecer teu coração neste conflito e fundar os principios do teu reino sobre pedra firme. Confia, Afonso, por que não só vencerás esta batalha, mas todas as outras em que pelejares contra os inimigos da minha cruz. Acharás tua gente alegre e esforçada para a peleja e te pedirá que entres na batalha com título de rei. Não ponhas dúvida, mas tudo quanto te pedirem lhe concede facilmente. Eu sou o fundador e destruidor dos reinos e imperios e quero em ti e teus descendentes fundar para mim um imperio, por cujo meio seja meu nome publicado entre as nações mais estranhas. E para que teus descendentes conheçam quem lhe dá o reino, comporás o escudo de tuas armas do preço com que remi o gênero humano e d'aquele porque fui comprado dos judeus e ser-me-há o reino santificado, puro na fé e amado por minha piedade". Eu, tanto que ouvi estas cousas, prostrado em terra o adorei dizendo: "Porque méritos, Senhor, me mostrais tão grande misericórdia? Ponde, pois, vossos benignos olhos nos sucessores que me prometeis e guardai salva gente portuguesa. E se acontecer que tenhais contra ela algum castigo aparelhado, executai-o antes em mim e em meus descendentes e livrai este povo, que amo como único filho". Consentindo nisto, o Senhor disse: "Não se apartará deles nem de ti nunca minha misericordia, porque por sua via tenho aparelhada grandes searas e a eles escolhidos por meus segadores em terras mui remotas". Ditas estas palavras desapareceu e eu cheio de confiança e suavidade me tornei para o real. E que isso passasse na verdade, juro eu D. Afonso pelos Santos Evangelhos de Jesus Cristo, tocados com estas mãos. E portanto mando a meus descendentes que para sempre sucederem, que em honra da Cruz e cinco chagas de Jesus Cristo tragam em seu escudo cinco escudos partidos em Cruz, e em cada um deles os trinta dinheiros e por timbre a serpente de Moisés, por ser figura de Cristo e este seja o trofeu de nossa geração. E se alguem intentar o contrário, seja maldito do Senhor e atormentado no Inferno com Judas o traidor. Foi feita a presente carta em Coimbra, aos 29 de Outubro, era de 1152[38].

Ana Isabel Buescu, ao analisar a utilização ideológica do Milagre de Ourique, dá-nos pistas da potência dessa lenda como um processo de legitimação do poder. A origem divina da nação

38. T. da Fonseca, *D. Afonso Henriques e a Fundação da Nacionalidade Portuguesa.*

e a eleição do povo português inserido em papel importante, no projeto de Cristo quanto à futura e querida aproximação, e efetiva junção do sagrado e do secular, garantiriam a manutenção do poder de uma aristocracia que necessitava do aval da população do reino.

Segundo Buescu, é no século XV que a intervenção divina é incorporada à narrativa de Ourique com sua inclusão na *Crônica de 1419*. Isto marcaria o passo decisivo de fixação dessa lenda que retrata o nascimento mítico de Portugal. Citando o historiador José Mattoso, Buescu afirma que este acontecimento lendário se torna símbolo da nacionalidade justamente numa época em que a consciência nacional se mostra mais nítida[39].

A autora tenta averiguar a criação de um ambiente em que vários temas são cruzados, com a intenção de se demonstrar, em definitivo, que havia uma proteção divina direcionada ao reino, o que garantiria a pátria portuguesa. Os temas que convergem para este fim são: a luta entre a Cristandade e o Islã; o aparecimento de Cristo para aquele que seria considerado o primeiro rei português, Dom Afonso Henriques; e as promessas feitas por Cristo a este soberano, as quais o consagram, a ele e a seu povo, a missão de constituir Seu reino na Terra.

Com esta história bem urdida, a lenda sugere a soberania do rei português e de sua descendência sobre todos os outros monarcas existentes no mundo. Também se legitima a especial posição da população portuguesa como povo escolhido por Deus, e responsável pela nova aliança, a exemplo do povo de Israel, no Antigo Testamento.

Apesar de ganhar uma forma mais acabada em discursos produzidos por intelectuais intra-Corte, é de se crer que a configuração desta lenda recebeu grande contribuição da oralidade disseminada nas margens da Corte. Sua popularidade, ao tocar na estima dos portugueses e tratar de desejos bastante comuns de populações mais afastadas do poder, leva-nos a crer que a urdidura das versões do Milagre de Ourique, produzidas por homens mais letrados, tinha como estratégia do poder ganhar a confiança do povo. Então, em um momento no qual o poder sente a falta

---

39. A. I. Buescu, "Um Mito das Origens da Nacionalidade: o Milagre de Ourique", op. cit., pp. 61-62.

do povo, lendas e utopias populares convivem e ganham sentido dentro de um discurso letrado ávido por dar coesão à nação. O relato do Milagre de Ourique ganhou tanta potência como discurso de justificação da origem de Portugal, que acabou sendo responsável pela composição de um dos símbolos mais emblemáticos da pátria; a sugestão de Afonso Henriques, de se utilizar determinados signos para compor as armas portuguesas, é inserida na criação da bandeira nacional:

> E portanto mande a meus descendentes que para sempre sucederem, que em honra da Cruz e cinco chagas de Jesus Cristo tragam em seu escudo cinco escudos partidos em Cruz, e em cada um deles os trinta dinheiros e por timbre a serpente de Moisés, por ser figura de Cristo e este seja o troféu de nossa geração.

E assim é composta, com algumas modificações gráficas, até os dias de hoje, a bandeira de Portugal.

As cinco Chagas de Cristo foram atualizadas numa insinuação hiperbolizada da batalha de Ourique, em que um exército relativamente pequeno de Portugal consegue vencer cinco exércitos dos mouros, bem superiores numericamente. Esta vitória atualizaria então o martírio de Cristo, ao extirpar as cinco Chagas de Cristo representadas pelos exércitos mouros derrotados. Nasce então a nação portuguesa, trazendo, nos primeiros passos de sua história, a iniciativa de dar grande contribuição para a continuidade da construção do Reino de Cristo na Terra. O Milagre de Ourique cria, então, uma aura de sacralidade que irá acompanhar a nação portuguesa, pois esta se torna responsável pelo início da limpeza das chagas de Cristo em direção à cicatrização definitiva das mesmas.

Acredito que esta imagem foi causa de enormes desentendimentos, e até cisões, entre Portugal e o poder papal. Portugal era um reino que, em seu berço, já dispensava a necessidade de um intermediário entre o profano e o sagrado – este lugar sempre foi ocupado pelo papa, quando falamos da Igreja católica. Na verdade, o relato do engendramento mítico de Portugal sugere que o reino e seus soberanos se queriam neste papel de mediador.

Por outro lado, o relato do Milagre de Ourique teve alguma responsabilidade na posição radical que adotou o reino português, diante dos mouros, desde o início de sua história até o Renascimento. Enquanto outras nações, Castela, por exemplo, mantinham até mesmo algumas relações políticas com grupos de mouros, divergentes entre si, e que tentavam se instalar no poder, no norte da África, Portugal colocava-se em posição completamente alheia a estas questões.

Em resumo, com a lenda do Milagre de Ourique e com a configuração simbólica da bandeira de Portugal, esse reino queria inscrever-se como protagonista presente da história da cristandade. E a legitimação deste papel vinha do personagem maior desta história: o próprio Jesus Cristo.

Sobre as ressonâncias da lenda do Milagre de Ourique desencadeadas por uma certa espada empunhada por Dom Sebastião

Como vimos, a figura de Dom Afonso Henriques é envolvida e se funde no protótipo de rei guerreiro Cruzado. Além disso, passa ele a ser considerado o herói fundador da nação portuguesa. As diversas versões de sua epístola e do Milagre de Ourique ganharam grande permanência no imaginário português, e avançaram no tempo e no espaço de toda a história de Portugal. E não foi diferente na época de Dom Sebastião.

Dom Afonso Henriques é citado como herói em muitos textos da cultura portuguesa. Segundo Ana Isabel Buescu, é a partir da crônica de Duarte Galvão, de 1505, que as palavras de Dom Afonso Henriques, endereçadas a Jesus Cristo, irão aparecer em definitivo nas narrações que citam o Milagre de Ourique. O exemplo de maior quilate está n'*Os Lusíadas*: "Aos infiéis, Senhor, aos infiéis. E não a mi, que creio o que podeis" (*Os Lusíadas*, III, 45)[40].

Sabemos também que Dom Afonso Henriques servia de personagem modelar no discurso de incitação às armas, proferido – pelos mestres de artes militares – a Dom Sebastião. Sua figura era então bem freqüente no ambiente que cercava o rei Desejado. Assim sendo, não podemos duvidar de que a figura do considerado primeiro rei português, acompanhada de suas façanhas, fosse muito bem conhecida e instigasse as ações de Dom Sebastião.

---

40. A. I. Buescu, "Um Mito das Origens da Nacionalidade: o Milagre de Ourique", op. cit., nota 12, p. 53.

Ao analisar a importância de Dom Afonso Henriques, o historiador José Mattoso se detém no exame de representações iconográficas desse personagem histórico. Entre outros aspectos colocados em questão, chamou muito a atenção desse historiador uma escultura que representa Dom Afonso Henriques. Nela ele empunha uma espada e a sustenta no ombro esquerdo, "numa atitude ostensiva como quem mostra a sua insígnia mais representativa, aquela que lhe dá uma autoridade sem par, a que o distingue de todos os outros homens"[41].

Sobre o simbolismo da espada, muito difundido na Idade Média, Jerusa Pires Ferreira assim trata do tema:

> Há toda a remissão do objeto a uma implícita ideologia de acreditada justiça. A nobreza da espada, sublinhada além disto pelo costume medieval, que fazia do gládio e da cerimônia de sua entrega um compromisso com uma instituição, o sentido de poder associado a uma ordem moral. Nas representações de cena, em que aparece a espada, ela representa a ideologia e a conquista de um pretendido bem, revelando para além de seu manejo, a qualidade santa da causa que defende por mão do herói. Vê-se que o utensílio heroizado é um dos signos anteriores de ferocidade mas que tem a significação primordial da honra heroizada, arma de que se aparelha o herói[42].

Compreendendo todos estes significados, já bem sedimentados na época de Dom Sebastião, a espada que teria pertencido a Dom Afonso Henriques era guardada em Santa Cruz de Coimbra desde o século XII[43]. Este objeto, além de carregar camadas de elementos culturais e de costumes trabalhados na Idade Média, trazia outras, que compunham uma memória cultural especificamente portuguesa, mas que pretendia escapar dos seus limites territoriais, para tornar-se universal. Porém, não obstante trouxesse toda esta carga cultural e simbólica, esta espada estava confinada em um espaço e, como peça de museu, era escondida dos olhos da maioria dos portugueses. Mesmo assim, seu estado de repouso não aniquilava a existência, nela contida, de uma memória cultural e histórica. Talvez de tempo em tempo sua lâmina brilhasse para alguns olhos atentos, e um certo tremor deste objeto condenado a quatro séculos de paralisia tão contrária a

---

41. J. Mattoso, *Fragmentos de uma Composição Medieval*, p. 224.
42. J. P. Ferreira, *Cavalaria em Cordel: o Passo das Águas Mortas*, pp. 97-100.
43. J. Mattoso, op. cit., p. 224.

sua natureza, trouxesse suas recordações dos campos de batalha de Ouriques, do seu antigo dono e de uma certa promessa feita por Jesus Cristo a um recém nascido reino de nome Portugal.

A condição de rico objeto simbólico da cultura, forjado na elaboração de um passado histórico mítico de Portugal, não permite que a espada de Dom Afonso Henriques esgote sua potência de movimento, guardada numa memória coletiva. Com outras palavras, o semioticista russo Iuri Lotman já prestava bastante atenção nos mecanismos que dão permanência a determinados objetos; ele coloca a questão da seguinte maneira.

> os aspectos semióticos da cultura se desenvolvem segundo leis que recordam as *leis da memória*, nas quais podemos entender que o que passou não é aniquilado nem passa à inexistência, mas sofre sim uma seleção e uma completa codificação, que passa a ser conservada para, em determinadas condições, manifestar-se novamente[44].

E aqui chegamos ao ponto fulcral que nos levou a focar mais a nossa atenção nesse objeto da cultura. Segundo o historiador José Mattoso, a espada que teria pertencido a Dom Afonso Henriques foi retirada de Santa Cruz de Coimbra, e levada por Dom Sebastião para a batalha de Alcácer Quibir[45]. Tal gesto irá nos levar aos processos de permanência e atualização que recebem as tradições. Devido às brechas, que são percebidas e trilhadas em dado momento, uma memória é retirada do esquecimento, trazendo permanências que recebem atualizações exatamente por estarem em outro tempo e espaço. O pesquisador Paul Zumthor soube muito bem tratar desta máquina que dá movimento a determinadas tradições:

> Nenhuma tradição medieval, com efeito, foi verdadeiramente fechada. Sempre subsistiu, na falta de grande abertura, alguma brecha por onde se esboçara trocas e se imiscuíram novidades. Às vezes, formas rechaçadas recuperaram raiz: o que já se engajava pelo caminho da "folclorização" se desviou, assumido por uma intenção viva, utilizada como ponto de partida de uma expressão ao mesmo tempo enriquecida pela tradição, trazendo valores imprevistos, marcada

---

44. I. M. Lotman, *La Semiosfera II: semiótica de la cultura del texto, de la conducta y del espacio*, p. 153.
45. J. Mattoso, op. cit., p. 224. Esta informação é levantada por José Mattoso a partir de um texto de J. Queiroz Velloso, "História Política", em D. Peres (dir.) *História Medieval*, vol. V, p. 65.

por uma sensibilidade diferente, investindo numa experiência nova: maravilha que teria sido impossível sem a flexibilidade introduzida nas tradições pelo fator esquecimento[46].

A espada de Afonso Henriques acaba por se constituir, na tese que estamos levantando, em uma brecha que permite novidades à tradicional lenda do Milagre de Ourique. Dom Sebastião retoma a espada e a coloca em movimento. Ao tomar esta atitude, o rei Desejado recupera todo o simbolismo da tradição medieval contido na espada e se reveste dele, incorporando definitivamente o protótipo do rei Cruzado guerreiro e conquistador.

Tendo a espada pertencido a Dom Afonso Henriques, o jovem rei traz à tona ainda, ao empunhá-la, toda a tradição da lenda do Milagre de Ourique. Muito além do que simplesmente voltar ao passado, retira deste texto uma leitura que o ajusta e lhe dá concretude no presente, pois o ancião que apareceu a Dom Afonso Henriques, antes do diálogo desse rei com Jesus Cristo, assim vaticinou:

> Senhor, tende bom coração; vencereis e não sereis vencido: sois amado do Senhor, porque sem duvida poz sobre vós e sobre vossa geração, depois de vossos dias, os olhos de sua misericórdia, até á decima sexta descendencia, na qual se diminuirá a sucessão, mas nela assim diminuída ele tornará a pôr os olhos e verá.

Ora, Dom Sebastião foi o décimo sexto rei de Portugal. Sabemos que o reinado anterior ao seu teve problemas políticos que levaram Portugal a sair de sua posição privilegiada no cenário mundial. As perdas sofridas mais marcantes foram perante os infiéis; talvez Jesus não tivesse os olhos sobre Portugal naquele momento, como vaticinava o ancião quatro séculos antes de Dom Sebastião, que, acreditando no vaticínio, segura a espada do primeiro rei da sua geração e, simbolicamente, traz de volta os olhos de Jesus Cristo para Portugal e para si na batalha contra os mouros que logo mais enfrentaria em Alcácer Quibir.

Num segundo momento deste gesto, Dom Sebastião se coloca em sintonia com uma memória coletiva, conseguindo fazer com que a nação portuguesa participe da sua decisão de atacar os mouros em Marrocos. Seu ato gera um sistema comunicativo

---

46. P. Zumthor, *Tradição e Esquecimento*, p. 20.

que faz com que sua decisão abarque a coletividade. Mesmo podendo ser um ato involuntário, o que não acreditamos muito, devido aos seus posicionamentos, Dom Sebastião fornece um meio de aproximação entre ele e a confiança do povo lusitano. "Todo funcionamento de um sistema comunicativo supõe a existência de uma memória comum da coletividade. Sem memória comum é impossível ter uma linguagem comum"[47], diz Lotman.

Ao sentir que já tem os olhos de Jesus Cristo voltados para si e para sua nação no seu presente, o rei Desejado aponta a espada – que pertenceu a Dom Afonso Henriques – para o futuro. A batalha de Alcácer Quibir representaria o acontecimento que possibilitaria a retomada do movimento predestinado de Portugal revelado pelo próprio Cristo ao primeiro rei português. Lutar contra o mouro novamente implicaria numa retomada do projeto cristão ocidental voltado a uma assepsia do mundo direcionada ao fim dos infiéis, em favor da construção do reino de Jesus Cristo na Terra.

E aí temos, finalmente, na espada de Dom Afonso Henriques tomada por Dom Sebastião, o funcionamento de um objeto que traz uma carga simbólica, que retém uma memória permanente, mas que é atualizada em favor de um movimento rumo a uma "memória do futuro". Retirada do seu imobilismo, no qual muitas informações estavam guardadas, a espada de Dom Afonso Henriques ganha diversos significados, sobretudo quando é colocada em movimento por Dom Sebastião, em proveito da regeneração destas informações amortecidas.

> O significado do símbolo não é algo constante, e não devemos imaginar a memória da cultura como um depósito no qual ficam amontoadas mensagens, invariantes em sua essência e sempre equivalentes a si mesmas. [...] A memória não é um depósito de informações, mas sim um mecanismo de regeneração das mesmas. Em particular, por uma parte, os símbolos que se guardam na cultura levam em si informações sobre os contextos (ou também as linguagens), e, por outra parte, para que essa informação "se desperte", o símbolo deve ser colocado em algum contexto contemporâneo, o que inevitavelmente transforma seu significado. Assim, a informação que se reconstrói, realiza-se sempre no contexto do jogo entre as linguagens do passado e do presente[48].

A espada de Dom Afonso Henriques, manejada por Dom Sebastião, e serpenteada pelos movimentos do rei Desejado, tem

---

47. I. M. Lotman, op. cit., p. 155.
48. Idem, ibidem, p. 157.

seu significado ampliado. Ajuda a construir também uma vigorosa ligação entre o soberano e seu povo, pois os dois compartilham de uma mesma memória cultural, na qual os dois têm papel importante e se necessitam um do outro para dar continuidade aos projetos de Deus. Todo este processamento de símbolos culturais e históricos iria favorecer, enfim, um grande acontecimento, conhecido como a batalha de Alcácer Quibir, que, apesar de ter tido um final dramático, marcará o processo histórico e cultural português, e favorecerá o ingresso da figura de Dom Sebastião no panteão de mitos portugueses.

A batalha de Alcácer Quibir: a salvação do corpo físico do rei Desejado, por meio do seu "desaparecimento": a construção de um mito

Em 24 de junho de 1578, parte a armada de Portugal, rumo a Tânger. Segundo a carta de um autor anônimo, 847 velas levavam vinte e quatro mil homens aos campos africanos. Um conselho formou-se em Arzila para discutir a melhor estratégia de se investir contra os mouros em Marrocos. Organiza-se então uma investida em campo aberto, por se entender que tal estratagema é mais eficaz.

Na manhã de 4 de agosto de 1578, finalmente é travada uma batalha em campo aberto nas Campinas de Alcácer Quibir. Vozes esparsas agrupadas pelo historiador António Machado Pires nos dão uma idéia de como se deu o episódio:

> El-rei colocou-se na vanguarda, à frente de uma cavalaria na ala esquerda, sendo a ala direita comandada pelo Duque de Aveiro; Dom Sebastião procurou manter a organização da batalha, e ao primeiro rompimento de fogo do inimigo a cavalaria portuguesa acometeu, abrindo largas brechas na hoste moura. Houve um momento vitorioso em Alcácer. Mas uns momentos de indecisão e a voz de "ter, ter!" do sargento-mor Pero Lopes, bastaram para a superioridade numérica do adversário prevalecer sobre a bravura dos portugueses, que foram dispersados. [...] Do rei pouco se soube. A História fixou que ele combateu denodadamente e se embrenhou pela hoste inimiga até mais não ser visto. O resto do seu destino perdeu-se na incerteza e na lenda. Na memória nacional ficou o seu grito, "morrer, mas morrer devagar!" e uma grande página de dor e de luto na História[49].

---

49. A. M. Pires, op. cit., p. 56.

A notícia da derrota chegou semanas depois, com relatos de várias naturezas. Imediatamente a nação rangeu os dentes por causa do desespero e da dor causados pela possibilidade da perda dos entes familiares. Em simultâneo a este impacto, sente-se o golpe nas esperanças da volta de um caminho glorioso destinado a Portugal. A coroa fica novamente ameaçada pelo reino vizinho, Castela. O caos se instalou na Corte e nas ruas do reino.

Mas um espectro começava a rondar todos os cantos da nação. Junto às notícias sobre a derrota do exército português, circulava a informação de que o rei Dom Sebastião havia desaparecido. De quando em quando testemunhas afirmavam que o corpo do Desejado nunca fora computado entre os mortos e prisioneiros feitos na batalha. Um fio de esperança começava a correr por todo o reino, tecendo o espectro de um rei desaparecido, um soberano que não permitiria o abatimento completo dos ânimos da nação, que pressentia a inevitável anexação ao reino de Castela.

De 1578 a 1580, o cardeal Dom Henrique, tio-avô de Dom Sebastião, sustentou a coroa em suas mãos, retardando o fim da independência de Portugal. Porém, após sua morte, em 1580, diversas batalhas no campo político e jurídico das Cortes acabam sendo vencidas pela Corte de Castela, e Felipe II assume também o trono português.

Nesse ínterim, a crença de que Dom Sebastião estava vivo toma grande vulto, não só por ser ele um monarca herdeiro da coroa portuguesa, mas por tudo o que já representava para a história de Portugal. Tão forte era a imagem deste monarca, que somos obrigados a aludir novamente à dificuldade em se saber, através dos documentos da época, como se deu a batalha de Alcácer Quibir, e qual era a verdadeira condição física e mental de Dom Sebastião. Por um lado, populares e autoridades exaltavam a bravura dos soldados lusitanos e a postura heróica de Dom Sebastião; por outro denegria-se todo esse discurso.

Na tentativa de brecar a potência que ganhava a imagem heróica do rei desaparecido, lança-se uma campanha com intuito de manchar a figura do rei Desejado. Cronistas espanhóis exaltavam as qualidades do líder islâmico Mouley Malik que derrotou Dom Sebastião. Crônicas o descreveram como "excelente soldado e uma das mais distintas figuras da dinastia sádica: *branco de face*, barba negra, *os olhos verdes*, *não trazia nenhuma mestiçagem de sangue negro*. [...] falava espanhol, italiano e turco, e era *amigo pessoal de Felipe II*"[50]. Os trechos sublinhados acima demonstram os esforços em se constituir um retrato bem próximo do idealizado rosto europeu ocidental cristão. O líder mulçumano ganha traços estratégicos que amenizavam sua condição de "infiel". Sua amizade com Felipe II reforçava este discurso, repleto de intenções favoráveis à boa ordem que Castela buscou constituir no reino de Portugal, então em mãos de Castela e sob o poder de Felipe II.

Reforçando a campanha contra a imagem do rei "desaparecido", os cronistas usaram o mesmo artifício utilizado para desqualificar e difamar a figura do mouro infiel, grande inimigo comum de toda a cristandade em inúmeras ocasiões. E o quadro de Dom Sebastião é composto da seguinte maneira:

> era fisicamente assimétrico: todo o lado direito, a mão, a perna e o pé eram maiores que o esquerdo; um ombro mais alto que o outro, pende para um lado. Tinha ainda um dente a menos, um sinal secreto, uma verruga no pé direito que lhe cresce [...] no ombro um sinal preto [...] o beiço caído (feição típica da Casa de Áustria), as pernas arqueadas"[51].

Eis uma figura repugnante, o retrato de um monstro, de alguém que nunca poderia ser visto como um rei capaz de constituir o reino de Cristo na Terra. Ao contrário disso, essa figura está mais próxima da de alguém aliado ao Anti-Cristo, se não for o próprio.

Não achando suficiente esta caracterização medonha do rei "desaparecido", a propaganda negativa continuava direcionando seus ataques aos aspectos mentais de Dom Sebastião. Em vários relatos a sanidade mental de Dom Sebastião é colocada em dúvida; tentava-se desqualificar qualquer traço de herói atribuído a ele. Ficou configurada, então, uma propaganda preocupada em "cortar as asas" do imaginário português, crente na volta do seu poderoso rei desaparecido. A presença de Dom Sebastião, no imaginário da nação portuguesa, era mais perigosa, para a ordem e a soberania de Castela, do que a presença viva de impérios mulçumanos que avançavam no norte da África. "O xarife infiel transformou-se quase num príncipe justo, corajoso e legí-

---

50. J. Hermann, op. cit., p. 113 e seguintes.
51. Idem, ibidem, p. 115.

timo, enquanto Dom Sebastião ficou para a história letrada como uma equivocada combinação de soberba e incompetência"[52].

Mas esta campanha negativa da imagem de Dom Sebastião não foi suficiente para impedir que o desaparecido fosse objeto de crença relativa a sua volta como o restaurador do trono português e da cristandade no mundo. Mesmo fora do território português, Dom Sebastião teve e tem presença garantida em literaturas e movimentos, que fazem uma leitura messiânica a seu respeito[53]. Mas não devemos nos apressar neste sentido, pois necessitamos perceber outros processos pelos quais passa a figura do rei Desejado, que não reconheceu seu fim na fastidiosa batalha de Alcácer Quibir, apesar de seu corpo ter "desaparecido", e ampliou seus passos em direção a uma existência mítica em outro epíteto, o Encoberto.

IV. Das novas tramas que deram continuidade a um rei Desejado entronizado no imaginário da nação como o rei Encoberto: o caso dos quatro falsos reis Dom Sebastião

Apreciando os historiadores que se dispuseram a tratar do capítulo que envolve a aparição de falsos reis, que pretendiam se passar por Dom Sebastião, sigo com cuidado o caminho perigoso constatado por tais estudiosos, que nos advertem quanto à falta de documentação aprofundada destes casos. Estamos atentos, no entanto, à importância de alguns traços que permitem percebermos quais foram as primeiras reações de Portugal diante da perda do rei e, conseqüentemente, da sua independência – para Castela.

Objetivamos compreender os fenômenos singulares daquele período. É de se levar em conta a rapidez com que apareceram falsos reis logo após a derrota em Alcácer Quibir, pouco tempo depois das notícias do "desaparecimento" do rei Dom Sebastião, e já no início da efetiva perda da independência de Portugal – e ela desencadeou uma indignação nacional. Em decorrência dis-

---

52. Idem, ibidem, p. 155
53. Ver, por exemplo, M. L. M. de Sousa (org.), *Dom Sebastião na Literatura Inglesa*.

so, entrou em jogo a vontade de crer na volta do rei e de todo o caminho de glórias portuguesas prometido pelo então ainda recente movimento iniciado pelo Desejado, e que contagiou a nação portuguesa.

É bom que fique claro que os quatro reis falsos apareceram em uma época na qual, se levarmos em conta a crença no desaparecimento de Dom Sebastião, e não em sua morte, o rei Desejado teria uma idade biológica aceitável para se ter uma existência física saudável e vigorosa. Trata-se então da criação de simulacros que buscavam, através da proximidade dos fatos, e em relatos que sugeriam a possibilidade de que o rei estava vivo, convencer a todos sobre o retorno do monarca em carne e osso, para retomar a ordem da Corte portuguesa, antes da sua anexação a Castela. Portanto, entendemos que a criação destes falsos reis não significava propriamente a busca de uma nova ordem, mas sim uma tentativa de restabelecer uma ordem humilhantemente obliterada, e sujeita a outra, a de Castela, através do forjamento de "cópias" do rei Desejado, herdeiro legítimo do trono de Portugal.

Estes detalhes são importantes, na medida em que buscamos compreender como se desencadeou a criação dos falsos reis, e quais sinais compunham a estratégia dos discursos que fabricavam a simulação destes reis e de suas "Cortes".

Sobre as peripécias do rei Penamacor

A historiografia não conseguiu levantar o nome do primeiro falso rei, que veio a ser chamado de rei de Penamacor. Na verdade, muito pouco se sabe a respeito deste caso, talvez pela insignificância das suas ações. Seu aparecimento não representou grande perigo para a Corte castelhana.

O fato começou a se desenrolar em julho de 1584. Na vila de Penamacor, região portuguesa fronteiriça à Espanha que daria o nome a esse falso rei, corria o boato de que Dom Sebastião havia regressado a Portugal.

De origem humilde, mas privilegiado por uma educação religiosa, o rapaz, de aproximadamente vinte anos, deixou o convento de Nossa Senhora do Carmo com autorização para vestir o hábito de eremita e percorrer todo o país, vivendo da caridade de esmolas dos fiéis. Finalmente, instala-se em um eremitério situado na vila de Albuquerque, outra região que fazia fronteira com Espanha.

Acredita-se que nesse local se deu o cruzamento da história do rapaz com a do rei Dom Sebastião. Visitado por pessoas piedosas, acaba conhecendo a viúva de um combatente de Alcácer Quibir. Esta o adota e mantém com ele certas relações, que causaram escândalo na vila em que passaram a viver. Munido de roupas, dinheiro e um cavalo cedidos pela sua protetora, decide ele partir com o intuito de preservar a imagem e a decência da mulher.

Em sua nova peregrinação passa a contar histórias da batalha de Alcácer Quibir, utilizando palavras que afirmava serem de origem mourisca. Corre então as suspeitas de que o rapaz podia ser o rei desaparecido. O eremita aproveitou o entusiasmo desta crença, e passou a receber doações destinadas a sua recomposição como rei.

Sua condição precária e humilde passou a ser vista como um necessário estágio de peregrinação pelo qual deveria passar Dom Sebastião. Este estágio visava a purgação terrena dos seus erros, culpas e pecados; afinal, a derrota em Alcácer Quibir comprovaria a falta de preparo do jovem monarca, mas não sua eliminação. A missão sagrada da qual estava imbuído o Desejado não poderia admitir seu fim. Porém, a derrota do seu exército revelava os defeitos impostos pela existência carnal que deveriam ser corrigidos.

Esta regeneração do herói nos parece possuir traços de uma leitura do Purgatório instituído na visão medieval, e aplicada a alguns personagens lendários como o valoroso cavaleiro do ciclo arturiano, Lancelot. Este cavaleiro, embora tenha sido um dos maiores e mais queridos do lendário rei Artur e de sua Corte, trai o rei com sua própria esposa, Geneviéve. Por isso, para purgar suas culpas e as máculas, provenientes do seu ato traidor, Lancelot torna-se eremita e passa a peregrinar por toda a Terra, vivendo um Purgatório regenerador do seu caráter e da sua condição carnal[54].

Mas, seguindo no caso do rei Penamacor, aproveitando a crença de que o rapaz era Dom Sebastião, dois comparsas juntam-se a ele e resolvem instalar uma pequena "Corte". Para ter

---

54. A. Magne (org.). *A Demanda do Santo Graal.*

um respaldo que legitimaria o embuste, os cúmplices do rapaz se identificavam como importantes personagens da Corte de Portugal: Cristóvão de Távora e o bispo da Guarda.

Alertada sobre o pequeno movimento, que se instalara em torno do suposto rei Dom Sebastião, a Corte de Castela toma providências e prende o rapaz, dispersando, assim, o movimento. O eremita se safa de uma pena mais grave, e é condenado às galés de onde foge mais tarde sem deixar rastros. Seus dois comparsas são condenados à morte.

O rei de Ericeira: um caso de maior gravidade para a Corte castelhana

O segundo impostor era filho de um pedreiro açoriano e chamava-se Mateus Álvares. Como seu antecessor, era um eremita na vila Ericeira. Era loiro e tinha a mesma idade do Desejado. Há dois anos vivia na ermida de São Julião, na qual iniciou-se sua fama de rei Dom Sebastião. Em confissões a vários padres, afirmava ter prometido a Deus viver em penitência. Dizia também dispor de cinco testemunhas, que com ele tinham escapado da batalha de Alcácer Quibir, e haveriam de confirmar sua identidade de Dom Sebastião, no dia de São João. Nesse dia iriam completar sete anos desde a partida do rei Desejado para a jornada da África. (Estamos falando, portanto, de 1585, um ano depois do episódio do falso rei de Penamacor). O falso de Ericeira tencionava entrar triunfante em Lisboa naquele mesmo ano[55].

Porém, o que mais chamava a atenção dos crentes, e que provocou a rápida divulgação da notícia de que Dom Sebastião estaria voltando, era seu ritual de autoflagelação noturna no qual diria: "Portugal! Portugal! Que luto que te rodeia! Ai de mim infelizmente sou eu o causador dos desastres que te afligem! Infeliz Dom Sebastião, uma vida de miséria, penitência e lágrimas será suficiente para expiar as minhas faltas!". Esse ritual segue a linha e dá mais dramaticidade à purgação dos erros, culpas e pecados que, inevitavelmente, seriam atribuídos à falta de preparo espiritual de Dom Sebastião, derrotado em Alcácer Quibir. A derrota o teria manchado, mas não o destituído de sua missão heróica cristã.

55. D. R. Curto, "O Bastião! O Bastião!", em Y. K. Centeno (org.), *Portugal: Mitos Revisitados*, pp. 147-148.

Mas diferentemente do caso do rei de Penamacor, que se aproveitou de uma crença atribuída a sua pessoa, quem constrói todo este teatro é o próprio Mateus Álvares, amparado em uma estratégia bem pensada. Não obstante essa sua iniciativa, o discurso proferido por ele em seu ritual de autoflagelação pode ter sido construído por crentes, que impressionados pelo seu ato, acreditavam ser ele o próprio Dom Sebastião. Jacqueline Hermann afirma que, "apenas supostamente as palavras são do autoflagelado"[56]. Em outros autores, o discurso nem aparece, apesar de mencionarem o ritual de autoflagelação.

O fato é que, depois de tais impressionantes demonstrações de arrependimento e purificação, Mateus Álvares consegue convencer Antônio Simões, proprietário e escrivão da alfândega de Lisboa, de que ele, Mateus, é o próprio Dom Sebastião. Álvares passa então a receber acolhida de Simões e de sua esposa.

Mais tarde, um anticastelhano assumido, também dono de propriedades próximas a Ericeira, Pedro Afonso, junta-se a Antônio Simões em apoio ao falso rei. A partir deste momento, podemos perceber que estamos tratando da configuração de um plano para se desvencilhar Portugal da Corte de Castela.

Com o decorrer do tempo, cresceu o apoio ao novo pretendente do trono vestido na pele de Dom Sebastião. Foram reunidos mil homens ao seu redor, preparados para sua defesa. Recebeu adesão do antigo ourives do rei Dom Sebastião, Gregório de Barros, e de outros nobres que acompanhavam o Desejado.

Já mais convicto da sua realeza, Mateus Álvares casa-se com a filha de Pedro Afonso, coroando-a rainha com um diadema retirado de uma imagem da Virgem. Encarnando cada vez mais o papel de Dom Sebastião, passa a distribuir títulos a vários dos seus colaboradores. Só ao sogro, dá os títulos de marquês de Torres Vedras, Conde de Monsanto, senhor da Ericeira e governador de Lisboa.

Avançando mais em seus projetos, o falso rei assina vários decretos e cartas patentes sem esquecer de colocar nos envelopes uma falsificação do selo real. Vários despachos são enviados por ele a diversas partes do reino, anunciando sua volta, instigando os sentimentos patrióticos do povo e incitando a população a pegar em armas contra os inimigos estrangeiros: Castela.

---

56. J. Hermann, op. cit., p. 250.

Percebe-se então que Mateus Álvares conhece bem vários rituais do castelo. Nesse falso rei, está clara não apenas a intenção isolada de um homem; sua ação é respaldada por algumas figuras acostumadas a freqüentar o ambiente palaciano. Temos aí um traço fundamental para a compreensão destes movimentos que envolveram falsos reis. Almejava-se o restabelecimento de uma ordem, e não a criação de outra. O cuidado com a falsificação de documentos mostrava preocupação de legitimar as "Cortes" paralelas através de um discurso oficial. Este processo depunha em favor da vontade de reconstruir a Corte portuguesa, afogada pela anexação a Castela. Todos os passos dos falsos reis defendiam uma causa nacional, e patriótica. Os sentimentos patrióticos dos portugueses estavam feridos pela humilhação imposta legalmente pelos castelhanos no ato da tomada legítima do trono de Portugal. Estes eram os motivos que fortaleciam a esperança no regresso do rei, e que permitia a facilidade da criação de embustes logo adotados pelo apoio nacional, crente em sua veracidade.

Com a adesão das cidades de Mafra e Sintra, o caso do falso rei de Ericeira tomou proporções alarmantes, resultando na intervenção das forças armadas espanholas. Os direitos de Felipe II deveriam prevalecer, e grande massacre ocorreu, desembocando na rendição da "Corte" paralela que se formara em oposição à de Castela.

Em outro teatro, este composto com finalidades de exemplificar o poder legítimo de Castela que comandava o trono português, o falso rei é preso, e chega a Lisboa montado em um burro, sendo exposto, desta forma, à execração pública antes do julgamento. Feito réu, Mateus Álvares confessa seus planos de tomar Lisboa no dia de São João. Ele diz que aproveitaria a festa, que naturalmente levava a população às ruas, e, tomando Lisboa, esperava a aclamação do povo. Depois das homenagens e honras, afirmou que pretendia se colocar na varanda do palácio e fazer a seguinte revelação: "Olhai bem para mim, não sou Dom Sebastião, mas sou um homem bom, um bom português que vos libertou do julgo castelhano. Agora sois livre, escolhei e proclamai rei quem quiserdes"[57].

---

57. Idem, ibidem, p. 254.

Ao contrário de tão glorioso fim pensado e desejado por Mateus Álvares, ele foi condenado à forca. Antes, teve a mão direita decepada; castigo exemplar por ter assinado papéis em nome de Dom Sebastião. Depois de enforcado, sua cabeça foi cortada e exposta no pelourinho durante um mês. O seu corpo foi esquartejado, e as partes foram distribuídas nas entradas da capital. Os adeptos do movimento tiveram como fim a morte, ou a condenação perpétua às galés[58]. Eis um circo de horror, montado para exemplificar o fim de quem tivesse as mesmas intenções dos condenados deste caso que mobilizou boa parte de Portugal.

O pasteleiro de Madrigal e Marco Túlio Catizone, o Calabrez: os falsos reis rompem os limites do território português

A condenação do falso rei de Ericeira certamente inibiu a formação de novas "Cortes" paralelas em território português. No entanto, dez anos depois descobriu-se nova conspiração contra a soberania espanhola. Desta vez o caso se deu em Madrigal, povoado próximo a Valladolid, na Espanha.

Gabriel Espinosa, um pasteleiro de Madrigal, foi detido por carregavar algumas jóias que provocaram suspeitas. Além das jóias finíssimas, um retrato de Felipe II se encontrava no meio do material apreendido. Nessa prisão, feita sob suspeita de que se tratava de um simples roubo, descobriu-se uma conspiração que envolvia pessoas muito próximas a Felipe II e ao rei "desaparecido" de Portugal.

As jóias detidas com Gabriel Espinoza eram de Dona Ana de Áustria, filha de Dom João de Áustria e sobrinha de Felipe II. Cartas trocadas entre ela e Espinosa revelavam, além de uma relação amorosa entre os dois, a convicção, de Dona Ana, de que o destinatário era Dom Sebastião. As jóias deveriam ser vendidas com o intuito de se arrecadar dinheiro para ser iniciada a volta do rei Desejado a Portugal.

---

58. As descrições do caso deste falso rei de Ericeira, assim como de todos os outros que aqui já foram citados, ou ainda serão, foram retiradas, por Jacqueline Hermann e Diogo Ramada Curto, dos seguintes documentos: *Memorial* de Pero Roiz Soares, e *Portugal Cuidadoso e Lastimado, com a Vida e Perda do Senhor rey Dom Sebastião o Desejado de Saudosa Memória/ 1737*, de Antonio Baião.

Mais tarde averiguou-se que o cabeça da conspiração, frustrada em seu nascedouro, era o frei Miguel dos Santos, ex-pregador da Corte de Dom Sebastião e ex-confessor de Dom Antônio, prior de Crato. O surgimento deste nome, no processo de apuração do caso do pasteleiro de Madrigal, traz a certeza, aos inquiridores, sobre uma perigosa trama que se engendrava contra Felipe II. O prior de Crato, desde a derrota em Alcácer Quibir, tinha uma posição bem clara contra o avanço de Castela na coroa portuguesa. Frei Miguel dos Santos partilhava desta posição; havia participado das conspirações antonistas em 1580, e defendia a legitimidade do português Dom Antônio, prior de Crato, como herdeiro direto da coroa portuguesa antes de Felipe II de Espanha. O fato de Dom Antônio ser um primo bastardo de Dom Sebastião não tirava, aos olhos de frei Miguel, o direito do prior de Crato sobre a coroa de Portugal. Dom Antônio, mesmo não conseguindo vencer a disputa pelo trono português, comandou diversas agitações para tentar expulsar Castela e recompor uma Corte portuguesa. Portanto, este nome era uma verdadeira ameaça para Felipe II.

Na tentativa de conseguir se safar de punições mais pesadas sobre as acusações de conspiração, o frei Miguel dos Santos envolveu vários nomes da nobreza portuguesa à trama da qual era considerado mentor. Ao fim do processo, acabou por confessar que desenvolvera sozinho o enredo. Em 19 de outubro de 1595, depois de condenado, recebe a sentença e paga com a vida seu atrevimento conspiratório.

Dona Ana de Áustria também recebe punição: é confinada por quatro anos em um quarto solitário de um convento, tendo que passar a pão e água, nas sextas-feiras. Por fim confessa que se havia enganado com Gabriel Espinosa, pensando que de fato ele fosse Dom Sebastião.

Apesar de abandonado pelo frei e por Dona Ana, o pasteleiro de Madrigal não se valeu do seu envolvimento com Dona Ana para suavizar sua pena. Preferiu poupá-la de qualquer constrangimento, o que leva a crer que entre eles houve uma verdadeira relação amorosa. Quanto ao frei Miguel, Espinosa não se mostrou tão complacente, e o acusou de ser o verdadeiro guia e incitador de toda a trama.

Também neste caso ocorreu, portanto, o envolvimento de pessoas influentes da nobreza portuguesa. Apesar de não ter sido comprovada a real participação delas, com exceção da do frei Miguel, fica confirmado que a criação de falsos reis constituiu-se em uma estratégia engendrada para que fosse restaurada a coroa portuguesa. Comprova-se também, e principalmente, que a imagem de Dom Sebastião continuava muito forte em Portugal, apesar das críticas endereçadas a sua pessoa, e das inúmeras tentativas de denegri-lo.

Gabriel Espinoza foi também condenado à forca, e teve sua cabeça exposta em praça pública. A exemplo do falso rei de Ericeira, seu corpo foi desmembrado, e as partes foram exibidas em vários cantos do país. Era cumprido, assim, o ritual de horror constituído para a intimidação dos ímpetos que poderiam vir a brotar do entusiasmo em se crer na volta do Desejado.

* * *

E é neste clima que surge o último falso rei de que se teve notícias. O calabrês Marco Túlio Catizone começou a formar sua "Corte" em 1598, na cidade de Veneza. Sua farsa atraiu grande número de antonistas – elementos pró Dom Antônio, prior de Crato, como legítimo herdeiro do trono português – exilados na Europa. Personagens de grande renome, como Diogo Botelho e Dom João de Castro, que depois instigaria o sebastianismo, com sua interpretação das *Trovas* do Bandarra, voltaram sua atenção para o falso rei que já se fazia famoso em Veneza.

A falsa Corte de Marco Túlio teve maior organização e alcançou raias internacionais. Seus aliados conseguiram apoio de outros reinados, despertando a atenção dos monarcas da França e Inglaterra. Em 23 de dezembro de 1598, um Breve, supostamente assinado pelo papa Clemente VIII, reconhecia o Calabrês como sendo Dom Sebastião, o rei desaparecido na batalha de Alcácer Quibir. Ordenava ao "muito católico rei Felipe III (Felipe II já havia falecido nesta época) de Espanha que largue do reino (de Portugal) em paz, sob pena de excomunhão e de provocar a ira do Senhor se não obedecesse".

A falsidade de vários Breves papais, que comumente corriam por todo o reino, mesmo os que não tiveram relação com este caso, não foram devidamente estudados até o momento. Porém, segundo a historiadora Hermann, este Breve de 1598 deve ter sido elaborado por Diogo Botelho e seus companheiros da falsa Corte de Marco Túlio, que se fazia cada vez maior[59].

A história de Marco Túlio se desenrolou até 1603, quando toda a "Corte" foi desbaratada. O Calabrês recebeu o mesmo fim dos falsos reis de Ericeira e do pasteleiro de Madrigal.

* * *

A escolha de organizar "Cortes" paralelas à de Castela em território português e, mais do que isso, de instalar nelas falsos reis na tentativa de promover a imediata restauração do trono de Portugal, reforçou, ao nosso ver, a consolidação da carismática imagem de Dom Sebastião como um monarca messiânico. No entanto, ao utilizar o discurso estratégico da oficialidade do Estado moderno, a criação dos falsos reis ainda era amparada no restabelecimento da ordem que imperava no interior da Corte, anteriormente à anexação do reino português ao de Castela. Pretendia-se reafirmar a ordem do trono português, contra a ordem imposta por Castela. Tencionava-se legitimar um poder através da estratégia da oficialidade, incorporada em ordens do discurso, ordens dos sinais e ordens dos cerimoniais[60], ainda que estas fossem fabricadas através de documentos falsos, selos reais falsificados, distribuição ilegítima de títulos e imitações ardilosas de Breves papais.

Mas, apesar de ter sua imagem envolvida em casos embebidos em ações fraudulentas, Dom Sebastião ganhava maior potência no imaginário português: cada vez mais era tido como um rei desaparecido capaz de trazer a salvação para Portugal.

O processo de falsificação do rei já demonstrava uma vontade amparada na crença de que Dom Sebastião iria voltar como salvador. Ainda que procurassem se utilizar de discursos da oficialidade, outra estratégia era empregada para justificar a volta do rei Desejado: a idéia de que o monarca teria que peregrinar para se refazer de possíveis erros provindos de sua demasiada existência secular, ajudava na configuração de um soberano que

---

59. O Breve papal citado neste trabalho, foi recolhido por Jacqueline Hermann na Biblioteca Nacional de Lisboa. O documento trabalhado por ela pode ser encontrado nos arquivos desta Biblioteca com o nome de *Breves a Favor de Dom Sebastião*. Idem, p. 336, nota 10.

60. Cf. R. Chartier *História Cultural. Entre Práticas e Representações*.

voltaria purificado e apto a restabelecer a salvação nacional e, depois, do mundo. Iniciavam-se os primeiros passos em direção à construção de uma estrutura mítica, a do caráter messiânico do herói, cuja história pessoal tornava-o um rei Desejado; possibilita-se uma crença coletiva de que o rei Encoberto estava prestes a retornar e trazer consigo uma glória há algum tempo almejada. Segundo Maria Isaura Pereira de Queiroz, o messias segue sempre os mesmo passos:

a) eleição divina;
b) provação;
c) retiro;
d) volta gloriosa[61].

Depois de ser a personagem central de desesperadas tentativas – promovidas por figuras ligadas à realeza portuguesa – de se tomar de volta o poder para Portugal, fazendo-se uso de discursos oficiais fraudulentos, a imagem de Dom Sebastião toma o caminho em direção a uma existência messiânica. Esse processo irá se definir com total contundência, quando sua figura ganha uma tradução em outro discurso, paralelo ao que se quer oficial: o discurso profético que o coloca finalmente em um patamar de figura mítica, passando a ser um dos fenômenos culturais mais marcantes da história de Portugal.

V. De vozes proféticas e seus encaixes: transcrições, traduções e interpretações (Dom Sebastião é o Encoberto)

Bandarra: sapateiro, trovador e profeta

Gonçalo Annes Bandarra teria vivido, segundo sua bibliografia que se confunde com a dedicada ao sebastianismo, em Trancoso, entre uma data ignorada e 1545. Destaca-se nos relatos que o descrevem, um vasto conhecimento das Escrituras, abonado por quem teve oportunidade de ouvi-lo, e lhe deu o reconhecimento, qualificando-o como "um grandissíssimo teólogo", segundo depoimento que consta em seu processo inquisitorial.

---

61. M. I. P. de Queiroz, *O Messianismo no Brasil e no Mundo*, p. 8.

Uma memória agudíssima garantia ao Bandarra a capacidade de citar a Bíblia de cor. Seus biógrafos dizem que ele leu e releu o Livro Sagrado durante oito ou nove anos e, não obstante tenha-se a impressão, hoje em dia, de que era um cristão, ganhou não apenas o respeito dos que compartilhavam da sua religião, mas também recebeu o apreço de muitos judeus encobertos, que viviam em Trancoso e nas proximidades. Para estes, Bandarra era tido como uma espécie de rabi, tão respeitado quanto os doutores da lei.

Assim como agradava essas duas vertentes religiosas, abarcava também tanto a simpatia de pessoas humildes – em sua maioria iletradas – como a dos grandes doutos de sua terra. Entre estes, comumente são citados o doutor Álvaro Cardoso e o padre Bartolomeu Rodrigues. Estes desempenhavam papel importante no grupo que se formou à volta do Bandarra. Quando Gonçalo Annes era obrigado a devolver a Bíblia, que sempre estava em seu poder por empréstimo, tinha que recorrer à sua esplêndida memória. Se lhe falhava a memória, os citados doutores liam para ele, vertida do latim, a parte da Bíblia sobre a qual versava a consulta[62].

O sapateiro de Trancoso, a certa altura, era já tido como uma espécie de oráculo, promovendo, em diversas reuniões, o início de uma nova leitura sobre as profecias bíblicas, tratando-as com o entendimento de uma "religiosidade popular". Sua leitura buscava uma tradução que navega entre a presença da oralidade – quando se instauravam as reuniões para discussão da palavra sagrada – e o suporte da escritura, palavra fixada pela Igreja como a Verdade absoluta, mas que ganhava movimento quando freqüentava a boca dos crentes de vários segmentos sociais e religiosos que apareciam na casa do sapateiro de Trancoso.

Neste exercício de discutir a tradição judaico cristã, a partir das Escrituras (palavra de poder institucionalizada por dogmas da Igreja), trabalhada em uma oralidade laicizada, um processo tradutório ampliava e explodia a dureza do significado das palavras destas mesmas Escrituras; elas deixam de ser apenas meio de transmissão de uma doutrina, para ganhar a competência de palavra fundadora de uma fé[63]. Neste processo, dá-se o sopro que produz um desvio da Palavra da Verdade Divina imposta

---

62. G. A. Bandarra, *Profecias do Bandarra*, pp. 13-14.
63. P. Zumthor, *A Letra e a Voz: a "Literatura" Medieval*, p. 76.

pela Igreja, que passa a ser direcionada para uma voz que busca seu espaço na realidade cotidiana, pretendendo aproximar o sagrado e o profano na "religiosidade popular".

Parece que Bandarra experimentou e exercitou essa voz, que "se identificava ao Espírito vivo, seqüestrado pela escrita"[64]. Assim sendo, ele trabalhou uma verdade que se ligava ao poder vocal; uma verdade perpetuada por seus discursos, amparados em

> retalhos do Evangelho apreendidos de cor, lembranças de histórias santas, elementos dissociados do credo e do Decálogo, afogados num conjunto móbil de lendas, de fábulas, de receitas, de relatos hagiográficos. Daí, pode-se pensar a profundidade em que se inscreviam, no psiquismo individual e coletivo, os valores próprios e o significado latente desta voz[65].

Eis uma voz que vai se desenvolvendo e ganhando estrutura num discurso profético formatado num gênero trovadoresco, facilmente disseminado na época do Bandarra, tanto por meio da escrita, quanto pela transmissão oral.

Forte reduto de cristãos-novos, vivendo uma condição marginal diante dos poderes da Corte e da Igreja institucionalizada, a vila de Trancoso se tornou, por intermédio de Gonçalo Annes Bandarra e dos crentes que o cercavam, no berço das chamadas *Trovas* proféticas do Bandarra. Forjadas entre 1530 e 1540, elas recebiam o calor de uma "religiosidade popular", que "fornecia à imensa maioria dos homens o único sistema acessível de explicação do mundo e de ação simbólica sobre o real"[66].

"Na Beira foi onde mais se difundiram as cópias (das *Trovas*), não pela vizinhança do autor, mas porque lá abundava a gente hebraica"[67]. E justamente uma destas cópias foi parar nas mãos de Afonso de Medina, desembargador da mesa de consciência. Suspeito de judaísmo, mas logo livre desta acusação, o sapateiro de Trancoso foi levado ao auto-de-fé, onde abjurou, e foi obrigado a nunca mais escrever, ler ou divulgar assuntos referentes à Bíblia. A partir dessa sentença, Gonçalo Annes Bandarra

---

64. Idem, ibidem, p. 79.
65. Esta citação se refere ao entendimento de Paul Zumthor quanto às peculiaridades com que a religiosidade popular trabalha seus discursos. Idem, ibidem, p. 79.
66. Idem, ibidem, p. 80.
67. J. L. Azevedo, *A Evolução do Sebastianismo*.

sai da cena de Portugal e do mundo, até sua morte, ocorrida em 1545, segundo diz seu epitáfio[68].

No entanto, sua voz permanece em suas *Trovas*, que acabam sendo reconhecidas como proféticas. Sendo sapateiro, de origem humilde, apontado como um personagem iletrado, não obstante tenhamos notícia de sua vasta leitura da Bíblia, como já vimos, Bandarra seria visto pelos seus futuros leitores – Dom João de Castro e Padre Antônio Vieira, só para citar os mais conhecidos – como um autêntico profeta, pois reunia características próprias deste tipo de figura, tradicionalmente concebida: o profeta não saberia falar por si as coisas que descreve em suas profecias. Na realidade, ele recebe do próprio Deus as palavras que lhe são cravadas na boca. O que sai da sua boca tem mais a ver com um delírio de ação, do que com o delírio da idéia ou da imaginação[69]. Suas palavras não são suas, devem ser compreendidas como a vontade de ação já calculada e sabida por Deus, que é onisciente, onipotente e onipresente, segundo a tradição judaico-cristã ocidental.

As *Trovas* proféticas do Bandarra irão se unir a outros materiais proféticos, lendários, míticos, que serão costurados e darão origem ao complexo fenômeno cultural sebastianista. Na verdade, as *Trovas* servirão como um "evangelho dos sebastianistas", como tem divulgado João Lúcio de Azevedo[70].

Sobre o chamado corifeu dos sebastianistas: um leitor singular das *Trovas* do Bandarra

Em 1603, Dom João de Castro imprime e comenta pela primeira vez as *Trovas* do Bandarra na obra *Paraphrase et Concordancia de Alguas Propheçias de Bandarra Çapateiro de Trancoso*. Certamente, Dom João de Castro não nos entrega o texto original de Bandarra, que conheceu outras várias edições ao longo dos séculos[71].

Dom João de Castro teve origem nobre. Seu avô, vice-rei da Índia, gozou de muita fama e respeito em Portugal. Entre os personagens representativos da nacionalidade portuguesa que "desfi-

---

68. G. A. Bandarra, op. cit., pp. 14-15.
69. G. Deleuze e F. Guattari, *Mil Platôs, vol. 2*, pp. 76-79.
70. J. L. Azevedo, op. cit.
71. A. M. Pires, op. cit., pp. 68-69.

laram" n'*Os Lusíadas*, o nome desse seu avô teve valorosa presença. Mas o que mais chama a atenção é o fato de ele sempre ter sido grande defensor da soberania portuguesa.

Este leitor sebastianista das *Trovas* do sapateiro de Trancoso foi partidário de Dom Antônio, prior de Crato; era, pois, um antonista: participou de muitos movimentos que postulavam a retomada do trono de Portugal por meio da legitimação do prior de Crato como herdeiro natural da coroa portuguesa. Não obtendo sucesso nesse intento, Dom João de Castro viu suas esperanças, relacionadas à restauração de Portugal, voltarem-se para a figura de Marco Túlio Catizone, o quarto rei falso, sobre o qual já comentamos.

Vendo fracassar esta nova tentativa de retomar a coroa portuguesa por caminhos oficiais, percebeu que, em meio a tantas empresas frustradas, sobrevivia a crença na volta do rei Dom Sebastião. Foi encontrar no discurso profético do Bandarra a leitura que preenchia suas expectativas e suas crenças.

A partir de sua interpretação, surge, enfim, um sebastianismo que ressalta contornos milenaristas, utópicos e escatológicos que já acompanhavam toda a história de Dom Sebastião. Dom João de Castro reforçou um elemento messiânico que já havia sido associado à figura do rei Desejado, embora mais confinado no território português. Dom Sebastião receberá, da visão de Dom João de Castro, a potência messiânica de um soberano esperado a muito tempo, e que navega em diversas lendas e profecias, em obscuros relatos, nos quais não podemos ver o seu rosto. Este rei tão misterioso, e ao mesmo tempo tão esperado, é conhecido como o rei Encoberto. Presença anônima em vários textos da tradição cristã ocidental, está sempre envolvido em um papel importante diante das concepções escatológicas promovidas por esta tradição.

De certas *Trovas* proféticas de cunho milenarista, utópico e messiânico, judaico-cristão

As *Trovas* do Bandarra foram compostas em quatro partes. Na primeira o Sapateiro de Trancoso canta, de maneira crítica, os mandos e desmandos da Igreja, da nobreza e da classe judiciária. Além disso, aponta para o estado de pobreza em que vive a população mundial, e particularmente a de Portugal.

Instaurando o tempo presente em seu enunciado – a primeira parte das *Trovas* –, Bandarra poderá trabalhar com a memória de um passado de Portugal mais recente em relação a ele, que comprovava algumas profecias de longos tempos pretéritos garantidas pela palavra do Antigo Testamento nas quais ele se baseou. Seguindo a História linear dos tempos, tal como é proposto na Bíblia, Bandarra pôde profetizar o futuro, lançando mão de outras profecias de diversas tradições que se cruzam em direção ao final do Novo Testamento, ao Apocalipse, ao fim dos tempos, ao além da História. Com isso seguia "o pressuposto de toda visão profética que é a crença de que o processo histórico não se faz por um agregado de eventos casuais. No horizonte do profeta, a História seria dotada de um *telos*, direção, um sentido final, que, por sua vez, tende a ser totalizante"[72].

Partindo do cotidiano presente, no qual ele próprio está instalado, o Bandarra segue com suas *Trovas* proféticas através de três de seus sonhos. Estes lhe sugerem sinais existentes no passado histórico de Portugal que comprovam, através do seu presente deteriorado, um futuro predestinado da nação em direção à nova aliança definitiva do homem com Deus e, posteriormente, a integração dos escolhidos por Deus no Juízo Final para habitar Seu reino Celeste. Então, o Bandarra descreve eventos ocorridos no passado de Portugal, que sinalizam a condução desta nação ao futuro predestinado que a espera.

Aquilo que poderia ser considerado como duas coisas completamente distintas, ou seja, o material lendário e o histórico, acabam não sofrendo nenhuma separação em uma composição profética. Esses materiais são entrelaçados para formar a trama de um processo histórico que não conhece a divisão entre secular e sagrado. Afinal, o profeta é tido como portador da voz de Deus, o que "comprova" que os eventos acontecidos na Terra fazem parte dos desígnios do Céu.

Assim Gonçalo Annes Bandarra lê os sinais depositados em seu passado:

---

72. A. Bosi, "Vieira e o Reino deste Mundo", em C. A. Iannone, et alli. (org.), op. cit., p. 16.

LXX
Portugal tem a bandeira
Com cinco Quinas no meio,
E segundo vejo, e creio,
Este é a cabeceira,
E porá sua cimeira,
Que em Calvário lhe foi dada,
E será Rei de manada
Que vem de longa carreira.

LXXI
Este Rei tem tal nobreza,
Qual eu nunca vi em Rei.
Este guarda bem a lei
Da justiça e da grandeza.
Senhoreia Sua Alteza
Todos os portos, e viagens,
Porque é Rei das passagens
Do Mar, e sua riqueza[73]

Na primeira estrofe, aludindo à bandeira de Portugal, Gonçalo Annes traz de volta a memória dos eventos do nascimento mítico de Portugal, contida no Milagre de Ourique.

Dando continuidade à narrativa dos eventos que encerram sinais importantes para o discurso profético do Bandarra, a segunda estrofe se refere a uma memória mais recente de acontecimentos históricos de Portugal. Depois de citar o nascimento de Portugal, coberto de favorecimentos divinos, o sapateiro de Trancoso procura demonstrar a importância da nação portuguesa nos desígnios do Céu. Nada mais forte, para comprovar esta predestinação, do que o domínio marítimo de Portugal no século XV e no começo do XVI, façanha que teve como conseqüência o descobrimento do Novo Mundo, e que alçou Portugal à posição de grande império do mundo.

Não obstante já ilumine – apontando eventos significativos da história portuguesa e mundial – esses sinais legitimadores da grandeza de Portugal e de sua gente, Bandarra quer mais, quer comprovar que tais acontecimentos já estavam previstos nos planos de Deus desde o início dos tempos. Para tanto, busca amparo em uma voz profética ancestral, tida como Verdadeira, e que não pode ser contestada, por fazer parte das Escrituras. Ele então cita

73. G. A. Bandarra, op. cit., p. 56.

Daniel (Dan. 2: 3-6). Eis os versos que falam de uma profecia calcada no sonho do rei Nabucodonosor:

LXXII
Este Rei tão excelente
De quem tomei minha teima,
Não é de casta Goleima,
Mas de Rei primo, e parente.
Vem de mui alta semente
De todos quatro costados
Todos Reis de primos grados
De Levante até o Poente.

LXXIII
Serão os Reis concorrentes,
Quatro serão, e não mais;
Todos quatro principais
Do Levante ao Poente
Os outros Reis mui contentes
De o verem imperador,
E havido por Senhor
Não por dádivas, nem presentes[74]

Em Daniel observamos as marcas desta profecia bíblica aproveitadas por Bandarra em suas *Trovas*:

> Tu ó rei observavas; e eis uma grande estátua. Essa estátua era muito alta e seu esplendor extraordinário. Ela se erguia diante de ti e seu aspecto era aterrador. Essa estátua tinha a cabeça de fino ouro, o peito e os braços de prata, o ventre e as coxas de bronze, as pernas de ferro, os pés em parte de ferro, em parte em cerâmica. Tu observavas quando uma pedra rolou da montanha sem intervenção de mão alguma; bateu nos pés de ferro e de cerâmica da estátua e os pulverizou. Então foram pulverizados juntos o ferro, a cerâmica, o bronze, a prata e o ouro; eles se tornaram como a palha que voa pelos ares no verão: o vento os levou e deles mais nenhum traço se descobriu. Quanto à pedra que havia atingido a estátua, tornou-se uma grande montanha e ocupou a Terra inteira. (Dan. 2: 31-36)

Depois de rever o sonho de Nabucodonosor, o profeta bíblico lê a imagem da estátua como a história futura de quatro impérios sucessivos destruídos por uma pedra que preencheria toda a Terra – alegoria do último e eterno reino de justiça e paz. (Dan. 2: 44)

74. Idem, ibidem, pp. 56-57.

Ao promover a atualização desta profecia de Daniel no corpo de suas *Trovas*, Gonçalo Annes detém uma nova revelação de Deus, única entidade que possui a palavra eterna e ciente de tudo o que acontece na eternidade. Do cruzamento de um desejo coletivo nacionalista de Portugal – apoiado em fatos históricos e lendários – com a memória de uma história linear e universal, regida pela palavra de Deus, revelada no Antigo Testamento[75], o sapateiro de Trancoso ilumina o que ainda era segredo para Daniel; Portugal é o sujeito que dará continuidade à história do povo de Deus, como reino que irá preencher a Terra, com paz e justiça. Sua leitura recebe o apoio de uma potência, contida "na figura profética que recebe o benefício do tempo que avança; novos acontecimentos podem descobrir uma verdade que o passado encobria"[76].

Na estrofe LXXV, Bandarra introduz, em sua narrativa profética, lendas tradicionais que percorriam a península bem antes das suas *Trovas*. Vê, no cruzamento destas lendas, a antiga luta entre cristãos e mouros, na qual, para a tradição cristã ocidental, logicamente temos o enaltecimento da imagem da cristandade e a destruição e desqualificação do islamismo. Atento aos avanços mouros ocorridos em seu tempo no norte da África, Bandarra compreende que é chegada a hora de acontecer a intervenção do rei Encoberto, outra lenda bastante difundida na península. Pela primeira vez aparece nas *Trovas* este rei mítico tão importante para a construção do fenômeno cultural sebastianista:

LXXV
Já o Leão é experto
Mui alerto.
Já acordou anda caminho.
Tirará cedo do ninho
O porco, e é mui certo.
Fugirá para o deserto,
Do Leão, e seu bramido,
Demonstra que vai ferido
Desse bom Rei Enboberto[77.]

---

75. "Só no filão monoteísta judaico-cristão se instaura essa *continuidade evolutiva, ideológica e semântica, que faz do presente a pré-condição de eskhaton*." Verbete: Messias, em *Enciclopédia Einaudi*, volume 30, "Religião-Rito".
76. A. Bosi, op. cit., p. 22.
77. G. A. Bandarra, op. cit., p. 57.

Uma lenda peninsular apresentava o Leão como representação de um grande rei da cristandade, e o porco estaria relacionado ao mouro, ao infiel. Tradicionalmente, a imagem do porco estava vinculada à ignorância, ao impuro e a diversos aspectos tidos como negativos. Portanto, esta representação cabia aos olhos dos cristãos, que viam o outro, o inimigo, como algo que não poderia ser incluído na história cristã ocidental, e que deveria ser eliminado através de um grande processo de assepsia. Por outro lado, o sujeito competente para realizar tal limpeza é representado pelo Leão, símbolo do Poder, da Sabedoria e da Justiça – estes seriam atributos que os cristãos, viam em si próprios.

Amalgamada a esta alegoria, composta por elementos opostos e excludentes, surge a figura mítica do rei Encoberto, que, segundo o primeiro impressor das *Trovas* do Bandarra, Dom João de Castro, tinha sua transmissão realizada através de uma lenda que corria por toda a Espanha, e cujo divulgador maior teria sido Santo Isidoro de Sevilha. Assim Dom João de Castro cita-a em sua *Paraphrase et Concordancia de Alguas Propheçias de Bandarra Çapateiro de Trancoso*:

> Sazon fe hallegara que el Encubierto verna en Hefpanha cavalgado en cavallo madera: y aun eftara aca, y de muchos no fera crido. Domara los fuertes y no aura fuerças que igualen las de fu colmillos. El bramido del en grundes y diverfas provinçias fe eftendera[78].

Dom João de Castro, além do seu passado político e do seu engajamento em movimentos que defendiam a autonomia do trono português, também possuía uma larga visão religiosa embasada em profecias. Já em 1597, dava vazão a suas crenças milenaristas apoiado em diversos textos com os quais teve contato. Nesse mesmo ano escreveu o livro *De quinta et ultima monarchia futura*, onde indicava quais haviam sido seus guias em matéria de profecias:

> (Em primeiro lugar) o venerável abade Joaquim [...], verdadeiro santo, que profetizou um número infinito de coisas de todas as nações do mundo [...] (depois) são Metódio, mártir, bispo de Tiro, [...] Santa Brígida [...], o abade Cirilo do monte Carmelo, [...] o bretão Merlim [...], a coleção de profecias de todos os povos feita por Telésforo, eremita de Cresentia. E também as sibilas que viveram muito antes de Cristo. [...] Correm também por Portugal e Castela várias

---

78. A. P. Machado, op. cit., p. 75.

profecias de são Isidoro, arcebispo de Sevilha, que viveu há mais de mil anos, das quais não se duvida nesses reinos mesmo sem saber-se quando se realizarão. Quase todas anunciam um grande príncipe e senhor que será monarca, ao qual dão o nome de *O Encoberto* [...]. Mas o principal de todos esses profetas [...] foi um homem de baixa extração, o sapateiro de Trancoso. [...] Viveu há cerca de cinqüenta anos, deixando as profecias de grandes mistérios comumente chamadas as *trovas* de bandarra [...]. Elas se espalharam de mão em mão por todo Portugal[79].

Não podemos afirmar com toda certeza, mas muitos fatores nos levam a crer que, a partir do momento em que perde a esperança na volta do rei de Portugal – para que ele retome seu trono, com todas as pompas de outrora – e com o mesmo propósito de legitimar a soberania portuguesa, Dom João de Castro ganha outra esperança, de maior envergadura. Ele passa a recorrer aos discursos proféticos e às leis que regem esse tipo de discurso tão estimado por ele. Não é mais a ordem secular que ele espera ver restabelecida, mas sim o advento da nova ordem universal, garantida pela comunhão de Deus com os homens no dia do Juízo Final.

Concorrendo em direção a este raciocínio, o tempo presente no qual vivia Dom João de Castro, apresentava-se como índice de um caos instaurado dentro da nação predestinada a salvar o mundo. A humilhante dominação filipina sinalizava a maior crise da história de Portugal, e, conseqüentemente, para os olhos dos portugueses, crentes em sua gloriosa missão, o mundo todo caminhava para a deterioração de sua existência secular. (Novamente podemos perceber aqui a leitura de sinais do tempo, colaborando para a atualização de textos proféticos.) Desta vez são as *Trovas* proféticas do Bandarra que recebem uma leitura na qual novas revelações apontam a certeza do que ainda estava oculto ao homem. O tempo do milênio[80] da tradição cristã, in-

---

79. J. Delumeau, *Mil Anos de Felicidade: uma História do Paraíso*, pp. 185-186.
80. Jean Delumeau nos indica uma ligação entre febres milenaristas e grupos sociais em crise. Diz ele que "os atores dos movimentos escatológicos são freqüentemente marginalizados, desenraizados ou colonizados, que aspiram a um mundo de igualdade e de comunidade". No cristianismo, ele chama de milenarismo "a crença num reino terrestre vindouro de Cristo e de seus eleitos – reino este que deve durar mil anos, entendidos seja literalmente, seja simbolicamente. O advento do milênio foi concebido como devendo situar-se entre uma

corporado pelo nacionalismo português, estava próximo para Dom João de Castro, em sua leitura sebastianista das *Trovas*.

Mas para que se dê o advento do milênio, no caso em questão, apenas um agente é previsto como portador de competência para este movimento. O sujeito provido desta competência é chamado de messias. E para se reconhecer esse messias vários componentes foram sendo elaborados por exercícios de reflexão sobre a tradição messiânica judaica, que recebeu contigüidade no cristianismo. Elementos provindos da razão lógica e outros, que passam pelo caminho dos sentidos, possibilitam a permanência de certas marcas legitimadoras deste tipo de figura.

Talvez a grande novidade trazida por Dom João de Castro, em sua releitura das *Trovas*, foi o fato de se perceber no rei Desejado um caráter messiânico revelado a partir das atitudes e decisões tomadas em seu reinado. Outro elemento que corroborava essa interpretação de Dom João de Castro era o fato de que o corpo desse rei, tão esperado por toda a nação portuguesa, teria maravilhosamente desaparecido nos campos de Alcácer Quibir durante a guerra santa contra os mouros: o rei Encoberto messiânico, prometido por diversas lendas e profecias, inclusive pela do Bandarra, só poderia ser Dom Sebastião, e nenhum outro mais.

Maria Isaura Pereira de Queiroz afirma, baseada em estudos de Max Weber e Paul Alphandéry, que "o messias é alguém enviado por uma divindade para trazer a vitória do Bem sobre o Mal, ou para corrigir a imperfeição do mundo, permitindo o advento do Paraíso Terrestre, tratando-se, pois, de um líder religioso e social"[81]. Seu *status* não é adquirido apenas por sua posição privilegiada diante de uma ordem estabelecida; leva-se em conta

---

primeira ressureição – a dos eleitos já mortos – e uma segunda, a de todos os outros homens na hora de seu julgamento. O milênio deve, portanto, intercalar-se entre o tempo da história e a descida da "Jerusalém celeste". Dois períodos de provações irão enquadrá-lo. O primeiro verá o reino do Anticristo e as tribulações dos fiéis de Jesus que, com este, triunfarão das forças do mal e estabelecerão o reino de paz e felicidade. O segundo, mais breve, verá uma nova liberação das forças demoníacas, que serão vencidas num último combate". Diversamente do que se afirma, o milenarismo não é a expectativa do ano 1000 ou 2000, mas a de mil anos de felicidade na Terra antes do Juízo Final, onde o homem viverá em perfeita harmonia, livre da dor e do mal, além de prescindir das leis do Estado e da própria Igreja. Idem, ibidem.

81. M. I. P. de Queiroz, op. cit., p. 5.

também suas qualidades pessoais extraordinárias, as quais lhe dão uma configuração de líder carismático[82].

A lenda messiânica poderia, então, se formar a partir de um personagem mítico, imaginário, ou ainda era elaborada partindo de um sujeito que teve uma existência histórica marcante, consagrada pelo seu carisma, aceito por determinada população. "Figuras reais, de príncipes ou de cavaleiros em cuja morte não se acreditou e cujo retorno era, portanto, esperado, podiam, como os santos ou Cristo, ser objeto de espera messiânica"[83] Carlos Magno e Frederico Barba-Roxa são personagens exemplares em torno dos quais se fez construção do fenômeno messiânico. A ressurreição ou a volta deles, de algum esconderijo de onde sairão para consumar a vitória dos cristãos sobre os infiéis e conquistar Jerusalém, é esperada pelos fiéis que compartilham deste desejo. Com o rei Dom Sebastião não ocorreu processo diferente.

Então acreditamos que a interpretação dada por Dom João de Castro às *Trovas*, não possui apenas cunho ideológico, como se costuma afirmar. Existe uma crença em seu processo interpretativo, uma necessidade e desejo de acreditar nos acontecimentos descritos na profecia. Afinal, como já vimos, Dom João de Castro tinha profundo interesse numa gama enorme de profecias partindo de figuras ilustres, como Joaquim de Fiori, lendárias como o mago Merlim e outras mais contemporâneas e próximas a ele, como o Bandarra, que era capaz de abarcar todas as outras profecias, e dar mais nitidez a um discurso bastante oculto ainda nos exemplos anteriores. Em suma, por crer nas profecias, Dom João de Castro acaba realizando um ato de fé, além de uma pura e simples compreensão ideológica dos fatos.

Em resumo, essas leituras, e releituras, e traduções, e transcrições só são possíveis porque, em geral, as profecias são cons-

---

82. O carisma é entendido por Max Weber, citado por Maria Isaura, como "a qualidade extraordinária que possui um indivíduo (condicionada de forma mágica em sua origem, quer se trate de profetas, de feiticeiros, de árbitros, de chefes de bandos ou de caudilhos militares); em virtude desta qualidade, o indivíduo é considerado ora como possuidor de forças sobrenaturais ou sobre-humanas – ou pelo menos especificamente extraquotidianas, que não estão ao alcance de nenhum outro indivíduo – ora como enviado de Deus, ora como indivíduo exemplar e, em conseqüência, como chefe caudilho, guia ou líder". Idem, ibidem, p. 65.

83. Idem, ibidem, p. 6.

truídas mediante o uso de figuras de linguagem. A retórica nos mostra que a figura é toda expressão cujo significante remete a outro significado que não o convencional, dito literal.

A figura de linguagem, tratada como o coração do processo narrativo, – sobretudo em textos proféticos – traz à tona vivências submersas no passado, sendo, por isso, objeto de reconhecimento do passado. Em outro momento da profecia a figura é movida pelo desejo, recebendo o estatuto de figuração de coisas e tempos futuros. A figura, neste caso, descola-se da sua forma aparentemente estática e mostra a sua verdadeira face do conhecimento antecipado, narrativa dos futuros, visão, profecia[84].

Algumas averiguações podem ser feitas com base nesta análise referente ao discurso profético. A releitura, tradução, interpretação da profecia, obviamente só pode ser feita no presente de quem a teve em mãos e se pôs a interpretá-la. O momento presente do interpretante da profecia será percebido por ele dentro do texto profético. A crença deste interpretante, que chamarei a partir de agora de sujeito-intérprete, se dará somente se as figuras descritas pelo profeta sugerirem um momento pretérito, que previa o presente do sujeito-intérprete. Tendo comprovado que o passado se realizou em proveito da concretização do seu presente, o sujeito-intérprete da profecia tenderá a crer também na realização do futuro prognosticado por ela.

No caso do Bandarra e dos profetas tomados por ele, as coisas futuras profetizadas tornam-se objetos de desejo coletivo. Prometendo um milênio de paz e justiça que será conquistado a partir da vinda de um messiânico Rei Encoberto, para que se dê o Apocalipse em direção à utopia final, à concreção da grande visão do Paraíso Celeste atemporal e a-histórico, estas profecias detonam uma forte memória tradicional e coletiva.

Então, as figuras descritas nas profecias guardam consigo possibilidades múltiplas de significados – a partir de um mesmo significante – que dependem da leitura dos sinais do passado e do presente do sujeito-intérprete. Este procura comprovar sua interpretação das figuras, baseado em acontecimentos do seu tempo presente. Eis aqui um espaço no qual o profeta trabalha um fazer-crer entregue aos destinatários da profecia. Tais acontecimentos, tidos como sinais, apontam para a necessidade de aconte-

---

84. A. Bosi, op. cit., p. 20.

cimentos futuros, em favor da junção do tempo secular com o sagrado, configurando o final dos tempos e, conseqüentemente, da história da humanidade. Dessa maneira, outra dimensão será atingida; tudo estará revelado e o homem finalmente não precisará mais de profetas e profecias, pois novamente caminhará com Deus, lado a lado, como Adão fazia antes da Queda no Paraíso Terreal[85].

Não resta dúvida, então, que a figura messiânica do Rei Encoberto tem papel fundamental neste processo histórico, desenhado pelo texto profético de Bandarra, que prevê o fim da história – feita pelos homens – em função da conjunção final e definitiva do homem com Deus. Ao interpretar que Dom Sebastião era o Rei Encoberto, acreditamos que Dom João de Castro contribui infinitamente para a criação de uma potência de permanência e atualização da figura do rei Desejado. A partir desse momento, a figura de Dom Sebastião será sempre lançada a desejos individuais e coletivos direcionados a um futuro de perfeição da humanidade.

Dom Sebastião, o Desejado e Encoberto, ganha o estatuto de fenômeno cultural, religioso e social, e começa a viajar pelo tempo/espaço. Num primeiro momento, em Portugal e nas primeiras "aparições" do Encoberto no Brasil, leva consigo traços de um messianismo patriótico e nacionalista, português. Em outra ocasião, liberta-se deste significado e, em velocidade estonteante, ganha atualizações que o diferenciam bastante do seu sentido "original", embora não perca as fortes marcas que permitem sua larga permanência, tanto espacial como temporalmente. Nesta existência virtual, a figura de Dom Sebastião irá estar presente em tradições bem diversas das que presenciou em vida. Ele acabará sempre sendo projetado para uma concepção de tempo futuro, no qual atuará como o salvador de um tempo arruinado e demasiadamente secular, e como o concretizador dos desejos que

---

85. Esta imagem de Adão passeando com Deus no Jardim das Delícias é evocada por Hilário Franco Júnior, em sua obra *Utopias Medievais*. Em determinado momento, o autor cita esta imagem com o intuito de mostrar os componentes que fizeram parte do imaginário medieval, relativo à utopia do Paraíso Terrestre. Nestas utopias podem ser encontrados os desejos e frustrações de uma parte da população medieval. O desejo de estar novamente na presença de Deus, em estado puro, era um dos grandes motivadores da construção de tais utopias.

acometem indivíduos ou grupos que o acolhem em suas tradições e crenças. Dom Sebastião, devido a sua nova existência e a toda carga histórica e mítica que o envolve, passa a traçar caminhos e a constituir uma cartografia em épocas e paisagens bastante distintas, nas quais é amalgamado a outros imaginários, o que promove as mais inusitadas conexões. É desse novo momento da existência de Dom Sebastião que trataremos a partir do próximo capítulo como se verá.

Capítulo II

Presenças primeiras da figura de Dom Sebastião no Brasil

I. Do que irá se tratar sobre as primeiras presenças da figura do rei Dom Sebastião no Brasil

A respeito deste segundo capítulo, busca-se verificar a possível primeira disseminação, na colônia, do complexo mítico no qual está envolvida a figura de Dom Sebastião. Trataremos, então, do que chamarei de primeira fase do sebastianismo no Brasil.

Irá se verificar, entre outras coisas, os possíveis caminhos que permitiram a transmissão da figura mítica de Dom Sebastião da metrópole para a colônia. É bom termos em vista que esta fase do sebastianismo no Brasil vem, ainda, carregada de caráter patriótico e nacionalista português. No entanto, ela é de suma importância ao observarmos nela as possibilidades da extensão dos primeiros ecos da complexa trama mítica que envolve o jovem rei português por vastos territórios brasileiros.

Verificamos, por intermédio de pesquisadores que tocam no fenômeno cultural abordado neste trabalho, que os principais sujeitos transmissores do sebastianismo no Brasil foram navegantes colonizadores, videntes degredadas da metrópole para a colônia, conhecedores das *Trovas* do Bandarra que viveram no

Brasil e jesuítas, principalmente o Pe. Antônio Vieira. Observado isto, procuramos perceber que traços serão fundamentais para a efetiva penetração do fenômeno cultural sebastianista no Brasil, quais aspectos potencializam sua permanência e que primeiras atualizações já recebe, mesmo guardando ainda fortes concepções nacionalistas e patrióticas como foi sugerido acima.

Dos navegantes colonizadores e seus contatos com terras novas: a semelhança despertando memórias

A colonização do Maranhão, pelos portugueses, foi tardia em relação às outras regiões do Brasil. Primeiramente ela se deu pelos franceses, que aportaram na Ilha Grande, em agosto de 1612. Os colonos franceses ergueram um Forte em homenagem ao rei Luis XIII e o chamaram de Forte São Luís. Assim, os franceses cristianizaram a ilha e deram a ela o mesmo nome do Forte. Em 8 de setembro de 1612, finalmente a cruz é implantada na região. Desta forma nos conta o pesquisador Raul Lody, citando Astolfo Serra e sua obra *Guia Histórico e Sentimental de São Luís do Maranhão*, como se deu a fundação da cidade:

procedendo-se em seguida à benção da mesma (refere-se à cruz implantada) ao tocar da artilharia do Forte e dos navios franceses em sinal de regozijo. Esse ato, pela magnificência e excepcional solenidade de que se revestiu, é considerado como o verdadeiro Auto de Fundação da cidade de São Luís[1].

Alertado sobre a eminente perda do território, Portugal inicia a colonização nesta região depois da França tê-la invadido, e a consolida entre 1641 e 1644, depois de outra invasão, desta vez pelos holandeses[2]. Evidentemente, nestes períodos, o reconhecimento deste território se fez mais contundente pelos navegadores portugueses que pretendiam consolidar em definitivo a colonização do Brasil. E com isso um novo encontro se dava entre homens e novas paisagens.

---

1. R. Lody, *O Povo do Santo: Religião, História e Cultura dos Orixás, Voduns, Inquicies e Caboclos*, p. 258. E com mais profundidade ver A. Serra, *Guia Histórico e Sentimental de São Luís do Maranhão*, Rio de Janeiro, Civilização Brasileira, 1965.

2. M. do R. C. Santos, *O Caminho das Matriarcas Jeje-nagô: uma Contribuição para História da Religião Afro no Maranhão*, p. 19.

Não encontrei registros sobre as primeiras visões que tiveram os portugueses sobre as novas terras, mas um depoimento importante dado pelo babalaô Jorge Itacy, chefe do Centro de Tambor de Mina Iemanjá, dá-nos pistas de como a singular paisagem da Ilha dos Lençóis, da região de Cururupu, no Maranhão, pode ter trazido à memória destes colonos portugueses, diversos aspectos da crença de que Dom Sebastião estaria encoberto neste território, esperando seu desencantamento para voltar e continuar seu projeto de instaurar o Quinto Império Universal cristão. Ele nos conta que, tendo os portugueses chegado na região do Maranhão, e avistado as dunas da Ilha dos Lençóis, acharam semelhanças às areias de Marrocos, onde se deu a batalha de Alcácer-Quibir, na qual Dom Sebastião teria tido seu corpo desaparecido e encantado. "Então fundiram que o reino de Sebastião voltava encantado nas areias dos Lençóis na praia do Maranhão"[3].

Pode-se especular que esta hipótese tenha procedimento se nos ampararmos nas mesmas verificações de Sergio Buarque de Holanda, quando trata de imagens edênicas, que pareceram ganhar revivência na visão dos primeiros colonizadores que chegaram às Américas. Ele coloca que o Novo Mundo, o qual se apresentava aos primeiros europeus que aqui chegaram, acionou imediatamente a imaginação destes que traziam um conjunto de utopias relacionadas ao Paraíso Terreal muito divulgadas na Idade Média, e presente no "imaginário" das expedições que se ocuparam dos Descobrimentos. A geografia, a natureza, a fauna, os ares eram muito semelhantes às imagens que se faziam em descrições do Paraíso Terrestre trazidas da Idade Média ao Renascimento. Estas imagens inculcaram a crença, nos descobridores, de que eles estavam bem próximos do Paraíso Terreal, isto se não estavam nele efetivamente. Daí a disseminação deste "imaginário" dentro de uma região com características próximas a descrita por este conjunto de utopias[4].

No terceiro capítulo deste trabalho, veremos que até hoje há uma crença de que Dom Sebastião esteja encantado nas profundezas da Ilha dos Lençóis com seu reino. O fato de esse

---

3. Cf. Vídeo *A Lenda do Rei Sebastião*. Documentário de 14 minutos com roteiro e direção de Roberto Machado.
4. S. B. Holanda, *Visão do Paraíso. Os Motivos Edênicos do Desenvolvimento e Colonização do Brasil*.

rei estar ligado a concepções de esperança e de salvação do mundo secular pode muito bem ter sido fator fundamental para, em conjunto com um imaginário vinculado a um espaço sagrado como o Paraíso Terreal, existir um maior fluxo de disseminação da crença de que na Ilha dos Lençóis, como se fosse uma ilha encantada como a de Avalon – onde repousaria, segundo lendas medievais, o mítico rei Artur –, estaria o jovem rei Desejado aguardando, em profundo exercício de purificação, o melhor momento para voltar e retomar sua missão de iniciar o processo de restabelecimento da nova aliança dos homens com Deus. Além disso, já vimos que a crença na volta de Dom Sebastião era bastante viva em Portugal na época da colonização da região maranhense, se pensarmos que esta nação vivia ainda sob o jugo filipino.

Considerando ainda que Dom Sebastião trazia em sua figura o protótipo de rei conquistador e guerreiro, parece que sua imagem pode ter sido sublinhada em um momento no qual fazia-se iminente a defesa de territórios do Novo Mundo. A luta contra os franceses no Maranhão, e mais tarde contra os holandeses, pode ter trazido à tona um ímpeto de conquistas que havia sido novamente despertado, na época do jovem rei português desaparecido, por intermédio de suas atitudes.

De qualquer forma, eis aqui um dos possíveis detonadores de uma memória, calcada em tudo o que representava Dom Sebastião como um rei guerreiro (em vida) e messiânico (depois do seu "desaparecimento"), gerador de potencialidades, de retomada do projeto cristão para instaurar o Quinto Império em terras que pareciam trazer novas possibilidades de salvação, diante das agruras pelas quais passava Portugal e seu povo. Não há dúvida de que estes navegadores portugueses traziam estas aspirações amortecidas, que ganhavam movimento diante da paisagem e do contexto histórico em que se encontravam. História e Natureza entram em conjunção e ativam a perpetuação de um fenômeno cultural que deverá ampliar seus territórios, e, mais tarde, receber releituras ao entrar em confluência com outras culturas, histórias e naturezas.

Sobre os conhecedores das *Trovas* do Bandarra no Brasil

Como já foi observado no capítulo anterior, as *Trovas* do Bandarra, durante a dominação filipina, tiveram grande propagação em Portugal, antes da leitura e edição feita pelo fidalgo Dom João de Castro, e principalmente depois delas.

Os primórdios da colonização brasileira coincidiram com esta época conturbada, e é lícito supor que desde os primeiros tempos aqui tivessem chegado indivíduos que conhecessem as *Trovas* do Bandarra, tanto mais que boa quantidade de cristãos novos, – talvez a camada da população portuguesa mais atingida pela crença – era enviada para a colônia[5].

Podemos dizer que duas situações se cruzam, num primeiro momento, possibilitando a migração das *Trovas* para o Brasil: sua forte disseminação em Portugal, e o degredo de cristãos-novos – grandes simpatizantes deste material profético – ao Novo Mundo.

Dentre estas pessoas, apenas um exemplo consta em diversos estudos de pesquisadores que tocaram no assunto. E este exemplo só é possível por existir uma documentação, ainda hoje preservada, da primeira visitação do Santo Ofício no Brasil colônia, mais especificamente na Bahia, que teve início em 1591 e ficou até setembro de 1593[6].

O caso, que trataremos aqui, não possui muitos detalhes pela escassez de documentos e estudos. Porém, nos indica todo um universo que aponta para os primeiros laivos da presença de ideais sebastianistas, ainda que traga uma nova leitura das *Trovas* do Bandarra; uma leitura com carga judaizante plenamente justificada por ter, o Sapateiro de Trancoso, bebido das concepções escatológicas judaicas para a elaboração do seu texto profético.

O personagem em questão é Gregório Nunes, ou Gregório Nidrophi, que foi denunciado por um tal João Batista, ao Santo Ofício, em 13 de agosto de 1591. Ambos eram cristãos recém conversos, e provavelmente por isso foram degredados para o Brasil. No entanto, um pôs-se a colaborar com a Santa Inquisição e o outro parece que encontrou, nas novas terras, novo fôlego e a sensação de liberdade para propagar sua crença calada em outro ambiente.

João Batista acusa Gregório Nunes, um "meo framengo filho de framengo e de cristã nova"[7], de conhecer e recitar as *Tro-*

---

5. M. I. P. de Queiroz, op. cit., pp. 195-196.
6. J. Hermann *1580-1600: o Sonho da Salvação*, p. 40 e nota 28.
7. M. I. P. de Queiroz, op. cit., p. 196.

vas ainda durante a viagem de navio para o Brasil. Segundo o denunciante, Gregório "as dezia pelo mexias, esperando inda por ele..."[8].

E a estrofe anotada no documento fala de uma luta, narrada em castelhano – nítido sinal da presença maciça de castelhanos em Portugal daquela época – que diz:

> aguillas e leones
> ganarão la fortaleza
> subiram em tanta alteza
> que amansem los dragones
>
> y todos rebueltos em lid,
> vernam em sus confusiones
> subirem francos leones
> com uno de sangre de David[9].

Se não encontramos esta estrofe – que afirma ser um salvador da linha de David que virá ceifar o mal do mundo – nas *Trovas* de Gonçalo Annes, conhecidas por nós através da leitura e publicação realizadas por Dom João de Castro, encontramos uma parecida deixando claro que o messianismo de fundo judaico das *Trovas* do Bandarra estava profundamente comprometido com a idéia de que um monarca português iria instaurar o Quinto Império Universal Cristão[10]. Mas isso pode nos revelar que as *Trovas* tiveram várias versões, a depender da visão do enunciador das profecias do Sapateiro de Trancoso. E quando se trata da leitura de um cristão-novo, profundamente ciente das concepções judaicas da Sagrada Escritura, é bastante pertinente que as *Trovas* sugiram a promessa da volta da aliança definitiva com o Deus hebreu através da linhagem de David. Afinal, Bandarra é bastante claro quanto cita suas fontes:

> CVIII
> Muitos podem responder
> E dizer:
> Com que prova o sapateiro
> Fazer isto verdadeiro,

---

8. Idem, ibidem, p. 196.
9. J. Hermann, *1580-1600: o Sonho da Salvação*, pp. 44-45.
10. Idem, ibidem, p. 46.

> Ou como isto pode ser?
> Logo quero responder
> Sem me deter.
> Se lerdes as Profecias
> De Daniel e Jeremias
> Por Esdras o podeis vê...[11]

Certamente, muitos conhecedores das *Trovas* do Sapateiro de Trancoso vieram para o Brasil na época em que Gregório Nunes também consumou esta viagem. Sua história, que a primeira vista pode parecer insignificante, deve ser vista como indícios da transmissão e circulação das *Trovas* no Brasil. Afinal, seu caso, segundo pesquisadores, foi o único documentado por ter sido detido pelo Santo Ofício. É de se esperar que muitos outros passaram incólumes pelas garras da instituição judiciária da Igreja católica, ou tiveram a documentação dos seus casos desaparecida.

Portanto, é de se suspeitar que as *Trovas* foram um dos elementos divulgadores de concepções escatológicas, milenaristas e até sebastianistas, no Novo Mundo. E, trazendo a idéia de que o Quinto Império se daria com o intuito da unificação do mundo, já que as novas terras descobertas implicavam, entre outras coisas, num primeiro instante, na exacerbação do desejo da unidade dos homens com o sagrado, o texto profético do Bandarra foi de grande importância na elaboração de visões utópicas elaboradas nas terras conquistadas.

II. De visionárias e suas experiências com a figura do rei Encoberto

Luzia de Jesus e Joana da Cruz: visões de outro mundo e degredo para o Brasil

A potência de permanência e transmissão da figura de Dom Sebastião no imaginário português é confirmada nestes dois casos de degredo levados a cabo pela Santa Inquisição que agora pretendemos observar. Luzia de Jesus e Joana da Cruz foram sentenciadas em 1647 e 1660, respectivamente ambas tinham origem humilde, eram solteiras e filiadas a ordens terceiras, onde

---

11. G. A. Bandarra, op. cit., p. 74.

cumpriam votos simples, tornando-se "monjas domésticas" ou, para sermos mais claros, cumpriam papéis serviçais nos conventos em que estavam hospedadas[12].

Estas duas monjas nos chamam a atenção por dois aspectos comuns a elas. As duas tiveram diversas visões, entre elas com o rei Encoberto, e ambas acabaram sendo degredadas para o Brasil. Mas o que mais contribuiu para o interesse nestes casos é o fato de que o degredo das duas se deu em datas ulteriores à Restauração do trono português. Ou seja, mesmo tendo Portugal seu trono restabelecido por um monarca português, ainda se esperava a volta do rei Desejado e Encoberto Dom Sebastião.

Como é próprio dos sonhos e visões de iniciação profética[13], Luzia de Jesus afirmava que recebera elogios de Deus e de São João Batista, além de receber ensinamentos do próprio Jesus Cristo desde que estava no ventre de sua mãe. Quer dizer que ela afirmava estar sendo preparada pelo Céu para importante missão na Terra. Próprio deste tipo de visão, ela se intitulava – através da certeza das provas das mensagens vindas de um território sagrado que só ela poderia ter contato – uma personagem extraordinária, escolhida como intermediária entre Deus e a pátria portuguesa num primeiro momento, e depois entre Deus e a humanidade pelo que representaria Portugal para as outras nações.

Dentre suas visões, que constam em vários dos seus cadernos conservados como peça do seu processo na Inquisição, ela relata que esteve com Deus e o que Ele lhe comunicou. Vários anjos encontravam-se à porta da igreja,

e entre eles o anjo da guarda do reino, lembrando-lhe (a ela) o grande perigo que corriam os portugueses. Pediam-lhe atenção e muito trabalho. Deus também viera com os anjos e lhe pedira que fosse a mãe dos pecadores. Dias depois, o Senhor tornou a lhe aparecer e disse: "descansa agora minha amada que já é chegado o tempo de muitas glórias e a pregam minhas misericórdias; que eu te comecei à criar, logo comecei a descansar", e ouvindo a nova do rei português, lhe deu o Senhor a entender que este era o tempo de suas glórias, e o muito que ama este reino[14].

12. L. de M. e Souza, *Inferno Atlântico – Demonologia e Colonização (Séculos XVI-XVIII)*.
13. Cf. *Enciclopédia Einaudi*, Religião-Rito. Verbete: "Sonho/Visão", vol. 30, pp. 245-279.
14. J. Hermann, *No Reino do Desejado: a Construção do Sebastianismo em Portugal, Séculos XVI e XVII*, p. 275.

Segundo a própria Luzia de Jesus, o rei exaltado em sua visão era Dom João. Aqui é difícil sabermos a qual Dom João se refere Luzia, mas é incontestável que ela segue o discurso, já bastante tocado por nós, no qual é dada como certa a sacralidade dos reis portugueses, diretamente confirmada pelo Deus cristão. Além disto, a historiadora Jacqueline Hermann lembra que, nesta época, o Pe. Antônio Vieira, já um joanista convicto, defende que Dom João IV, o monarca da Restauração, é o rei messiânico das *Trovas* do Bandarra.

Mas o que mais importa é atentarmos, neste caso, para a importância dos atos de Dom Sebastião em vida que incutiram, na mentalidade portuguesa da época, a crença na predestinada e efetiva participação de Portugal nos mais altos desígnios dos céus, como reino a ser responsável pela sacralização das outras nações. Afinal, na época de Luzia de Jesus, apesar de estar restabelecida a monarquia lusitana, ainda não era segura a independência portuguesa diante da geopolítica daquele momento. E uma visão como esta parece projetar os anseios do povo português, ainda magoado com a recente humilhação perante o domínio castelhano.

Em Joana da Cruz podemos perceber alguns outros elementos interessantes, ligados à lógica do seu enunciado visionário. Para ela, Deus também teria aparecido e feito revelações importantes que, aos olhos da Inquisição, eram totalmente escabrosas. Conta a visionária que lhe foi revelado que Roma iria se abrasar, um clérigo amigo seu iria tornar-se papa e proporia a canonização de Dom Sebastião[15], comprovando o estado de santidade do monarca depois de se purificar em longa peregrinação.

Enquanto isso não acontecia, a própria alma de Dom Sebastião aparecia para Joana, ora encoberta na figura de um porco, ora em pessoa. A primeira peculiaridade do enunciado de Joana está no fato de que Dom Sebastião já não era esperado por ela em uma existência carnal, mas sim por intermédio de sua alma que, conseqüentemente, peregrinava num espaço diferente do secular, numa espécie de limbo, lugar intermediário entre o Céu e a Terra.

---

15. Idem, ibidem, p. 277.

Ao aparecer Dom Sebastião em forma humana, o rei se deixava catar[16] sua cabeça recostada no colo de Joana. Aqui observamos a coerência e convicção da vidente, em seu estado especial perante os outros seres humanos. Seu gestual de superioridade, demonstrado em seu relato, diante de um rei tão importante para o mundo segundo seu enunciado, mantém uma lógica da posição em que se encontra a figura que lhe aparece em suas visões. Afinal, Dom Sebastião ainda sofre seu purgatório, que deve purificá-lo, torná-lo o rei e instaurar o processo de salvação do mundo profano. Nos momentos em que recebe sua visão, Joana mostra-se superiora ao Desejado por estar cumprindo o papel, sua missão, de intermediária entre Deus e os homens, como vidente. E Dom Sebastião é apenas um ator do seu enunciado que, no futuro, quando novamente voltar à Terra devidamente são de todas as suas impurezas, aí sim poderá suplantar a condição de Joana da Cruz. Tanto é assim que ela tem ciência deste processo, ao vaticinar o momento certo no qual Dom Sebastião deverá sair do seu limbo para cumprir seu papel messiânico. Dizia ela que o rei também aparecia transfigurado na figura de um porco e "havia de andar (encoberto) até o reino se restituir ao estado em que se encontrava naquele momento"[17].

Quanto à transfiguração de Dom Sebastião em porco – como já dissemos, este animal simbolizava os infiéis na tradição cristã que queria extirpar do mundo os mulçumanos – é de difícil compreensão já que o rei Desejado seria, mais tarde, segundo o que contava Joana da Cruz, canonizado. Jacqueline Hermann aponta várias interpretações, dentre as quais a de que esta metamorfose se configuraria em uma estratégia do encantado, para não ser reconhecido durante seu período de peregrinação. Mas também podemos supor que, como encantado, poderia tornar-se invisível ao adotar uma forma tão contrária à sua existência passada, quando ainda possuía uma existência física. Talvez Joana da Cruz quisesse dizer que o rei podia sair do seu limbo sem ser percebido,

---

16. Esta palavra é utilizada pela própria Joana da Cruz. Pode significar várias ações das quais poderíamos especular que ela o estaria acariciando, fazendo "cafuné" no próprio rei que, como alma peregrinadora pretendendo se purificar, vivia caminhando sem poder manter contato com humanos, a não ser com uma criatura singular como uma visionária à qual ele teria permissão de se apresentar.

17. J. Hermann, op. cit., p. 277.

pois não era tempo ainda da sua aparição ao mundo profano. Por isso, ao ter uma condição especial perante o comum da humanidade, somente Joana da Cruz poderia saber que aquele porco que lhe aparecia era o próprio monarca Encoberto.

Joana promove, neste momento, o cruzamento de crenças judaico cristãs com concepções pagãs de encantamento[18]; índice provável de sua condenação ao degredo para o Brasil pela Santa Inquisição. Afinal, Joana é tida como feiticeira perante os olhos do Santo Ofício, já que apresentava dois males que atingiam todo heresiarca; o orgulho e a ingenuidade. Orgulho por se acreditar intermediária entre Deus e os homens de forma muito atabalhoada, e ingenuidade por crer nisso através de suas visões, o que poderiam indicar ilusões oferecidas à vidente pelo próprio Diabo[19].

Não temos registros de quais foram as relações que tiveram estas videntes com outras pessoas no degredo, mas provavelmente podem ter relatado estas visões em momentos de relativa liberdade que poderiam gozar na colônia portuguesa. Não há vestígios de relatos parecidos com os das duas videntes, porém alguns pontos destas visões, principalmente no que toca a confirmação da imagem de Dom Sebastião como um rei messiânico encoberto, prestes a voltar para resgatar a sacralidade do mundo, permanecem em vários relatos onde aparece a figura de Dom Sebastião. Dentre estes, os de outra vidente, esta uma escrava africana que veio para o Brasil muito criança, merece nossa atenção.

Um matrimônio para a sacralização universal do mundo: Rosa Egipcíaca e Dom Sebastião

Esta personagem singular, tão bem reconstituída biograficamente pelo pesquisador Luiz Mott, em sua obra *Rosa Egipcíaca: uma Santa Africana no Brasil*, só pôde receber algum tratamento histórico por meio de documentos do processo da Santa Inquisição encontrados por Mott, em 1983, na Torre do Tombo, em Portugal. Rosa Egipcíaca foi presa pela Santa Inquisição de Lisboa em 1762, acusada de heresia e falso misti-

---

18. *Enciclopédia Einaudi, Religião-Rito*. Verbete: "Feitiçaria", vol. 30, pp. 44-54.
19. Idem, Ibidem, pp. 44-54.

cismo. O processo tem mais de 350 folhas, e inclui duas confissões feitas pela ré – a primeira no Auditório Eclesiástico do Rio de Janeiro, e a segunda já nos cárceres do Santo Ofício de Lisboa. Ainda constam no processo 55 cartas assinadas por Rosa Egipcíaca e por seu Capelão Exorcista, Francisco Gonçalves Lopes, que foi senhor de Rosa e também respondeu, com ela, acusações junto ao Santo Ofício[20]. As visões e profecias que estaremos abordando aqui são todas encontradas no livro de Mott, talvez o único sobre a personagem na qual iremos nos deter agora.

O fato é que Rosa Egipcíaca ganhou grande relevo como vidente respeitabilíssima, contando com o apoio de um aliado, estrategicamente disposto a auxiliar o fazer-crer das revelações que recebia a ex-escrava. Todo um esforço direcionado a este fazer-crer, é dispensado numa espécie de espetacularização das aparições de Rosa Egipcíaca. Assim nos conta Luiz Mott sobre estes procedimentos de convencimento trabalhados pelo Capelão Exorcista e por Rosa Egipcíaca:

> A grandiloqüência do seu imaginário místico, nesta época, reflete a exaltada veneração de que estava sendo alvo após seu retorno ao seu "Sacro Colégio", adorada, ao vivo ou em estampa, como a nova redentora do gênero humano, incensada de joelhos pelo capelão que, orgulhoso, carregava dependurada no pescoço portentosa relíquia: um dente de sua ex-escrava[21].

Estamos diante, indubitavelmente, de estratégias mercadológicas sendo praticadas num espaço sagrado que, já em 1760, mostra todo seu potencial de convencimento. Muito bem apoiada pelo seu ex-dono, o capelão Francisco Gonçalves Lopes, – talvez por ter este forte presença na comunidade ao ter comandado diversas sessões de exorcismo durante toda sua carreira clerical – Rosa Egipcíaca, a esta altura, já é quase consagrada como uma santa. Esta é uma circunstância notável de persuasão se imaginarmos que, naquela época, e até mesmo hoje, uma pessoa negra, ex-escrava, ex-prostituta, mulher, sofredora de freqüentes ataques epiléticos, era portadora de tantos estigmas que dificilmente poderia conseguir qualquer destaque que fosse perante a sociedade.

---

20. L. Mott, *Rosa Egipcíaca: uma Santa Africana no Brasil*, p. 9.
21. Idem, ibidem, p. 546.

É de se imaginar, então, o impacto que causaram suas visões. E uma das suas principais recorrências visionárias relacionava-se a uma narração sua, como porta-voz de um novo dilúvio universal, na qual aparece, pela primeira vez, a promessa da volta do Encoberto. Eis a profecia da qual Rosa Egipcíaca é porta-voz, em 25 de junho de 1760:

> Na segunda-feira, oitavo dia da novena, estando esta minha filha rezando o Ofício Parvo (de Nossa Senhora) junto com a que estava presa na cela (Irmã do Coração de Maria), que são companheiras, diz ela que estando considerando a rara humildade como a Senhora se prostrou quando o anjo anunciou a encarnação do Divino Verbo, que logo lhe comunicaram no entendimento dizendo: 'Diz a sua Mãe e Mestra que aqueles brados que ouviu ontem em Leandra (uma das irmãs do convento em que ficava Rosa Egipcíaca), que são os brados que há de dar o povo das Minas, e que aquele rio de justiça que está debaixo daquele monte de piedade é que os há de destruir, o qual rio está para se soltar e há de destruir e arrasar a maior parte das Minas. Todos os montes hão de cair. E que essa é a manga de água que lá viste vir das Minas, que o Senhor te mostrou dentro dela muitos corpos, porque há de ser um dilúvio que nunca se viu outro em todo o mundo, e que esta é a enchente que aquela criatura de palácio contou a teu padre confessor, que o Senhor lhe mostrou junto com o sonho que é porque esse dilúvio há de vir dar o mar derrubando todos esses montes e unir-se com esse mar salgado que vês defronte do palácio e que todos os rios se hão de soltar e o mar há de sair fora dos seus limites, ficando toda a cidade dentro das suas entranhas. A coluna se há de ter retirado para a fazenda a qual o Senhor tem determinado que é a fazenda da Sagrada Família que desta cidade está desviada. A coluna é tua Mãe e Mestra. Dize-lhe que faça aviso a Pedro Róis e lhe mande dizer que quando ele vir dentro de sua casa a horas mortas alumiar o sol como dia, que se desterre das Minas e que venha para a seguir e fazer viagem e fazer-lhe companhia. E que mande dizer ao Padre João Ferreira de Carvalho, que quando a horas mortas dentro da sua casa clarear a lua como dia, sem ser tempo de luar, que se prepare e disponha que a hora é chegada das destruições das Minas, e que Deus o manda avisar e que fará deste aviso diante ao Padre Manuel Pinto e a seu companheiro. E que Pedro Rois (Arvelos) faça ciente a José Alves e a Dona Escolástica para que se preparem. E diga a Dona Escolástica que a paz do Senhor a de ser com ela. E que quando vir aparecer uma estrela no céu muito resplandecente, deitando de si muitos raios, e desta estrela hão de aparecer lanças do sol afora e vir a horas mortas um tropel grandioso como de besta, que todo o povo das Minas se prepare, porque está chegando o número dez, que são os dez mandamentos quebrantados e que mande dizer também a Pedro Róis que **o Encoberto** está para se descobrir e que ele cedo há de vir, que o mundo há de se reformar e que todos os maus se hão de destruir, e que este memorial o mandará dentro de uma carta fechada e que lhe mandará dizer que este aviso o poderá mostrar a várias pessoas, mas não dizendo quem lhe mandou. E se esta Coluna da cidade se ausentar, é porque o povo a palavra de Deus não quer aceitar e deste aviso não hão de dizer como costumam a dizerem: isto verão os meus netos, por sorte que este não o verão os pais e as mães e os filhos que dos pais

são e moços de tenra idade verão e não contarão. E que assim que ouvira esta comunicação, entrara em tormenta a fazer várias protestações dos artigos de nossa santa fé católica e quanto mais protestava, mais lhe comunicavam e se lhe dizia que desse parte à sua Mãe e Mestra[22].

Vários nomes de pessoas, com certo destaque no círculo social de Minas Gerais e Rio de Janeiro, são aventados como merecedores de salvação do futuro dilúvio, e como partícipes dos eventos previstos por Rosa. Isto nos indica a penetração da vidente em várias esferas sociais. Mas o que mais nos interessa é a citação de que o Encoberto já estava para se descobrir, e que esta mensagem deveria ser confiada primeiramente a Pedro Rois Arvelos, sobrinho e compadre do Padre Francisco, que por sua vez foi ex-senhor e protetor de Rosa Egipcíaca. Pedro Rois era um português proprietário de terras próximas a São João Del Rei, em Minas Gerais. Ora, o pedido para que o informassem da volta do Encoberto pode nos sugerir que Pedro Rois conhecia as *Trovas* do Bandarra, e esperava pela volta de Dom Sebastião, o Encoberto. Talvez ele mesmo tivesse comentado da existência de um rei salvador do mundo que se mantinha encoberto, esperando a hora fatal para retornar ao mundo para consertá-lo. Afinal, Rosa ficou muito amiga da família de Pedro Rois ao passar uma grande temporada em sua propriedade. A Egipcíaca já era vidente na época em que esteve hospedada na casa dos Arvelos, e assuntos místicos poderiam ter circulado em conversas entre a ex-escrava e o português proprietário de terras de Minas Gerais. Desta forma, a impressionante imagem messiânica do Encoberto tinha tudo para tomar parte da profecia apocalíptica do novo dilúvio que viria lavar a Terra.

A partir desta revelação de um novo dilúvio universal, iniciam-se os problemas de Rosa Egipcíaca com o Santo Ofício. Em 1754, Rosa havia fundado um sacro colégio chamado Recolhimento de Nossa Senhora do Parto no Rio de Janeiro. Este sacro colégio recebia ex-prostitutas e mulheres desprovidas de qualquer posse, além de não terem rumo certo na sociedade da época. Pois bem, a primeira revelação do desencadear do dilúvio, é assim narrada pela vidente:

---

22. L. Mott, op. cit., pp. 550-551.

Por se guardar no Recolhimento do Parto uma prenda preciosíssima – da sua mestra e fundadora – Deus destinara coisas grandes a este sacro colégio, havendo de ser venerado e ter as mesmas indulgências que as casas santas de Jerusalém e as igrejas de Roma e de Santiago de Compostela, e que em breve seria venerado por reis e imperadores, tornando-se o maior e mais magnífico de todos os conventos do Reino de Portugal[23].

Eis um dos principais sinais de um discurso heresiarco aos olhos da Igreja Católica. O orgulho teria tomado conta da vidente e mexia com os brios, não só da Igreja oficial, como também da metrópole. Esta, na visão de Rosa, perde a primazia de ter um convento tão sagrado como o que apontava a Egipcíaca e, além de tudo, estava instalado na colônia, no Brasil.

E não contente com tão elevados desígnios de Deus apontados para as obras da ex-escrava, vai mais longe a profecia numa segunda revelação, que deve ter escandalizado o Tribunal do Santo Ofício, ao atentar contra o dogma mais basilar de todo cristianismo: "Que no próximo dilúvio, o Recolhimento de Nossa Senhora do Parto seria a arca de Noé onde o Verbo Divino ia se encarnar numa criatura e estabelecer um mundo mais perfeito que o presente"[24]. A parusia, tão aguardada por todos os cristãos, finalmente ganhava data e local para seu acontecimento num arroubo visionário de Rosa Egipcíaca.

É significante este momento da revelação ao fazermos um esforço para ficarmos atentos às alterações do papel de Rosa diante deste enunciado profético. Ela deixa de ser apenas enunciadora (fazer-crer) das revelações, e passa a ser um sujeito ativo (poder-ser) das profecias. Progressivamente, dentro do seu enunciado, ela ganha a competência de um sujeito que dará início à salvação da humanidade. Aos olhos do Santo Ofício, os mesmos dois males que atingiram as videntes degredadas de Portugal, atingem também a vidente brasileira: o orgulho e a ingenuidade. Para o Santo Ofício, sem dúvida Rosa estaria sendo iludida, segundo os cânones da Inquisição, pelo próprio Diabo. Um dos delatores de Rosa, o Padre Ferreira Noronha, dizia que, além de tudo o que já se ouvira, a profecia ainda contemplava que após o dilúvio "iria encarnar o Divino Verbo [...] numa das recolhidas,

---

23. Idem, ibidem, p. 565.
24. Idem, ibidem, p. 566.

para a nova redenção"[25]; e, indo mais longe, uma Irmã do convento, Ana Joaquina, arrematava a heresia dizendo que "se Deus houvesse de se encarnar agora, só o faria na Rosa"[26]. Então, a vidente, num dado momento futuro, deixaria seu papel de vidente e profeta, e passaria a ser o próprio ventre da nova vinda do Verbo Divino.

Finalmente, a terceira parte da profecia coloca Rosa definitivamente como atriz principal e competente, para que se dê o começo da renovação do mundo, ao sair navegando para a salvação da humanidade que sofreria com o dilúvio. E a figura de Dom Sebastião surge, enfim, como o único ator deste enunciado profético, o qual carrega a mesma santidade e competência que Deus teria atribuído a Rosa em suas revelações, pois

> Que haveria de sair Rosa com as quatro evangelistas (quatro irmãs que possuíam posição especial no sacro colégio da vidente), com o cajado e a cruz da piedade, para conquistar o mundo e que, para a reformação do século, já estavam feitas duas grandes naus: numa grande, viria Dom Sebastião, e na outra nau, chamada dos Cinco Corações, ia Rosa com suas acompanhantes[27].

E quando "o dilúvio das Minas vier dar ao mar salgado, derrubando todos esses montes e quando todos os mais rios se hão de soltar e o mar há de sair fora dos seus limites, ficando toda a cidade do Rio de Janeiro dentro de suas entranhas...", o Recolhimento do Parto transformar-se-ia na "Arca dos Cinco Corações", começando a flutuar, possibilitando o encontro tão esperado com a nau de Dom Sebastião. E neste encontro, "Rosa ia se casar com Dom Sebastião, e suas evangelistas também se casariam com seus vassalos ou criados, voltando para reformar o mundo e fundar o Império de Cristo"[28].

Em seu enunciado profético, Rosa Egipcíaca, através do encaixe de histórias de nacionalidades diferentes, de séries raciais e religiosas heterogêneas, consegue montar um retrato do processo de miscigenação que ocorreu na colônia. Tudo isso desencadeará em um Império de mestiços, pois, além dela, três das evangelistas que a acompanhariam também eram negras e,

25. Idem, ibidem, p. 566.
26. Idem, ibidem, p. 566.
27. Idem, ibidem, p. 566.
28. Idem, ibidem, p. 572

certamente, a lógica da circunstância do enunciado profético de Rosa acaba ressaltando o fato de que a tripulação de Dom Sebastião seria composta por europeus cristãos ocidentais. E, após o castigo da humanidade, concretizado por um dilúvio universal, no qual o mundo todo se ligaria, desta vez por intermédio de uma catástrofe, ocorreria, segundo a profecia de Rosa Egipcíaca, o Juízo Final, no qual a nova vinda de Jesus Cristo se daria em sua encarnação na Terra, através da união entre Rosa Egipcíaca e Dom Sebastião. Por conseguinte, o próprio Verbo Divino seria curiosamente um mestiço, produto da união e mescla de raças, que só poderia ocorrer em releituras escatológicas e apocalípticas, partidas do Novo Mundo. A nova leitura do apocalipse, feita nas profecias de Rosa, vai de encontro e se choca com a visão Cristã Ocidental acerca deste evento, na qual ocorreria muito mais uma assepsia que uma mistura de raças concretizada na figura maior do cristianismo, o próprio Jesus Cristo.

O enlace de Rosa e Dom Sebastião, nesta profecia, indica-nos como será tratada a figura do rei Desejado pela população da colônia. Já não estamos mais diante de um mito símbolo do nacionalismo e patriotismo, – inclusive, nas visões da Egipcíaca, Portugal seria destruído por um terremoto – mas de um fenômeno cultural que é capaz, por possuir alguns traços de sua história combinados com concepções escatológicas que corriam pela colônia, de potencializar desejos de composição da nova raça que se forjava na colônia, como o novo homem capaz de erigir a nova aliança com Deus.

Curiosamente o último registro do processo de Rosa Egipcíaca é de 1767, segundo Luiz Mott. O autor afirma ainda que dos mais de um milheiro de processos que passaram por suas mãos, quando esteve na Torre do Tombo, este era o único inconcluso[29]. No Brasil não há nenhum documento que registra as peripécias da ex-escrava, ex-prostituta, mulher, vidente e quase santa. Até mesmo o sacro colégio do Recolhimento de Nossa Senhora do Parto já não existe mais no Rio de Janeiro. Sua memória só é possível através do seu processo inquisitorial que não se deu ao trabalho, e talvez propositadamente assim procedeu, de produzir um atestado de óbito para esta figura oportunamente resgatada

---

29. Idem, ibidem, p. 728.

pelo pesquisador Luiz Mott, e que merece leitura de outros campos da pesquisa além do histórico.

III. Por uma História do Futuro

Pe. Antônio Vieira e seu *Sermão de São Sebastião*: primeiro um sebastianista

Vários foram os autores que apontaram, no *Sermão de São Sebastião* proferido pelo Pe. Antônio Vieira, fortes alusões ao rei Dom Sebastião. Vieira tinha então 24 anos, em 1634, e realizou este sermão na igreja de Acupe, na Bahia, no dia do Santo homenageado. Este sermão faz um panegírico a São Sebastião no qual apresenta, primeiramente, quatro dotes gloriosos dos bem aventurados na Terra recolhidos do Novo Evangelho, como que para designar as qualidades dos bem aventurados; qualidades estas que estariam presentes em São Sebastião:

> Os corpos dos bemaventurados do céo têm quatro dotes gloriosos; os espiritos dos bemaventurados da terra têm quatro dotes, que, ainda que o mundo lhes não chame de gloria, não são menos para gloriar. A pobreza, que nos alivia do peso e embaraço das coisas da terra, responde ao dote da agilidade: *Beati pauperes*. As lágrimas, que entre as sombras da tristeza são os claros do allivio e consolação, respondem ao dote da claridade: *Beati qui lugenti*. A fome e a sede que attenua e adelgaça a quantidade grosseira do corpo responde ao dote da subtileza: *Beati qui nunc esuritis*. A paciencia generosa, com que os odios e perseguições se fazem menos sensiveis, responde ao dote da impassibilidade: *Beati estis cum vos oderint homines*. Tão parecidos são como isto os espiritos bemaventurados da terra com os corpos bemaventurados do céo[30]!

Mas até aqui Vieira se apóia no Novo Evangelho para sublinhar as qualidades de todos os santos, tanto no Céu quanto na Terra. Buscando aproximar-se do tema que irá desenvolver, ele mostra qual particularidade do ator do enunciado – ao qual é dedicado o panegírico, mas que não se sabe ainda por não ter sido citado até este momento – irá ser ressaltada:

> Mas entre esta similhança tão grande perguntará com razão alguem: em que se differença esta bemaventurança d'aquella bemaventurança; em que se

---

30. Pe. A. Vieira. *Sermão de São Sebastião*, em *Sermões do Pe. Antônio Vieira*, pp. 339, 340.

distinguem estes bemaventurados d'aquelles bemaventurados? É tão grande a distancia e a differença, que vae e chega do céo á terra. A bemaventurança do céo é bemaventurança descoberta e visivel; a bemaventurança da terra é bemaventurança invisivel e encoberta[31].

E assim, ao trabalhar os predicados de um sujeito que irá ser homenageado, Vieira o singulariza ao afirmar que neste mundo andam os "bemaventurados encobertos". Após rodear o sujeito de predicados antes mesmo de apresentá-lo, finalmente chega no assunto do qual irá tratar o seu discurso: São Sebastião. Mas é bastante sugestivo e esclarecedor o que moveu sua narrativa até aqui, apesar de não explicitar suas intenções. No final da apresentação do seu discurso, o padre jesuíta assim condensa este exórdio, nos dando a primeira pista do que devemos subentender do seu sermão: "resumindo o meu discurso só a duas palavras, todo o assumpto d'elle será este: *Sebastião o Encoberto*"[32].

Promovendo a elipse do adjetivo "são", e acrescentando o epíteto-adjetivo "o Encoberto", Vieira traz, ao seu sermão, uma matéria que tratará implicitamente – afinal Portugal, no momento em que é proferido este sermão, ainda está sob o domínio de Castela. Mesmo não acrescentando a qualidade de "rei" ao nome Sebastião, a abertura de leitura para esta possibilidade de se estar falando sobre determinada personagem da realeza lusitana é provocada pela eliminação, no momento em que resume o exórdio, do adjetivo "são", e pelo enxerto do epíteto-adjetivo "o Encoberto", grifado, de modo muito significativo, em caixa alta e baixa.

E o sermão continuará trazendo a figura do santo como exemplo do que Vieira pretende transmitir. No entanto, marcas no discurso do padre jesuíta, aos poucos indicam que o sermão tem como tema, mesmo que de maneira sutil, a figura do rei "desaparecido". Vejamos um trecho em que destinatários portugueses, os que provavelmente se encontravam na Bahia naquele momento, certamente eram levados a imprimir, em suas reflexões acerca do sermão, a figura do rei Desejado. Eis como o padre jesuíta alterna a apresentação do nome Sebastião ora com o adjetivo "são", ora sem ele:

---

31. Idem, ibidem, p. 340.
32. Idem, ibidem, p. 341.

Primeiramente foi S. Sebastião o encoberto, porque encobriu a realidade da vida debaixo da opinião da morte. São palavras fomaes do Texto eclesiastico da sua historia: *Quem omnium opinione mortuum, noctu sancta mulier Irene sepeliendi gratia jusit auferri; sed vivum repertur domi suae auravit; et paulò post confirmata valetudine.* Óh milagre! Óh maravilha da Providencia divina! Na opinião de todos era Sebastião morto: *omnium opinone mortuum*; mas na verdade e na realidade estava Sebastião vivo: *vivum repertum*[33].

Ora, a frase "Ó milagre! Ó maravilha da Providencia divina!" nos faz lembrar de uma semelhante proferida em homenagem ao rei Dom Sebastião, quando vivo, por Luis de Camões, n'*Os Lusíadas* já citado em outro capítulo. Só para recordarmos, Camões exalta a predestinação de Dom Sebastião chamando-o de "Maravilha fatal". Parece que Vieira dá eco a esta exaltação ao elaborar seu sermão com vistas a uma estratégia persuasiva que vai surgindo, aos poucos, em seu discurso: "mas que importa que Sebastião esteja morto na opinião, se estava vivo na realidade? Isto é ser Sebastião o encoberto; porque encobriu a realidade da vida debaixo da opinião da morte: *opinione mortuum, vivum repertum*"[34].

É neste momento que percebemos a singularidade de um discurso argumentativo próprio dos sermões que põe "em ação um conjunto de técnicas discursivas para provocar ou aumentar a adesão dos espíritos às teses que se apresentam ao seu assentimento"[35].

O Pe. Antônio Vieira pretende, por intermédio do jogo que ele instala em seu discurso entre "descoberto" e "encoberto", montar seu enunciado persuasivo. O descoberto estaria na alçada da evidência e esta, dentro da construção do discurso do jesuíta, só poderia ser encontrada no espaço celeste de Deus. Já o encoberto se produz no campo do opinável, do aparente, que necessita de uma maior acuidade do observador para que este não se perca na ilusão dos fatos. Este jogo é estimulado no *Sermão de São Sebastião* a fim de buscar a persuasão dos seus destinatários.

33. Idem, ibidem, pp. 341-342.
34. Idem, ibidem, p. 342.
35. C. Perelman, *Lê champ de l'argumentation*, Bruxelas, Presses de L'université de Bruxelles, 1963, p.13, citado por I. Chiampi em "O Barroco e a Utopia da Evangelização (Vieira e o Sermão da Sexagésima)", em *Barroco e Modernidade*, pp. 146-147.

Diz ainda Irlemar Chiampi acerca do discurso persuasivo promovido pelos sermões:

> Se a argumentação é a arte de encadear logicamente as proposições para um fim persuasivo, a persuasão é o efeito produzido pela argumentação no adversário (mudança de atitude, comportamento), diante de uma questão posta em julgamento. E como para persuadir o enunciador requer uma estratégia gradual para que o opinável (e não o evidente, que dispensa arrazoados) transite do duvidoso ao necessário, a argumentação deve conduzir à iluminação e o enunciador deve provar o que supõe negar a evidência *a priori*[36].

Colocado o sujeito ao qual é dedicado o sermão, e que já vimos ser apresentado com certo grau de dubiedade, observada a natureza persuasiva de um sermão, atentada a época determinada em que este enunciado é elaborado, evidenciam-se algumas pistas da intenção de Vieira com este texto. E dentro do seu árduo processo persuasivo, ele nos dá vários exemplos bíblicos, buscando demonstrar e tentando fazer-crer, que os fatos encobertos precisam de atenção especial, para que se tornem maravilhas a serem descobertas aos olhos do homem que deve exercitar, deste modo, sua fé. Eis apenas um exemplo ilustrativo, dentre muitos, deste processo que deve ser observado por todos os seus destinatários, segundo o padre:

> Mandou Deus a Abrahão que lhe sacrificasse seu filho Isaac, pai de Jacob; levou Isaac a lenha, Abrahão o fogo e a espada; compoz o altar, atou a victima, levantou o golpe: tudo verdade infallivel; mas se alguem n'este passo, movido de piedade, afastasse os olhos, e visse d'ahi a um pouco que depois de arder a victima ficavam sobre o altar aquellas cinzas, que havia de cuidar? Havia de cuidar que eram as cinzas de Isaac, e que alli acabára o mallogro do moço: e que aquelle mesmo tumulo, que tinha sido o altar de seu sacrificio, era a sua sepultura. Esta havia de ser *a opinião;* mas não era esta *a realidade,* porque o venturoso Isaac no mesmo tempo estava livre, vivo e alegre, e com as esperanças confirmadas de se haverem de cumprir n'elle todas as promessas de Deus feitas a seu pai e á sua casa[37].

Vieira compõe toda esta narrativa, na qual verifica a possibilidade de que houvesse outra testemunha, no dia do sacrifício de Isaac, além da presença do próprio Isaac, do seu pai Abraão e de Deus. O padre Antônio Vieira habilmente imagina que esta

---

36. Idem, ibidem, p.148.
37. Pe. A. Vieira, op. cit., pp. 343-344. (Grifos meus)

testemunha, por ele criada e colocada em um fato bíblico, tenha tido um pequeno lapso, minúsculo mesmo, de contato com a imagem de Isaac sendo sacrificado. Cria-se aí a opinião de que Isaac teria realmente sido sacrificado pelo seu pai, Abraão. Esta opinião é totalmente apoiada por uma ilusão dos juízos da testemunha, e por sua falta de fé na promessa de Deus, ao povo de Israel, de garantir Sua continuidade nos descendentes de Abraão.

O Pe. Antônio Vieira, neste momento do seu sermão em que cria esta possibilidade no evento bíblico, insere na narrativa um diálogo fictício seu com outro personagem bíblico, Jacob. Vieira como que conversa com Jacob, dando a ele o exemplo de Isaac e Abraão, desaprovando a maneira como Jacob acreditou na opinião de que seu filho José estava morto enquanto este se firmava em grande posição social no Egito, sem ter abandonado sua fé. O padre jesuíta chega a criticar a falta de fé de Jacob – e com isso alerta os possíveis destinatários do seu enunciado que podem estar sofrendo falta de fé – que não teria observado o exemplo bíblico de Abraão e Isaac, seus ancestrais. Este é um exemplo de fatos encobertos que exigem atenção e fé dos que neles estão interessados.

E é através destes exemplos que o padre vai buscando comprovar o valor do nome Sebastião, sem apontar a posição desta figura como rei ou santo. Ora, sabemos que 1634, ano em que o sermão foi proferido, Portugal ainda era submisso a Castela, e Dom Sebastião, o rei desaparecido, representava grande esperança, com sua possível volta, na independência do trono português. Parece, então, que este *Sermão de São Sebastião* possui forte conteúdo sebastianista, apelando para a fé dos portugueses e do mundo quanto ao descobrimento do Sebastião Encoberto que levava as graças de ser um bem aventurado. O Pe. Antônio Vieira afirma seu lado sebastianista como um dos grandes incentivadores da fé nesta crença religiosa que carrega também uma energia nacionalista e patriótica instalada na complexidade desta personagem histórica e, já naquele momento, mítica.

Então Vieira, após comprovar que apenas a *opinião* é de que Sebastião é morto, e que a *realidade*, a evidência é que ele está encoberto, e que há necessidade da fé para que a crença neste fato se fortaleça, ele, já crente na volta descoberta do objeto do seu discurso, assim fecha seu sermão com um pedido ao ainda encoberto:

Divino Sebastião encoberto bemaventurado na terra, e descoberto defensor d'este reino no céo: ponde lá de cima os olhos n'ele, e vêde o que não poderá vêr sem piedade, quem está vendo a Deus: vereis pobrezas e miserias, que se não remedeiam; vereis lagrimas e afflicções, que se não consolam; vereis fomes e cobiças, que se não fartam; vereis ódios e desuniões, que se não pacificam. Oh como serão ditosos e remediados os pobres se vós lhes acudirdes: *Beati pauperes!* Oh como serão ditosos e alliviados os afflictos, se vós os consolardes: *Beati qui lugent!* Oh como serão ditosos e satisfeitos os faminto, se vós os enriquecerdes: *Beati qui nunc esuritis!* Oh como serão contentes os odiados e desunidos, se vós os concordardes: *Beati estis cum vos oderint homines!* D'esta maneira, Santo glorioso, por meio de vosso amparo conseguiremos a bemaventurança encoberta d'esta vida, até que por meio de vossa intercessão alcancemos a bemaventurança descoberta da outra: *Ad quam nos perducat, etc*[38].

O Pe. Antonio Veira confirma as esperanças de que Sebastião interceda por Portugal como "descoberto defensor d'este reino no céo". Ele pede a reparação das agruras que sofre o reino naquele momento, e, finalmente, já esboça uma vontade pessoal sua, que desembocará em uma das suas maiores convicções; a formação do Quinto Império Universal promotor da junção final entre o secular e o sagrado. Deste modo, é bastante insinuante, neste sentido, o desfecho deste *Sermão de São Sebastião* exatamente com este pedido final: "D'esta maneira, Santo glorioso, por meio de vosso amparo conseguiremos a bemaventurança encoberta d'esta vida, até que por meio de vossa intercessão alcancemos a bemaventurança descoberta da outra: *Ad quam nos perducat, etc*". Enfim, ao conseguirem todos os humanos a bem aventurança encoberta na Terra – a formação do Quinto Império, a consumação do Apocalipse – através do amparo do Santo, estará sendo encaminhada a bem aventurança destes bem aventurados seculares à bem aventurança descoberta no Céu, na aliança final e etrna tão buscada pelo homem com Deus.

Pe. Antônio Vieira joanista. De uma vontade pessoal em confluência a uma vontade coletiva: ser o profeta dos novos tempos para o advento do Quinto Império Universal em sua *História do Futuro*

Muitos autores comentam sobre o Pe. Vieira ter tornado-se joanista tão logo se fez presente a Restauração de Portugal. Alega-se que o padre jesuíta defendia interesses políticos com esta

---

38. Idem, ibidem, pp. 353, 354.

aproximação sua a Dom João IV, restaurador do reino. Mas podemos atentar também para convicções pessoais do padre, que são direcionadas pelo seu sistema de crenças sendo elaborado no decorrer de sua vida. E parece que uma de suas maiores obras, *História do Futuro*, escrita desde 1649, e só editada em 1718, indica-nos traços de sua personalidade e dos seus ideais escatológicos. Sua crença no Quinto Império Universal ganha progressão em sua carreira jesuítica, ao transitar entre Brasil e Portugal. O Império Universal, símbolo da cristandade unida, apagando as diferenças entre os povo, parecia a visão do paraíso perdido em vias de ser restituído aos cristãos[39].

O Pe. Antônio Vieira trafega entre Brasil e Portugal durante a restauração portuguesa, e tem grande apoio de Dom João IV até este morrer. A partir daí o padre jesuíta volta para o Brasil para dar continuidade a sua missão. O fato de viver em uma terra como o Brasil, uma terra nova, de natureza generosa, com uma imensa quantidade de gentios a serem doutrinados na "verdadeira" fé, o faz crer estar próximo do dia em que se formará o Quinto Império Universal encabeçado pela nação portuguesa.

Sua *História do Futuro* quer ser a profecia de uma utopia que está próxima. Para isso utiliza sua forte retórica de jesuíta no intuito de mostrar que ele é um verdadeiro profeta da história do porvir. Depois do seu esforço argumentativo com a intenção de comprovar ser ele um profeta especial, um historiador do futuro, como ele mesmo se autodenomina, passa a se preocupar em colocar em evidência que os tempos profetizados por ele estão próximos. Talvez neste momento o padre se torna joanista, já que o rei desaparecido, Dom Sebastião, de acordo com a lógica do seu novo discurso, é uma personagem que teve sua importância histórica num passado, de certa forma longínquo dos tempos em que Vieira vive, enquanto Dom João IV promovia nada mais nada menos que a tão esperada Restauração do trono português exatamente quando o padre está no auge da sua missão clerical.

De uma utopia pessoal

Por que chamarmos utopia pessoal o fato de Antônio Vieira autodenominar-se historiador do futuro? A utopia irá sempre

---

39. M. Tragtemberg apud C. Neotti (org.), *Tempo e Utopia*, p. 14.

expressar desejos coletivos ou individuais (estes últimos depois tendem a cair nas malhas do coletivo se assim tiverem forças e estiverem de acordo com o repertório de determinado grupo humano) de perfeição, guardando, em alguns casos, uma lembrança de uma possível situação primordial da humanidade à qual se deseja voltar[40]. Parece que para o padre jesuíta em questão, o que traduz o ponto culminante do homem vivendo na Terra, o que lhe apetece como satisfação do seu desejo máximo, o que representa sua utopia pessoal é ser o escolhido de Deus, o mediador que poderá revelar Seus mistérios na Terra. E estes mistérios, em poder somente do Criador, com permissão de serem apenas revelados a um escolhido Seu na Terra, estão relacionados com sucessos futuros.

> Deos que he a fonte de toda fabedoria, pofto que repartio os thefouros della tão liberalmente com os homens, & muyto mais com o primeyro, fempre refervou para fi a fciencia dos futuros, como regalia própria da Divindade[41];

E para elevar ainda mais a figura do profeta, já que este receberá do próprio Criador Seus mistérios sem querer "roubá-Los", mostra que a vontade do homem em ter a posse dos mistérios de Deus foi a grande perdição da humanidade. Mesmo sendo castigado tão duramente ao ser expulso do Paraíso, por querer provar o fruto da árvore do saber, este desejo de força descomunal continua a persistir no homem e o fará cair em superstições, o que gerará falsos profetas em toda a história.

Com o mesmo intuito de demonstrar que o desejo pelos mistérios de Deus é forte em todo o mundo, e que esta vontade nada mais é do que uma vontade de se chegar à perfeição, Vieira cita Platão: "A fciencia dos futuros, diffe Platam, he a que diftingue os Deofes dos homens, e daqui lhes veyo fem duvida aquelle antiquiffimo appetite de ferem como Deofes[42]"

É a partir destas constatações de Vieira – enunciado que confirma seu desejo utópico como ser humano religioso em busca da perfeição – que podemos sentir sua necessidade em provar sua veracidade como profeta, afinal, a arte de profetizar incorria num grande risco, o risco de se ser iludido pelo Demônio, já que

---

40. Cf. H. Franco Jr., op. cit., pp. 113-139. E também C. Neotti (org.), op. cit.
41. Pe. A. Vieyra, *História do Futuro*, p.2.
42. Idem, ibidem, p.2.

o grande desejo do homem, em toda sua história, seria o de se equiparar aos Deuses que são onicientes do tempo e do espaço. E Vieira não possui uma confirmação canonizante da Igreja Católica oficial em relação à sua figura como profeta, o que por si só daria ao padre uma posição privilegiada diante dos crentes e descrentes a quem pretendia atingir, e lhe pouparia esforços argumentativos. Vieira precisa, por isso, provar sua autenticidade como profeta, desvencilhando-se do perigo de ser tomado como herege.

Primeiramente dá exemplos de tudo o que considera superstição, colocando-se de acordo com o que ensinava a Igreja Católica no que diz respeito às falsas artes de profetizar. Vieira condena, dentre outras coisas, quatro artes de adivinhar o futuro que se baseiam nos quatro elementos principais da natureza. O padre descreve estas "superstições" da seguinte maneira:

> Sobre os quatro Elementos affentaraõ quatro artes de adevinhar os futuros, que tomarão os nomes dos feus proprios fugeytos. Agromancia que enfina a adevinhar pelas coufas da terra, a Hidrimancia pelas da agua, a Arcomancia pelas do ar, & a Piromancia pelas do fogo[43].

Além destes exemplos, Vieira não poderia deixar de pelo menos citar, e por só ter citado dá seu tom de desprezo muito grande, uma das artes mais famosas de adivinhação de sua época: a Nicromancia. Como que fugindo exemplarmente de tão "terrível malefício", Vieira demonstra asco em sua pequena descrição sobre a Nicromancia, como se fosse obrigado a passar as mãos em um chão imundo, não vendo a hora de lavá-las:

> Nem quero fallar na trifte, & funefta Nicromancia, que frequentando cemeterios, & fepulturas no mais efcuro, & fecreto da noyte invoca com deprecaçoens, & conjuros as almas dos mortos, para faber os futuros dos vivos[44].

Depois de tentar entrar em consonância com as idéias da Igreja, no que consiste ao detectar de matérias provenientes do Demônio, Vieira recorre às Sagradas Escrituras para demonstrar em que tipo de profetas ele acredita. Desta forma vai buscando se defender de futuras perseguições, pois sabe estar tratando de

43. Idem, ibidem, p.4.
44. Idem, ibidem, p.5.

assuntos delicados, de temas que gritam aos ouvidos da Igreja para chamar-lhe a atenção no seu proceder disciplinador. São barreiras que Antônio Vieira tem que ir transpondo com maestria, buscando, antes de mais nada, demonstrar que está a serviço da Igreja Católica:

> Efcrevèo Moyfés a hiftoria do principio, & creaçaõ do mundo ignorada atè aquelle tempo de quafi todos os homens: & com que efpirito a escrevèo? Respondem todos os Padres, & DD. Que com o efpirito da Profecia. Se já no mundo houve hum Profeta do paffado, porque não haverá hum historiador do futuro? Os Profetas não chamàraõ hiftoria às fuás profecias, porque não guardaõ nellas eftylo, nem leys de hiftorias: não diftinguem os tempos, não afinalam os lugares, não individuaõ as peffoas, não feguem a ordem dos cafos, & dos fuceffos, & quando tudo ifto viraõ, & tudo differaõ, he envolto em Metáforas, diffarçado em figuras, efcurecido com Enigmas, & contado, ou cantado em frafes próprias do efperito, & eftylo profético, mais accommodadas à mageftade, & admiração dos myfterios, que à noticia, & intelligencia delles[45].

Então ele, com todo cuidado, não se autodenomina profeta; coloca-se como um historiador do futuro que irá utilizar-se de procedimentos da história como método de encontrar sinais, em seu presente, que lhe demonstrem o que está prestes a acontecer no futuro. Segundo o padre, ele não irá lidar com o estilo profético que, em sua visão, não distingue tempos, não assinala lugares, não individualiza pessoas, e nem segue a ordem dos casos e dos sucessos, além de utilizar-se sempre de Metáforas para descrever o assunto profetizado.

Mas ele, apesar de tentar não se autodenominar profeta, e mostrar que seu estilo é outro, acaba deixando transparecer que estará tratando de profecias. E Vieira evidencia isso, ao trabalhar com a análise de dois tipos de profecias baseadas, uma num vir-a-ser longínquo, e outra num vir-a-ser próximo. Sua argumentação estará amparada no vir-a-ser próximo, o qual considera mais importante e legitimador, demonstrando já sua vontade de ser participante dos fatos que ele acredita que irão suceder logo. Utiliza-se, desta forma, de São Paulo para desenvolver seu enunciado persuasivo:

> Sam Paulo, aquelle Philofopho do terceyro Ceo, defafiando todas as creaturas, & entre ellas os tempos, dividio os futuros dous futuros: *Neque infantia,*

---

45. Idem, ibidem, pp. 12-13.

neque futura. Hum futuro que eftá longe, & outro futuro que eftá perto; hum futuro que ha de vir & outro, que já vem: hum futuro que muyto tempo há de fer futuro: *Neque futura;* & outro futuro, que brevemente há de fer prefente: *Neque inftancia.* Efte fegundo futuro he o da minha hiftoria & eftas as breves, & deleytofas efperanças que a Portugal offereçio[46].

Dando continuidade à lógica do seu pensamento, evoca São João Batista como seu exemplo maior de profeta. Este profeta, precursor de Cristo, é eleito pelo padre jesuíta como o maior de todos os profetas que existiram no mundo pela seguinte razão: "Porque os outros Profetas prometterão o Chrifto futuro, mas não o virão, nem o moftrarão presente: Baptifta prometteu-o futuro com a voz, & moftrou-o presente com o dedo"[47].

Vieira nomeia o entendimento progressivo dos desígnios da Providência. Os Antigos, posto que tivessem melhor candeia (deferência ao princípio da autoridade), não poderiam ter enxergado os futuros tão claramente quanto os modernos: a estes foi dada a vantagem de estarem mais próximos do cumprimento das promessas. Os profetas do Velho Testamento anunciaram a Cristo, sim, mas o Batista mostrou-o melhor, porque era candeia de mais perto. Os outros diziam: "Há de Vir"; e ele disse: "Este é"[48].

É nesta instância, de um futuro prestes a se concretizar, que o Pe. Antônio Vieira irá trabalhar sua retórica barroca – jesuíta. Quanto mais próxima a palavra do objeto que ela quer representar, maior a crença depositada nesta palavra. Quanto mais próximos os eventos futuros enunciados, e quanto maior as provas visíveis, de que os sucessos do vir-a-ser já se aproximam na verificação do que está sendo, maior o desejo dos destinatários da mensagem de Deus, em crer e se movimentar em direção ao enunciado. Por isso São João Batista, para ele, é o maior de todos os profetas por ter sido contemporâneo do próprio Verbo Divino encarnado anunciado por ele. Desta maneira, Vieira poderá reivindicar para si uma maior importância como historiador do futuro, por acreditar ser contemporâneo dos sucessos que irá revelar.

---

46. Idem, ibidem, pp. 20-21.
47. Idem, ibidem, p. 22.
48. A. Bosi, op. cit., p.23

Tornar a utopia pessoal consonante à utopia coletiva

Prosseguindo em sua estratégia discursiva, finalmente Vieira revela o conteúdo que será tratado em sua obra. Dirige-se aos portugueses e promete a estes o papel principal na constituição do Quinto Império que durará mil anos na Terra. Por ser um Império universal e último, deverá comportar em seu seio todos os povos e religiões, que deverão passar a ser cristãos com o intuito de esperarem a vinda do Anticristo, para a batalha a ser travada em direção ao Juízo Final.

Como já vimos em outra ocasião, este Império chama-se Quinto por vir depois dos impérios Assírio, Persa, Grego e Romano. Ele seria a concretização da simbólica grande pedra que destrói a gigantesca estátua de pé de barro, sonhada por Nabucodonossor, e interpretada pelo profeta Daniel, no Antigo Testamento, como o maior império que já se estendeu sobre a Terra.

Quer Vieira provar que não é só ele quem fala sobre as coisas do futuro, mas que a passagem dos anos permitiu-lhe ter melhores condições de ver o que os Antigos profetizaram, mas não puderam ver[49]. Vieira busca valorizar e mostrar novidades do seu presente em relação ao passado, para comprovar o futuro na eternidade de Deus. Desta forma, o jesuíta desabona todos os outros impérios que precederam ao Quinto esperado que, em sua concepção, está bem próximo.

Para isso, o padre jesuíta faz um levantamento de terras das quais os outros impérios conheciam, ou tinham sobre seus domínios. Procede desta maneira para poder exaltar as, mais ou menos recentes, descobertas de novas terras por Portugal, e relembrar a promessa de Jesus Cristo ao primeiro rei de Portugal, na qual esta seria a nação que guiaria o mundo para a formação de um reino único cristão.

> O mundo que conhecèraõ os antigos fe dividia em três partes, África, Europa, Afia: depois que fe defcobriu a América, accrefcentoulhe a noffa idade efta quarta parte, efpera-fe agora a quinta, que he aquella terra incógnita, mas já reconhecida, que chamamos Auftral[50].

---

49. Alfredo Bosi citando a apresentação de José Van Den Besselaar da obra *Livro Anteprimeiro*, Lisboa, Biblioteca Nacional, 1983, que apresenta textos do Pe. Antônio Vieira, op. cit., p. 22.
50. Pe. A. Vieyra, op. cit., p.32.

Ora, o mundo do presente, no qual vivia Vieira, era o mundo pós-descobrimentos, o mundo da Terra redonda, das terras alargadas. Além disso, Vieira chama a atenção para o fato de os outros impérios terem se autodenominados impérios, enquanto que o Quinto e último, o que estaria prestes a se concretizar, era legitimado por Deus em ancestrais profecias judaico-cristãs, e por utopias lidas e traduzidas por Vieira. E ele afirma que é disso que irá tratar da seguinte forma:

> Efte foi i mundo paffado, & efte he o mundo prefente, & efte fera o mundo futuro: & deftes três mundos fé formará (que affim o formou Deos) hum mundo inteyro. Efte é o fugeyto da noffa hifotria, & efte o Império que promettemos do mundo. Tudo o que abraçar o mar, tudo o que alumia o Sol, fera fugeyto a efte quinto Império; não por nome, ou titulo fantaftico, como todos o que atègora fe chamarão Impe´rios do mundo; fenaõ por domínio, & fugeyçaõ verdadeyra. Todos os reynos fe unirão, todas as cabeças obedecerião a huma fuprema cabeça, todas as coroas se rematarão em huma fó diadema, & efta fera a peanha da Cruz de Chrifto[51].

O livro do Pe. Antônio Vieira configura-se numa utopia individual pela sua vontade de ser profeta compartilhada com a coletividade. Sua transcrição, tradução, atualização de vários textos passados, forma uma nova utopia construída no presente com vistas para o futuro. Toda tradução que ele faz sobre o passado é perpassada por seu desejo pessoal de ainda ver as coisas futuras, e por um desejo vaidoso, do qual são edificados argumentos em função da sua necessidade de comprovar sua autenticidade como profeta, ainda que mascarada numa predicação que ele veste em si mesmo; ele quer ser chamado de historiador do futuro

Mas o padre jesuíta também sabe sobre o desejo coletivo da sua nação, e é capaz de desenvolver um enunciado que capta estes desejos inspirado em tradições ancestrais. Deste modo, ele trabalha o vir-a-ser próximo. Sua *História do Futuro* é construída em uma vontade direcionada a este vir-a-ser. Ele trabalha com fatos históricos do presente relacionados a tópicos encontrados em outras profecias e que se "realizaram", na interpretação do novo profeta, para comprovar a legitimidade de uma história prestes a acontecer, a se concretizar. Bosi dá uma boa explicação de como se daria este mecanismo de atualização do material pro-

---

51. Idem, ibidem, pp. 32-33.

fético ao longo dos anos: "Figuras já enunciadas em qualquer tempo estão ainda hoje afetadas de potencialidades de leitura. A imagem profética é uma palavra que sobrevive". E ele nos entrega com clareza um detalhe que pode ser fundamental para o profeta na realização do seu enunciado: "novos acontecimentos podem descobrir uma verdade que o passado encobria"[52].

Por fim, temos uma obra utópica por ser uma história do futuro, e profética por tratar de uma memória do futuro. E neste sentido, tanto o futuro como o passado são localizações temporais impalpáveis no presente, no que diz respeito ao que aconteceu e ao que acontecerá. Apesar de tentarmos representar imagens, coisas, sons, perfumes que já tivemos contato ou ainda teremos, não conseguimos colocá-los em territórios bem demarcados. Em nosso exercício memorialístico nunca captamos a "realidade" física e palpável das coisas, de modo que passado e futuro constituem-se em não lugares dentro do tempo de um espaço presente.

Poderíamos imaginar um egocentrismo infinito neste padre jesuíta. Porém, ele deu provas de sua honestidade sobre o seu próprio pensamento. Seus escritos custaram sua presença diante da Santa Inquisição, e posterior condenação. No entanto, foi grande defensor da autenticidade de Bandarra, como profeta, e das suas *Trovas*, que sedimentaram a construção da sua obra *História do Futuro* e das suas crenças. Também acreditou sempre que Dom João IV era o rei Encoberto difundido por Bandarra em suas profecias. Nunca deixou de defender suas convicções a respeito do futuro do mundo. Utilizou-se novamente da sua grande verve retórica, em defesa própria e em defesa do que acreditava, diante da Igreja que acabou condenando-o por suas idéias que confrontava a ordem estabelecida.

Provavelmente esta *História do Futuro* se coloca como grande texto amalgamado e entretecido a diversas outras utopias. Sua construção é repleta de uma inteligência arguta ao máximo, entendedora do papel do profeta e da profecia, sensível, ao mesmo tempo, com o que se lhe apresenta de novidade extraordinária pelas ainda Novas Terras. O material tratado nesta obra irá ressonar, desta maneira, em concepções escatológicas da religio-

---

52. A. Bosi, op. cit., p. 22.

sidade popular e em movimentos populares rebeldes no Brasil. O próximo capítulo, que tem o intuito de continuar uma cartografia do fenômeno cultural chamado sebastianismo, no Brasil, certamente irá detectar, de modo natural, a aproximação das concepções escatológicas constantes na obra de Vieira, em territórios onde o fenômeno cultural se faz presente.

Capítulo III

Cartografias Brasileiras

I. Introdução: a que se refere este capítulo e como

Todo este capítulo está baseado em uma pesquisa de campo que buscou a verificação de manifestações do mito do rei Sebastião em território brasileiro. Três Estados foram percorridos no período de 27 de dezembro de 2001 a 12 de fevereiro de 2002, no intuito de obter contato com pesquisadores de diversas universidades nas áreas de antropologia, sociologia, literatura. Ao mesmo tempo, estivemos empenhados em captar relatos de narradores dos mais diversos segmentos da população do sertão nordestino, urbana, litorânea: foram ouvidos, a respeito da presença mítica do rei português no Brasil, pescadores, representantes das religiões afro brasileiras e festeiros.

Este capítulo pretende ser uma descrição da viagem, observando etnograficamente os espaços percorridos, a inserção cultural da figura mítica do rei Sebastião – no complexo narrativo, geográfico, paisagístico e social das diversas regiões percorridas – e as primeiras impressões aventadas pelo objeto ao pesquisador. Estaremos tratando, então, da própria cartografia em seu estado processual.

Quanto ao material utilizado para registrar relatos, paisagens e ambientes, queremos destacar que estivemos munidos de uma câmara fotográfica, de um gravador e de uma caderneta de campo. Nove fitas de sessenta minutos registraram relatos e doutrinas[1] a respeito do rei Sebastião. Dez filmes de 36 poses procuraram dar uma noção dos ambientes e das paisagens nas quais estivemos presentes, além de retratarem a imagem dos personagens envolvidos no percurso da pesquisa.

II. A partida e a viagem: uma como completude de uma etapa, outra como o entre, como incapacidade de apreensão

Dia vinte e sete de dezembro de 2001, às 16:30 horas saía, da rodoviária Tietê, em São Paulo, o ônibus da viação Itapemirim rumo a São Luiz do Maranhão. Era o fim de duas semanas – mais precisamente sabemos que se tratava do fim de anos – de completa angústia, pela espera em direção ao desconhecido, mas desejado; em direção ao impalpável, mas imaginado; ao esperado, mas improvável. Era a data e a hora do *não-ser* pesquisador dar vazão ao seu desejo, ao seu *querer-ser* pesquisador.

A própria estrada gigântea propunha a mim um território imensurável que inquieta e acalma ao mesmo tempo. Inquieta por desfazer todas as referências, por tudo ficar em suspenso, e nada se mostrar como forma acabada; acalma pelos mesmos motivos: pela liberdade da destruição das distâncias, pelo sentimento de estar em trânsito, estar no entre, onde a novidade se faz, inesperadamente. A estrada, nesta pesquisa, concretizou as sensações e os sentimentos simbolizados pelo mar em diversas culturas do mundo:

Símbolo da dinâmica da vida. Tudo sai do mar e tudo retorna a ele: lugar dos nascimentos, das transformações e dos renascimentos. Águas em movimento, o mar simboliza um estado transitório entre as possibilidades ainda informes

---

1. Mais chamadas, em terreiros de Umbanda e Candomblé, de "ponto". Na verdade são canções recebidas por babalaôs ou filhos-de-santo dos encantados que visitam os terreiros de Tambor de Mina. As doutrinas podem ser recebidas tanto no momento da incorporação quanto no ato de se relembrar das mesmas.

as realidades configuradas, uma situação de ambivalência, que é a de incerteza, de dúvida, de indecisão, e que pode se concluir bem ou mal[2].

Parece que pela primeira vez eu podia sentir as potências nômades, naturais do ser humano, entrarem em movimento. Talvez a busca desta pesquisa, a tentativa de cartografar um fenômeno da culura, não seja apenas a dos caminhos trilhados pelas narrativas orais, pela religiosidade popular, por movimentos messiânicos que envolvam o mítico rei Sebastião. Talvez esta pesquisa esteja plasmando a vontade de um mundo, diferente da repetição cotidiana – de certa maneira imposta – que leva à inércia, ao aprisionamento em uma "realidade" desencantada[3]. Talvez aqui esteja a essência do próprio objeto da pesquisa, e provavelmente foram esses os motivos da escolha feita pelo pesquisador.

O objeto já se mostra na minha chegada: apresentação de alguns traços da sua maneira de ser

A chegada a São Luís do Maranhão ocorreu às 19:30 horas do dia 29 de dezembro de 2001. Apesar do cansaço, uma disposição nova se impunha graças aos ares, às cores, às gentes nunca antes sentidas. E logo aconteceu o primeiro encontro do objeto com o pesquisador. Uma reestréia da peça *Viva El rei Dom Sebastião*, escrita e dirigida pelo dramaturgo Tácito Borralho, estava para acontecer às 21 horas no Teatro João do Valle, localizado no centro histórico de São Luís. As primeiras impressões me chegam de chofre. A peça, com seu "não-desfecho", dá as primeiras pistas dos mecanismos que nos propomos a investigar; os mecanismos de permanência e atualização do mito sebástico.

A peça trata de três instâncias que envolvem a busca e a presença do rei Sebastião no dia-a-dia dos que nele crêem. Baseia-se em narrativas colhidas no litoral maranhense e em ritos de incorporação, no Tambor de Mina. O drama chega ao seu "não-desfecho" com o encontro entre o pai de santo João Firmino

---

2. J. Chevalier e A. Gheerbrant, *Dicionário de Símbolos*, Verbete "Mar".
3. Sobre as questões do encantamento e desencantamento do mundo. cf. M. Weber, Col. *Os Pensadores*. E cf. D. T. Monteiro, *Os Errantes do Novo Século*.

e o rei Sebastião, encantado em um Touro negro, esperando seu desencantamento (Esta é uma das lendas mais conhecidas em todo o Maranhão, e envolve traços messiânicos e utópicos. Ela revela uma vontade de inversão do presente, mas não a compreensão dele; a inversão em si é um mistério, e não permite julgamentos da ordem do bom ou do mau). Para que se dê o desencanto é necessário que o pai de santo enterre uma espada virgem, ou seja, sem uso, em uma estrela de prata que brilha na testa do Touro encantado. A cena nos leva a uma atmosfera mágica, e termina sem um desfecho concreto, abrindo para o espectador um mundo de possibilidades. O rei Sebastião parece não ser desencantado, pois a testa do Touro negro não foi ferida, mas fica no ar, durante a encenação, quanto ao que ocorre com o pai de santo João Firmino. Num jogo de sombras o enfrentamento sutilmente parece ser levado a cabo, mas tudo fica em suspenso, pronto para permanecer e ser atualizado em outra narrativa qualquer. Apesar de estar representado em um drama, que se faz uma narrativa ficcional por ter uma construção dramatúrgica, por trazer aparatos cenográficos, por estabelecer o envolvimento de atores que encenam algo, o fenômeno cultural sebastianista impõe-se com sua vocação para o inacabado, que não pode ter desfecho; e talvez por este motivo permaneça e se atualize, de maneiras peculiares, como se verá no decorrer deste livro.

Essa maneira de tratar o mito levou – pelo menos nas vezes em que assisti à peça – o público a um estranhamento. Claramente, o público presente nas apresentações era composto por pessoas acostumadas às narrativas lineares das novelas de televisão. Não houve aplausos ao apagar das luzes, nem vaias. Ninguém sabia o que estava acontecendo. Algo no ar dizia que existia ali um incômodo, pois esperava-se um encerramento, no qual tudo toma ordem, e se encaminha para uma conclusão aceitável, certa, um final reconfortante. A espera por uma obra acabada, por um significado imbuído de completude, é frustrada pela própria natureza do mito, que não permite um acabamento acolhedor dos sentidos. Somente depois de alguns minutos de silêncio total é que a platéia rompe em aplausos.

De uma purificação permissora da continuidade da pesquisa e suas implicações

O primeiro contato "direto" com o encantado rei Sebastião aconteceu no dia dois de janeiro de 2002. Fui levado por meu amigo Tácito Borralho ao bairro da Mayoba, em São Luís. Lá estivemos com dona Luzia Costa, uma senhora de sessenta anos, freqüentadora dos Tambores de Mina e caixeira da Festa do Divino. Dona Luzia é também filha-de-santo, encarregada de fazer obrigações, e tem permissão para incorporar o rei Sebastião. Ao lado de sua casa, localizada na beira de uma estrada que leva ao município de Raposa, dona Luzia construiu uma casinha de cerca de cem metros quadrados. Lá mantém um altar, para homenagear – e agradecer – o rei, pelos seus sucessos na vida, e para realizar suas obrigações de filha-de-santo.

Pretendíamos, nessa visita, saber como se dava a manifestação do rei em um Tambor de Mina, ou na linha de cura, mais próximo da pajelança. Buscávamos referências sobre a imagem do rei Sebastião: Tácito e eu nunca havíamos visto uma representação icônica do Rei, na concepção da religiosidade popular. Queríamos também conhecer alguma narrativa a respeito do nosso objeto, e alguma doutrina relacionada a ele.

Sobre a primeira questão nossa interlocutora não pôde responder. A incorporação do encantado deixa-a como que inconsciente, alheia ao que se passa no momento. A respeito da imagem do rei, ela nos confirmou o que já tínhamos observado: a imagem de São Sebastião, o santo guerreiro e católico que aparece amarrado a uma árvore, e cheio de orifícios pelo corpo provocados por flechas, é a que se presta a ser a representação da figura do rei Sebastião em toda a religiosidade na qual este rei tem presença mítica. Quanto às narrativas e doutrinas, dona Luzia nos apresentou uma doutrina belíssima, da linha de cura (e imagino que é muito rara, pois Tácito, freqüentador assíduo de Tambores de Mina, nunca havia escutado), que traz importante simbologia medieval em sua letra:

> Eu trago a estrela na testa
> Eu trago a espada no chão
> Eu trago meu nome escrito
> É del rei dom Sebastião

Dona Luzia explica esta doutrina da seguinte forma: "Isso aí é no cabo da espada dele... que tem as iniciais dele. Sempre ele foi que me disseram que o nome escrito como ele dizia, era no cabo da espada dele. As iniciais". A espada, como objeto sagrado e afetivo, recebe um poder cultural da mais alta importância na Idade Média, e mostra enorme potência de permanência em narrativas e representações populares relacionadas a heróis e personagens marcantes do complexo imaginário popular. Já nos chama a atenção Jerusa Pires Ferreira, em sua obra *Cavalaria em Cordel: o Passo das Águas Mortas*, para a forte recorrência da espada, e para a simbologia da mesma, em narrativas da literatura de cordel que trazem releituras de um conteúdo medieval[4].

E Jerusa nos auxilia, ainda, na compreensão da importância da inscrição das iniciais do nome do rei Sebastião no cabo de sua espada:

> Nos limites do processo ritual, um passo a confirmar o prestígio e transcendência do utensílio heroizado, em várias dimensões é o da transferência anímica e da pessoalização que se exercita sobre o objeto, a nominação que trabalha por sobre a espada, objeto principal do combate[5].

Depois de entoar doutrina carregada de elementos tão fortes, Dona Luzia sentiu seu corpo irradiado pela presença do encantado e pediu que a acompanhássemos, com algumas velas, até o altar feito para o rei, numa pequena edícula localizada ao lado da sua casa.

Sentamos em duas pequenas cadeiras, no fundo do salão da casinha, enquanto dona Luzia se concentrava, em frente ao altar e de costas para nós. Depois de alguns minutos seu corpo iniciou um vai-e-vem ritmado, e foi passando a convulsões acompanhadas de gemidos, ofego e choro; em seguida seu corpo permaneceu estático por alguns instantes. De repente começou a entoar uma das doutrinas mais famosas e emblemáticas referente ao que acontecerá com Dom Sebastião e com as terras maranhenses quando houver seu desencantamento e do seu reino. Dona Luzia

---

4. Cf. citação de Jerusa Pires Ferreira relativa à simbologia da espada na Idade Média e em outras épocas que a retomam, ver supra, 63.
5. J. P. Ferreira, op. cit., p. 99.

já está incorporada quando canta esta doutrina. O rei Sebastião confirma assim sua presença, incorporado em seu cavalo[6]:

> Eh, eh, eh! Rei Sebastião
> Eh, eh, eh! Rei Sebastião
> Quem desencantar Lençóis
> Vem abaixo o Maranhão

A médium vira-se e vem ao nosso encontro num andar cambaleante e lento. Seus olhos apresentam-se semi-cerrados, as pálpebras paralisadas (e assim ficaram durante todo o tempo da incorporação). As mãos se agitavam, num movimento semelhante à maneira como são tocados os maracás, pelos pajés. Estávamos diante – não sem uma falta de ar incomodativa e um certo receio – do rei encantado Dom Sebastião, que naquele momento atuava em uma linha de cura.

Logo o encantado mostrou por que nos deu a oportunidade de encontrá-lo. Seu intuito era conversar conosco acerca da minha viagem à ilha dos Lençóis, sua morada primitiva como encantado em terras maranhenses. Estávamos diante do condutor da cartografia que pretendíamos construir, e prestes a receber sua autorização para concretizar meu projeto, prontos para obter pistas das tramas que compõem a presença da figura do rei Sebastião na religiosidade popular do Maranhão.

Dona Luzia, incorporada, sentou-se conosco em uma cadeira próxima. O encantado rei Sebastião iniciou sua fala:

> Dom Sebastião Encantado (dirigindo-se a mim): Você não é só. Você pertence a gente, sabe? Mas sobre o que você vem atrás de querer saber, não está conosco, está no mar. Está nas Índias. (Eis uma voz que se coloca como presença das tramas que envolvem a figura mítica do rei Sebastião. A expressão aqui empregada, "Está nas Índias...", indica uma provável linha de transmissão dos primeiros navegantes que aportaram nas costas brasileiras.)

---

6. Cavalo é um termo comum para designar o filho de santo que recebe, incorpora o encantado. Seu corpo torna-se instrumento que possibilita um contato mais direto entre o encantado e as pessoas que necessitam de alguma cura, ou de conselhos sobre questões particulares.

Pesquisador: Nas Índias do Brasil?
D.S.E.: Sim. (Ele entoa nova doutrina.)   Ele é rei Sebastião
   É na guma geral
   Ele é pai de terreiro
   É da mina real
D.S.E (continuando).: Você não vai só. Você tem que ir comigo ou com alguém que conheça.
P.: O senhor vai comigo?
D.S.E.: Posso lhe acompanhar.
P.: Então eu peço sua ajuda. Quando eu posso ir?
D.S.E.: Pra você ir, pra eu ir com você, é preciso que você não vá só em pessoa, e que alguém o acompanhe. É um risco muito grande. Lá você receberá tudo o que é seu, pra poder... Mas é um risco muito grande.
P.: Mas eu devo ir?
D.S.E.: Que deve, deve! Mas se você resiste eu não sei. Se você for acompanhado, você pode ir.

Depois de confirmar minha real vontade de ir à ilha dos Lençóis, o encantado formulou uma receita para um banho de limpeza do meu corpo material, e me revelou uma preparação espiritual.

O banho de purificação:
– Fava de jucá;
– Alecrim verde;
– Batata de junco;
– Essência de alfazema;
– Banho de São Jorge;
– Banho de Força;
– Água de rosa;
– Banho chega-te a mim.

Todos estes ingredientes, envolvendo ervas utilizadas pela linha de cura e banhos encontrados em casas de Umbanda e Candomblé, deveriam ser misturados e preparados por um descanso dos produtos em dois litros separados: um pertencia a mim e outro ao meu guia de viagem. Deveríamos tomar o banho três dias antes da partida. As ervas e raízes, depois do banho, tinham que ser secadas e colocadas no fogo, para uma defumação do corpo. Só desta forma estaríamos purificados e protegidos dos riscos alertados pelo encantado.

O ritual para a proteção da viagem:

- Era necessário que eu assistisse a doze missas;
- Em cada missa, na hora em que o padre levanta a hóstia e faz sua consagração, também eu tinha que levantar e erguer a mão, com um vidrinho de Bálsamo Santo. Esse gesto precisava ser seguido em todas as missas, pois depois o Bálsamo Santo deveria ser passado em meu corpo, para minha proteção;
- Um rosário de contas verdes e brancas (cores com as quais dona Luzia recebe o rei Sebastião) deveria ser fabricado e cruzado em um Tambor de Mina. Este só poderia ser utilizado por mim após eu chegar na Ilha dos Lençóis, onde eu deveria chamá-lo da seguinte forma, logo ao chegar na ilha: "Vinde a mim Dom Sebastião".

Essa invocação e o rosário garantiriam o sucesso da viagem e dos meus objetivos. Também teriam como intuito me colocar diante da comunidade, como alguém que estava tentando entrar em contato com os mistérios do encantado rei Sebastião, dono daquela ilha e dos subterrâneos daqueles mares maranhenses.

Tendo também a acreditar que uma espécie de iniciação estava sendo proposta a mim com o objetivo de me integrar ao mundo no qual eu estava prestes a ser introduzido. Assumindo um papel de etnógrafo diante dos fatos, seguimos a sugestão de François Laplantine que diz: "O etnógrafo é aquele que deve ser capaz de viver nele mesmo a tendência principal da cultura que estuda. Se, por exemplo, a sociedade tem preocupações religiosas, ele próprio deve rezar com seus hóspedes"[7]. Roger Bastide também compreendia assim a prática do etnógrafo: "Para compreender o candomblé, foi-me preciso mudar completamente minhas categorias lógicas"[8]. Procurei, pois, cumprir todo o ritual receitado pelo encantado.

Não investiguei ainda, e talvez esses detalhes fujam ao objetivo desta pesquisa, quais as propriedades de cada erva, raiz e banho receitados. Nem fiz uma investigação aprofundada a respeito do ritual das doze missas, proposto pelo encantado. Porém, uma hipótese interessante parece começar a receber alguma comprovação. Parece que estamos diante de um fenômeno cultural

---

7. F. Laplantine, *Aprender Antropologia*, p. 150.
8. Roger Bastide apud F. Laplantine, op. cit., p. 150.

que traz fortes componentes do mecanismo de miscigenação apontados por vários estudiosos sobre questões culturais, políticas, sociais e religiosas da América Latina, e com muita propriedade, ao meu ver, por José Lezama Lima em seu livro *A Expressão Americana*.

Retornando à entrevista com o encantado rei Sebastião, uma questão sua deixou-me paralisado, e com uma sensação de incômodo. Apesar de já estar em contato com o objeto dos meus estudos, uma dúvida enorme me atingiu, quando um pequeno diálogo foi instalado no meio da nossa entrevista. Eis o impasse, causado por uma simples questão:

> Dom Sebastião Encantado.: Você queria de encontrar com quem está sumido?
> Pesquisador (depois de alguns segundos).: Sim...
> D.S.E.: Só?
> Pesquisador (mais muitos segundos de silêncio).: Eu queria saber mais sobre isso.

Percebi que eu não conhecia aquela linguagem, que envolvia todo um mundo de crenças com o qual eu só tivera um contato de gabinete. Não podia compreender ainda como devia abordar aquele mundo, tratar dos assuntos, tão bem objetivados antes da viagem para a pesquisa de campo, mas que se faziam tão obscuros diante do próprio "objeto" presente com tanta intensidade naquele momento.

Da ida à ilha dos Lençóis: obstáculos e resultados iniciais

A viagem para a ilha dos Lençóis ficou marcada para o dia onze de janeiro. Neste ínterim mantive contato com Mundicarmo Ferretti, coordenadora de pesquisas sobre religião e sociedade, na Universidade Estadual do Maranhão. Mundicarmo nos apresentou um roteiro das Casas de Tambor de Mina que saudariam o rei Sebastião nos dias 20 e 21 de janeiro, quando ocorrem as festividades em homenagem e louvor a São Sebastião. Tal roteiro, eu o faria quando da volta da ilha dos Lençóis. Além disso, a pesquisadora indicou uma literatura imprescindível, relacionada ao meu tema. Fiz um levantamento bibliográfico no Centro de

Cultura Popular do Maranhão e na biblioteca do SESC, onde encontrei outros títulos, presentes na bibliografia deste trabalho.

Chegado o dia da viagem, meu guia Paulo – um rapaz de 19 anos, ajudante geral do Teatro João do Vale, e nascido na ilha do Bate Vento, perto da ilha dos Lençóis – e eu tomamos o ônibus da uma e trinta da madrugada, rumo a nossa primeira parada antes de chegar ao nosso destino. Uma chuva torrencial despencava em todo o Estado do Maranhão, naquele dia. Enfrentávamos o que o maranhense chama de inverno da região Norte: muito calor e fortes tempestades a qualquer hora do dia.

Ainda de madrugada atravessamos a balsa que liga São Luiz a uma estrada que leva a Cururupu, cidade interiorana afastada aproximadamente trezentos quilômetros da capital maranhense. Chegando a Cururupu tínhamos que tomar outro ônibus para Apicum-Açú. Mais 180 quilômetros deveriam ser percorridos antes de enfrentarmos o mar. A precária condição das estradas de terra nos obrigou a parar em Bacuri, pequena cidade da qual tínhamos que continuar a viagem na boléia de caminhão, pois os barrancos das estradas estavam prontos para desabar, por causa das chuvas. Os riscos eram tantos que quase nos fizeram desistir da viagem. De fato o acesso à ilha dos Lençóis não é tão fácil, como eu esperava. Lembrei várias vezes das palavras do encantado, sobre as dificuldades que enfrentaríamos e sobre a necessidade de termos sua proteção para entrarmos em seus domínios. Todos os povoados que ficam na beira das estradas por onde passamos têm enormes complicações para transportar mantimentos, e problemas de deslocamento dos seus doentes. O caminhão ia abarrotado de pessoas, e de víveres de toda espécie.

Finalmente chegamos, às 11:30 horas do dia 12 de janeiro, em Apicum-Açú. Logo procuramos um barco para chegar à ilha. Nenhum deles iria para lá nos próximos dias, a não ser um pequeno barco pesqueiro, de propriedade de um senhor chamado Mauro. Só conseguimos o barco porque meu guia Paulo conhecia um dos tripulantes, o pescador e dono de um bar da ilha dos Lençóis, chamado Nadico. O barco sairia às cinco da manhã do dia 13. Conseguimos uma pousada em frente ao porto e observamos o movimento dos aproximadamente mil habitantes de Apicum-Açú; na sua maioria, pescadores e comerciantes.

A cidade cresceu muito com a construção de uma fábrica de gelo. Antes os pescadores tinham que ir até Cururupu para abastecer seus barcos de gelo, necessário à conservação dos peixes. Apicum-Açú tornou-se um porto de grande importância para a região, no que diz respeito ao abastecimento de peixes. Pudemos ver até mesmo caminhões de São Paulo transportando o peixe da região. Mesmo assim os moradores sofrem com a falta de saneamento básico, educação, saúde e infra-estrutura em diversos setores. Recebemos a informação de que a fábrica de gelo foi uma boa iniciativa, apesar de estar nas mãos de pessoas interessadas na política local, e na especulação lucrativa.

Perguntados se eu encontraria alguém para me falar a respeito do rei Sebastião, que está encantado na ilha dos Lençóis, alguns moradores deram a entender que seria difícil, outros me indicaram um senhor conhecido como seu Chico, o homem mais velho do povoado, que saberia "contar muito bem as histórias do rei". Passamos a noite em claro, preocupados em não perder o barco e a oportunidade de conhecer a sede do reino encantado de Dom Sebastião. Cinco horas em ponto o barco apitou, chamando a tripulação e os passageiros. Embarcamos, e em poucos minutos zarpamos rumo ao nosso destino.

Navegamos durante quatro horas e meia no barco de pesca, até chegarmos à ilha. Na verdade chegávamos a um arquipélago, mas a ilha dos Lençóis já se mostrava singular, com suas dunas refletindo estouros de luz solar e exibindo uns tímidos tufos da mata costeira. O barco encalhou de propósito nas areias da praia, para podermos descer. Ali mesmo ele ficou, totalmente no seco, esperando a maré encher, mais tarde, para poder desencalhar. Este procedimento foi espetacular para minha visão demasiado urbana. Outros barcos, inclinados, em completo contato com a areia, davam a impressão de serem navios fantasmas, chegados por encantamento àquele local.

Logo encontramos a pousada Sissi, de dona Zuca (Naisa Gonçalves), a única em funcionamento naquele povoado de cerca de trezentos habitantes. Tácito Borralho havia indicado a pousada Sissi, pois, além de ser o único local para uma hospedagem tranqüila, sua proprietária, dona Zuca, conhecia vários narradores das histórias de Dom Sebastião.

Durante um dia e meio não tivemos oportunidade de encontrar nenhum narrador. Aproveitamos para conhecer as dunas, onde, segundo a lenda[9], aparece uma vez por ano, no dia de São João, o Touro Negro que é o próprio rei Sebastião encantado, esperando que alguém o desencante para que seu reino emirja enquanto a capital do Maranhão, São Luiz, passe por um processo de submersão[10].

Sensações distintas rapidamente se agrupam de uma só vez ao percorrermos as dunas. Nada de som, tudo igual, nada de gente. Alguns animais aparecem e somem, e só restam pegadas rápidas, e o povoado some, e o mar desaparece por completo, e uma sensação de estarmos em um lugar sem referência nos leva a buscarmos as mesmas depressa, muito depressa. Tais impressões são únicas, acontecendo apenas ao primeiro contato com aquela natureza. Em outras expedições já podemos ter segurança nos caminhos dos areais, aparentemente sem fim.

À tarde, num banco da pousada de frente para a praia, experimentamos o olhar em movimento periscópico acompanhando pequenos e médios barcos de pesca, e catamarãs com velas de cores vivíssimas, quase gritantes, que lentamente se deslocavam em várias direções. Bandos de guarás de penas sanguinolentas atravessavam de uma ilha para outra, imprimindo uma mancha vermelha no céu azul de todo dia, em busca de alimento na vegetação dos mangues.

À noite era só um escuro, e o som da maré subindo, e penetrando embaixo da pousada, e preocupando Dona Zuca que não sabia até que ponto ia a resistência das estruturas do seu edifício. Somente algumas luzes piscavam perto da praia, e, depois de apitos graves, saiam andando entre as ilhas até sumir...

* * *

No dia seguinte tentei explicitar minha presença na região. Comecei a caminhar pelo povoado, para um reconhecimento do território social da ilha. Algumas casas eram feitas de compen-

---

9. Segundo Luís da Câmara Cascudo, "as lendas possuem características de fixação geográfica e pequena deformação" ligando-se "a um local, como processo etiológico de informação, ou à vida de um herói, sendo parte e não todo biográfico ou temático". Verbete "Lenda", em L. C. Cascudo, *Dicionário do Folclore Brasileiro*, 1979.

10. J. Moraes, *O Rei Touro e Outras Lendas Maranhenses*.

Figura 2. Dunas das Ilhas dos Lençóis, no Maranhão.

sado, outras eram palhoças construídas com folhas secas de coqueiro entrelaçadas. Não havia uma demarcação de território bem definida de cada habitação, a não ser em algumas casas que possuíam pequenos muros de tábuas delimitando seus quintais. No mais, o quintal podia ser a própria rua, de modo que as ruas se formavam pelos limites das casas, separadas umas das outras.

Os pescadores teciam suas redes no espaço entre-casas. As pessoas descansavam nesse entre-casas. O trânsito de animais domésticos e das pessoas se fazia nestas entre-casas. Desta forma me senti presente andando nestes espaços, apesar de depois descobrir que eu já tinha existência nos comentários do povoado.

De volta à pousada tive uma informação não muito agradável. Um jornalista de São Paulo, que já estava fazia três dias na ilha, não havia conseguido ali muito com quem falar. Ele me explicou que a maioria dos narradores queria cobrar pelos relatos. Os nativos da região foram visitados por muitas mídias, que folclorizaram suas experiências e vivências, no intuito de explorar o exótico. Os albinos (há alguns anos a ilha possuía enorme concentração de albinos, o que acarretou diversas pesquisas científicas, não muito cuidadosas, e uma enorme folclorização, relacionando eles a uma mitificação fabricada)[11] mostravam-se desconfiados diante de tantos interesses desencontrados. Os detentores da memória do imaginário local resolveram calar, em protesto à exploração, ou cobrar, para não se sentirem tão explorados e usados. Minha estratégia de abordagem começou a se construir a partir desse fato.

Na tarde do dia 15 de janeiro consegui, com ajuda de dona Zuca, os primeiros contatos. Estive naquele dia com o cobrador de óleo dos geradores de energia do povoado, Simião Machimeno Torres, de 54 anos; com Francisco Rabelo (seu Chico), pescador de 77 anos – o mais antigo residente da ilha –, Raimundo Rabelo (vulgo Piedade), pescador e irmão de seu Chico; Hernandes Silva (apelidado de Trim), pescador albino de 31 anos filho de seu Piedade; e Telma Maria Silva, albina de 33 anos filha do rei Sebastião no Tambor de Mina e carregadora de lata de água – para abastecer as casas do povoado.

---

11. J. S. Fernandes et alii, "Suplemento Cultural Vagalume", em *Diário Oficial*, São Luís, Jan./Fev. 1989.

Todas as abordagens pretendidas por mim tiveram que passar por um questionário prévio, elaborado na hora por aqueles que me recebiam. Fui convidado a contar minha história, explicar as intenções da pesquisa, colocar minha condição de interessado nas narrativas relacionadas ao rei Sebastião. Enfim, estava passando por uma prova de convencimento, para ganhar a confiança daquela gente. Ao explicar minhas intenções, deixei claro que eu não poderia pagar pelas conversas que tínhamos; meus propósitos eram bem diferentes dos planos de outros entrevistadores. Procurei, no decorrer de cada entrevista, intervir o mínimo possível nas colocações que eles faziam durante os relatos. Minha idéia era não interromper o ritmo natural do narrador, e permitir o desenrolar do fluxo narrativo, sem interferências.

O resultado da pesquisa de campo mostrou-se revelador de dois grupos distintos de narrativas. Em um primeiro tipo percebemos que o narrador se esforça para mostrar que viveu a situação, esteve em contato com o objeto narrado e até fez parte da experiência. Sua narração contém índices marcadores que pretendem legitimar todo o enunciado. A qualquer momento do enunciado podemos ser surpreendidos com a frase "Isso eu vi...", ou algo semelhante. Esta expressão enfatiza, dá força para o que foi narrado, e não permite nenhuma intervenção descrente a respeito do relato.

Um dos narradores com que tive maior dificuldade de conseguir uma entrevista, seu Chico, teve contato pela primeira vez com o rei Sebastião através de um estado de sonolência, um espaço entre a vigília e o sono. Assim ele narra a visita que fez ao palácio do rei encantado, como um caso pessoal que não deve se repetir no relato de outros narradores. Talvez imagens descritas por seu Chico possam vir a compor o cenário de narrações mais estruturadas, as quais chamarei de lendas. Porém, seu relato em si nunca estará na esfera do lendário por tratar-se de uma experiência pessoal. Eis seu caso:

> Quando foi uma vez uma... Mas isso daí foi por intermédio de sonho, né? Mas é daquele sonho assim que a gente tá quase acordado. Vinha de lá (seu Chico quer dizer que vinha da casa onde morava), vinha de lá numa canoa e quando chegou bem ali atrás do muro (muro seria um paredão composto pelas areias das dunas) que tinha um lugar onde brota água, então eu desembarquei da canoa e fui beber água. E quando eu meti a mão na água, respondia uma voz pra mim. Disse: "Num meta a mão na água aí que a empregada do rei vai lavar". Aí

vou eu respondi pra ela assim: "E quem ta falando pode aparecer porque eu quero ver?" Aí ela disse: "Espere um pouco..." Aí esperei, né? Quando ela veio mais, aí ela apareceu na barreira do poço [...] Uma dona apareceu e disse: "Entre que o rei quer conversar com o senhor". Aí eu não sei de onde vinha e perguntei: "E por onde eu vou?" Ela disse: "Venha por aqui mesmo". Aí eu desci né. E quando eu abaixei pra entrar na barreira do poço, quando não deu pé, o pé pisa no dregrau da janela do palácio. Aí eu entrei né.O palácio dele é assim do tipo dessa casa aqui, mas grande né. E ele tava numa rede, se embalando. Aí ele pega, e manda puxar uma cadeira, perto dele logo na rede dele tinha uma mesa. Aí ele disse, disse pra mim: "Se encontrou a vontade com o desejo. Eu tinha muita vontade de lhe ver, e justamente como você tinha vontade de me ver também". Mas isso talvez já faz uns quarenta e tantos anos. Talvez alguma passagem eu esqueça...

Observamos que todos os elementos da encantaria estão presentes nesse relato. O palácio do rei fica no subterrâneo, num tipo de universo paralelo. Uma espécie de portal entre a barreira de água e a janela do palácio do rei, mostra-se fora da lógica do "real", quebrando noções espaciais e temporais. No espaço do *entre* dos dois mundos não é possível descrição. O corpo entra por um lado, estica-se até alcançar o outro, e, como um estilingue solto depois de esticado, já se coloca por completo do outro lado.

Quanto ao encontro entre encantado e não-encantado, ele só pode existir graças a uma vontade mútua. A concretização do encontro dos dois seres – como acontece no caso do relato do seu Chico – ocorre pela junção de dois desejos; um direcionado do encantado para o vidente, e o outro do vidente para o encantado. Os desejos se completam e permitem o fechamento da narrativa em si mesma. Um novo encontro pode ocorrer em outras condições, em outro cenário, e não segue nenhuma estrutura narrativa fixa.

A descrição do encontro entre seu Chico e o mítico rei Dom Sebastião nos mostra um mecanismo parecido com a proposta de Lévi-Strauss, quando trata da *bricolage* no pensamento "selvagem"[12]. Seu Chico, ao descrever o palácio do rei Sebastião, produz uma aproximação do mito com a terra que o adotou como encantado. O jeito de ser, a maneira de agir do rei no contato com o vidente, a gestualidade do rei, tudo expressa a atualização constante do mito, através de encaixes de séries heterogêneas e, sem que exista a proposta de torná-las homogêneas, mas funcio-

12. C. Lévi-Strauss, *O Pensamento Selvagem*, pp. 37-55.

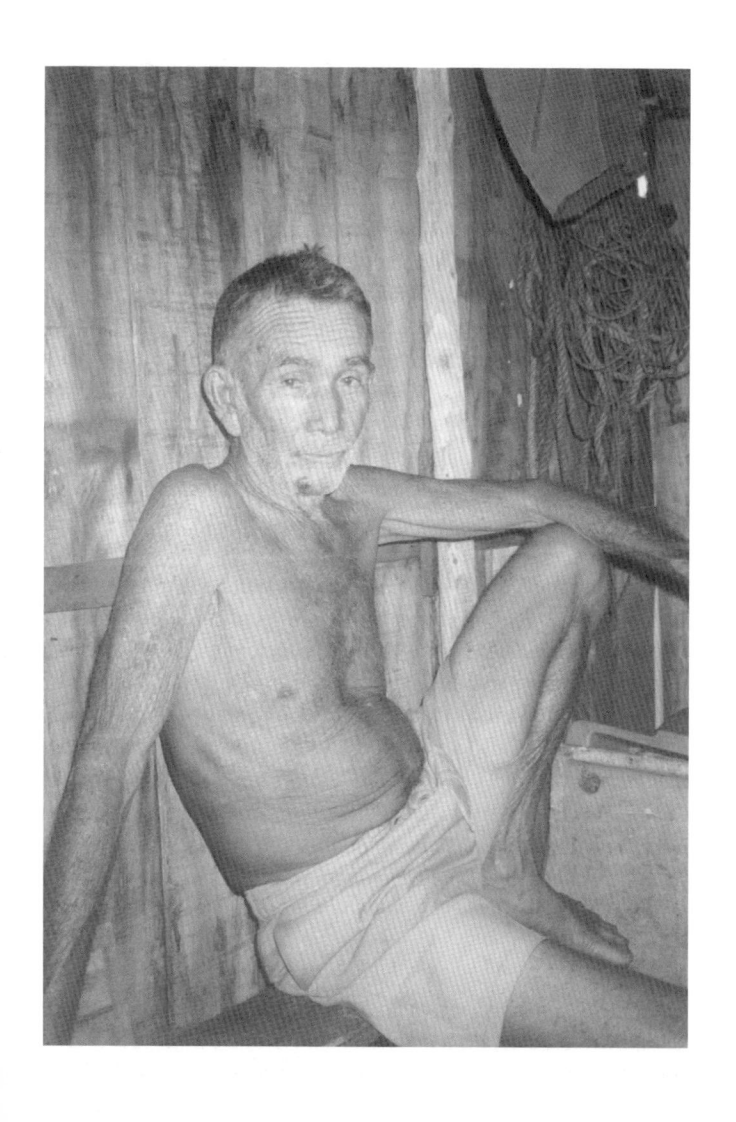

Figura 3. Francisco Rabelo (seu Chico): um dos mais antigos narradores de experiência com o encantado Dom Sebastião.

nais, como sugere a prática da *bricolage*. É talvez nesse processo que se dá a possibilidade da permanência da figura de Dom Sebastião, pelo fato de não haver perda de certos traços que o identificam como tal. Por outro lado, também é possível a atualização do mito por serem aceitas novas séries que se encaixam a cada nova narrativa, corroborando para a permanência, em eterno processo, desse fenômeno cultural.

O palácio, a empregada que cuida da limpeza do mesmo, e membros da Corte que aparecem em outros momentos da narrativa, trazem traços do modo de ser de um nobre como a figura histórica do rei. A rede, o embalar do próprio rei na rede, seu pedido ao visitante para que puxe uma cadeira para se acomodar, esses dados retratam a maneira de viver dos moradores da ilha. A mistura dos traços é que permite uma aproximação do mito com o grupo que o adotou em suas crenças.

Nestes relatos não percebemos traços messiânicos nem utópicos. A vontade que permite o encontro entre encantado e não-encantado não é um desejo coletivo, no qual o fim do encantamento permitiria a inversão do mundo, e no qual o rei Sebastião voltaria a governar o mundo com toda sua glória (crença que também acompanha o mito em outros relatos da região, e que carrega reminiscências do Quinto e último Império sobre a terra, o único império universal, fatores que coincidem com os das profecias sebastianistas elaboradas em Portugal). No caso aqui exposto a vontade é individual e pretende entrar em contato com o mundo encantado, tão disseminado nas lendas a respeito do rei Sebastião.

* * *

Outro tipo de narrativa nos coloca diante de enunciados que se repetem e alcançam longevidade, no tempo e no espaço. Nele, outro tipo de marcador nos propõe um discurso mais voltado ao campo do lendário. Estas narrativas são pontuadas pela frase "Isso eu ouvi dizer...". Muitas vezes o nome de quem contou a história, geralmente uma pessoa mais velha ou mesmo já falecida que ganhou respeito e credibilidade, é evocado para confirmar a veracidade e legitimar o caso narrado. A presença desse tipo de recurso permite verificar a força de uma tradição oral, trabalhando na memória sociocultural e dando continuidade a um universo encantado e paralelo a esses grupos sociais.

Uma das lendas registradas nesta pesquisa já ganhou notoriedade e é constantemente recontada em diversas regiões e de diversas formas. Não seria possível fazer uma análise sobre as traduções e recriações desta lenda no momento. É cabível e interessante, no entanto, apontar um mecanismo na narrativa que permite sua existência e dá fôlego a um projeto da narração de algo realmente acontecido. Tendemos a pensar que estes relatos se querem "reais" e não fictícios.

Seu Simião, ao contar um caso, dá-nos pistas de como foi possível a permanência desta lenda, apesar (ou exatamente por causa delas) das interdições colocadas pelo encantado rei Sebastião. Assim é o seu relato:

> Inclusive ele (seu sogro, Saturnino de Oliveira, que morreu com 114 anos) contou e eu tava perto. Ele mesmo dizia pra mim. É assim... começou, começou assim... ele contando pra mim. Chegou aqui... Antigamente aqui tinha pouquinha casa aqui nos Lençóis. Aí chegou um homem de outro lugar, um lugar chamado Cachoeirinha. Chegou oferecendo farinha aqui na praia, quem queria comprar farinha d'água né. Farinha desse que a gente come aqui. Aí não achou quem comprasse. Aí ele foi e disse assim, pro dono do bar. Disse assim, disse: "Se eu achasse quem comprasse essa farinha toda agora. Eu vendia ela..." Aí quando ele foi fechando a boca aparece um homem; um homem grande, de chapéu de couro ouvindo o que ele contava, montado num cavalo. Aí chegou e disse assim: "Você vende essa farinha?" Ele disse: "Vendo!"; "Quanto você quer?", e ele disse quanto ele queria né. "Eu quero dois cruzados no paneiro. Vendo tudinho". Ele disse: "Eu compro tudo a farinha". Disse: "Onde você leva a farinha?" Ele disse: "Bote toda dentro da água. Jogue toda ela dentro da água". Foi o homem que disse né, que chegou pra comprar a farinha toda. Aí ele falou: "Ta certo!" Aí ele conferiu todos os paneiro de farinha e jogou tudo dentro da água. Aí ele disse assim: "Quem vai buscar o dinheiro com ele?" Aí o dono da farinha, o dono da embarcação disse: "Ele não vai." Aí eram três pessoas; o dono, o marinheiro e o cozinheiro. Na embarcação, destas embarcaçãozinha velha, sempre quem é mais, a gente manda mais é o cozinheiro né. Aí o cozinheiro disse assim : "Eu vou!" Aí ele disse: " Ói, feche o olho e monte aqui na cela do cavalo". Ele fechou e desceu. Quando chegou lá embaixo ele disse: "O que você vê aqui você não conta quando você chegar lá. Não importa a quem você conta, porque o dia em que você contar você morre". Aí ele pagou todinho e disse: "Fecha o olho". Aí ele fechou o olho, aí quando ele subiu quando chegou lá, deixou ele na beira da embarcação. O dono perguntou o que é que ele tinha olhado, ele disse: "Nada!" Aí foi um ano, foi dois anos, foi três anos, foi quatro, aí com dez anos ele conta num lugar chamado Outeiro, chegou e contou lá. E lá é uma brincadeira de, de carnaval de bloco né, uma escola de samba. Aí ele agarrou e contou. Este dito cara que tinha ido receber o dinheiro aqui a mando do que comprou a farinha, que era o rei Sebastião. Aí no dia que ele contou, quando ele terminou de contar ele morreu. Agora ficou a história porque a história ele já tinha contado já.

Pesquisador.: E o que ele viu lá?

O que ele viu lá embaixo foi justamente que ele viu lá embaixo outra cidade muito bonita. Diz que aqui abaixo aqui, tem outra cidade aqui abaixo. Diz que o dia em que desencantar Lençóis, São Luís vai ao fundo e aqui vira a melhor cidade.

Novamente várias séries se cruzam e se encaixam durante a construção de um imaginário que envolve a figura do rei Sebastião. O homem que chega, misteriosamente, "do nada", para comprar a farinha do dono do barco, é um exemplo claro de como o processo de mestiçagem é trabalhado por uma população que vive à margem. A grandeza do misterioso homem não se refere apenas à sua estatura, mas a todas as suas dimensões corporais. Seu Simião, nosso narrador, deixa isso bem claro, ao abrir os braços e os olhos na tentativa de explicar que o homem tinha dimensões fora do comum apresentado pela constituição física dos moradores do povoado. Esta maneira de descrever o homem, e todo mistério que envolve sua aparição repentina, traz dois tipos de qualidades sobre este homem; 1º) apesar de ele não se identificar como tal, percebemos que se tratava de um elemento estranho, ou seja, de um encantado; 2º) colocado como alguém de estatura e dimensões corporais grandes, pressupõe-se que ele seja grande em relação a algo, por exemplo, em relação a estatura normal do povoado de Lençóis. Então este homem é um estrangeiro, e mais tarde será identificado como o rei encantado Sebastião – e sabe muito bem aquela população que ele era português. Esta presença estrangeira contém um forte traço de permanência; permite sabermos tratar-se da presença da figura do rei português, Dom Sebastião, desaparecido nas areias de Alcácer-Quibir. No entanto, o material cultural vindo de Portugal, neste caso, vai sendo trabalhado ao longo do tempo; ocorrem atualizações, recriações em sua forma de expressão e de conteúdo. O rei Sebastião desta narrativa aparece usando, no lugar da sua coroa, um chapéu de couro, que, como se sabe, foi símbolo do "reinado" dos cangaceiros no nordeste brasileiro. É em detalhes deste tipo que podemos observar várias séries heterogêneas se cruzando, criando liga para a tecitura do grande complexo cultural que envolve a presença de traços de sebastianismo no Brasil.

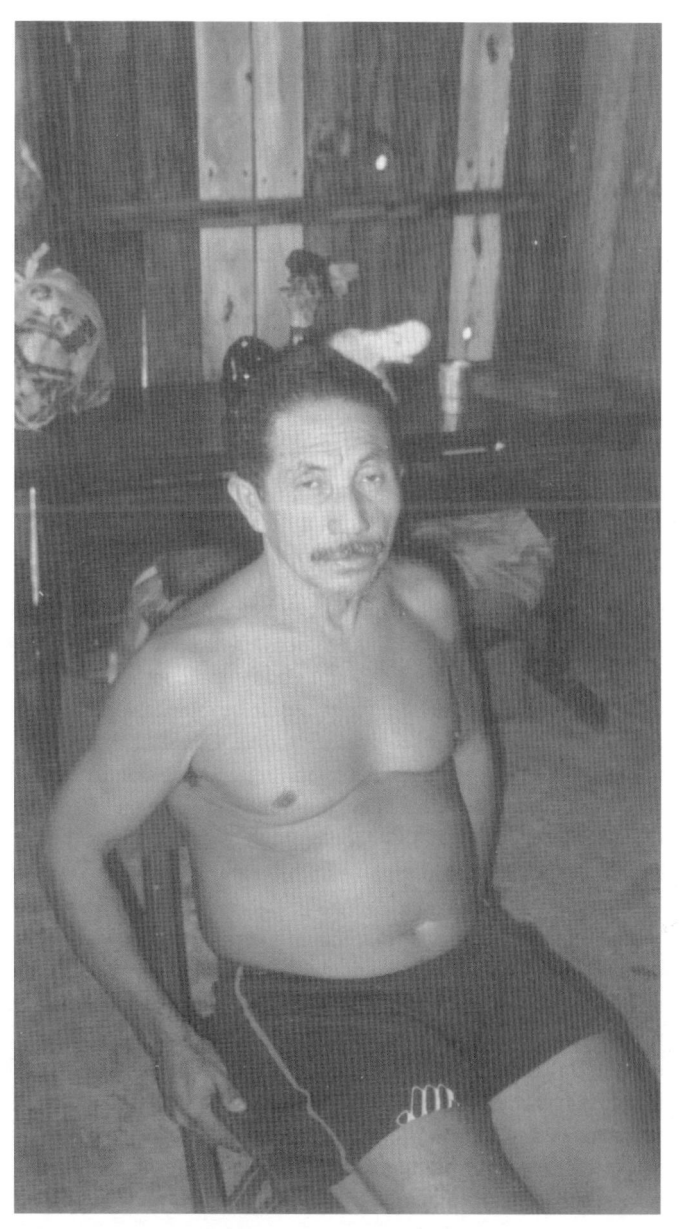

Figura 4. Simião Machimeno Torres. Narrador de "causos" sobre o rei Sebastião.

A longevidade do relato se dá na pequena descrição do povoado da ilha e em marcadores de tempo constantes na narrativa. O marcador "Naquele tempo" nos dá idéia de algo acontecido num passado indefinido; no entanto, o sinal de que havia poucas casas no povoado já traz alguma colocação "concreta" do tempo em que se passa a história.

Ocorrem ainda, no final da narrativa, alusões a uma cidade utópica, que é construída e desenvolvida no subterrâneo de Lençóis. A cidade está encantada, assim como toda a sua população e seu rei. Porém, se aguarda o desencantamento desta cidade, para finalmente Lençóis se colocar como um local conhecido e respeitado, ultrapassando sua referência maior que irá submergir, – São Luís, no caso – da qual Lençóis se sente, no presente, como sombra apenas. Faz-se evidente não um descontentamento melancólico com o presente da comunidade, mas sim uma vontade de superar as limitações impostas pelo momento presente. Talvez estejamos diante de uma "vontade de potência", "vontade de algo mais" que não pode ser satisfeita[13] e acaba gerando um movimento em direção à concretude desta vontade por intermédio de construções utópicas.

As pessoas colocadas na trama da história contada – o dono do barco, comerciante de farinha, e sua tripulação – permitem que a narrativa se mostre como um fato real. Se elas não possuem nome, indica-se uma localidade que se pretende existente no tempo e espaço do plano do nosso narrador, como o lugar chamado Cachoeirinha, de onde elas provêm. A interdição imposta pelo encantado rei Sebastião, e não cumprida pelo cozinheiro da embarcação, torna possível a impressão de "realidade" do fato narrado. Apesar das poucas referências à localização espaço-temporal – como uma sugestiva festa de carnaval – em que o fato teria ganho existência ao ser participado com outras pessoas, a morte do cozinheiro (logo após ter revelado que viu a cidade encantada do rei Sebastião submersa) procura dar lógica à "realidade" proposta na narrativa, ao atestar o cumprimento das conseqüências impostas pelo encantado, caso não se respeitasse seu interdito. Desta forma, ao existir o relato por ter sido contado por seu participante mais ativo dentro da trama, a narrativa causa

---

13. F. Nietzcshe, *Vontade de Potência*.

uma sensação de que o fato ocorreu e ganha assim uma força de permanência dentro do complexo imaginário da população local.

Em decorrência destes detalhes importantíssimos, relativos a uma narrativa que se quer como fato real, poderia surgir a questão da autoria do fato narrado. Mas esta questão não existe como problema a ser discutido pelos narradores. O papel de autor não pode ser reivindicado por nenhum narrador das histórias contadas, que compõem o complexo imaginário da população com a qual tivemos contato. Como já explicitamos, a narrativa só existe porque quem a viveu concretamente conseguiu passar sua experiência a alguém. Esta experiência, por sua vez, ganhou força no imaginário popular. O papel de autor não existe neste tipo de fenômeno cultural. A autoria colocada como um direito de propriedade sobre o texto, como uma localização do "gênio" originário de determinada obra, não faz sentido neste tipo de narrativa e nem se cogita sua existência. Supostamente, o relato surge da boca de quem participou do que foi narrado, e isto não o coloca em posição de autoria, mas sim de provocador da existência de um fato, ao relatar sua experiência a qualquer pessoa ou comunidade.

* * *

No dia 16, às 8:00 horas, estava marcado um encontro – o último, nesta viagem a ilha dos Lençóis – com Telma Maria Silva, uma albina filha do rei Sebastião no Tambor de Mina. Nesse horário me apresentei em sua residência, uma pequena palhoça de dois cômodos, onde ela já me aguardava depois de entregar latas de água em mais de uma dezena de casas do povoado.

Telma convidou-me a dar um passeio pelo outro lado da ilha, onde havia uma enorme praia quase deserta, na qual existia uma parede de areia de uns dez metros de altura. Próximo ao paredão fazia-se presente uma vegetação densa, uma espécie de floresta que vai ao encontro das dunas. Telma diz que aquela vegetação já fora mais extensa, e que ali havia sido a primeira moradia do rei Sebastião encantado. A mudança do rei deveu-se à interferência do homem no meio ambiente daquele local. Em Belém também ouviríamos a mesma história sobre mudanças de espaço da moradia do encantado, relacionadas à presença predatória humana em determinada região. Os encantados mostram-se, nestes relatos, ligados às forças da natureza e, em alguns momentos, protetores da mesma.

E parece que esta relação do encantado com as forças da natureza é que se constituía no motivo do nosso passeio: Telma entoou mais de trinta doutrinas do Tambor de Mina, das quais pelo menos dez tratam do rei Sebastião e de toda sua família encantada. O afastamento do povoado, os fortes ventos que apitavam e mostravam sua potência, em sua vontade de esgarçar nossas roupas e desgrenhar nossos cabelos, como que nos querendo desmembrar, o sol generoso em toda sua exibição esparramada e refletida em todas as coisas, quando não percebemos quase as sombras, o mar repleto de pontos prateados que piscavam incessantemente, as dunas e sua imponência, de alguma forma justificavam a busca de Telma por um local e um estado ideal para seu contato com as forças da encataria.

Foi nessa caminhada que se processou seu contato com os encantados, que, segundo ela, entregavam-lhe as doutrinas através de uma espécie de telepatia. Andávamos alguns metros e logo éramos obrigados a parar para receber as doutrinas. A voz de Telma ganhava uma tessitura mais aguda e esganiçada; no entanto não ocorria a incorporação do encantado pela médium. Como dissemos, mais de trinta doutrinas nos foram apresentadas, e preenchem uma fita cassete inteira, de sessenta minutos. Estava diante de outro campo de linguagem, que permite a transmissão e permanência do mito do rei Sebastião.

Muitas outras narrativas e visões foram registradas na ilha, e merecem ainda uma devida leitura a respeito das suas permanências e atualizações. Escolhemos apenas dois relatos e o procedimento de Telma Maria Silva para entrar em contato com os encantados; eles são uma amostra do material registrado, e apontam alguns mecanismos, que formam um imaginário em processo, que ainda pedem a busca de uma melhor compreensão em seus detalhes e nuanças.

* * *

Na tarde do dia em que me encontrei com Telma, decidimos, Paulo e eu, que partiríamos no dia seguinte. No entanto foi impossível realizar este plano, pela falta de embarcação para nos levar de volta a Apicum-Açú. Os barcos não tiveram muito sucesso na pescaria durante os dias em que estivemos por lá, e ainda existia gelo para a conservação da pouca quantidade de peixes contida nos barcos. Esse estado de coisas não motivava

Figura 5. Telma Maria: Filha de santo detentora de várias doutrinas sobre o rei Sebastião e sua família encantada.

um gasto de combustível com as embarcações, e nem com mão de obra.

Na pousada assistimos a uma chuva torrencial que impediu qualquer atividade na ilha. Vários pescadores aproveitaram o mau tempo para jogar futebol na praia. Fui convidado, mas não aceitei por receio de sofrer alguma contusão impossível de ser sanada imediatamente naquela região. Não existe na ilha nenhum médico, farmacêutico e nem mesmo variedades de medicamentos. Também não conheci nenhum procedimento da sabedoria popular com relação ao tratamento de enfermidades. Os únicos medicamentos que encontrei no povoado eram "Melhoral infantil", "Aspirina" e "Anador", utilizados para gripe ou dor de cabeça. Estes medicamentos são encontrados em uma das duas pequenas mercearias da ilha.

O jogo de dominó e o futebol mostraram-se as duas atividades recreativas mais praticadas pelos moradores. Eram realizados a qualquer hora do dia, dependendo do favorecimento – ou não – das marés para a atividade pesqueira. O tempo de trabalho é vivido conforme a possibilidade que a natureza oferece no dia a dia – e a sabedoria empírica do pescador permite sua ciência a respeito destas possibilidades. Impossibilitado de trabalhar, o pescador tanto pode atender suas necessidades individuais como, por exemplo, fazer reparos nas casas, no casco das embarcações, nas redes etc., quanto exercer atividades mais livres e coletivas.

Até o dia em que estávamos na ilha apenas dois televisores existiam no povoado, sendo que apenas um deles funcionava até depois das dez horas da noite, por ter gerador a óleo para suprir a falta de energia elétrica. Muitos moradores iam assistir à novela *O Clone*, da rede Globo, nesse televisor, de propriedade do seu Nadico. Desta forma, este se constitui em um dos únicos meios de contato existente com imagens de outros lugares. Na ocasião a novela virou assunto do dia, pois as locações filmadas eram estabelecidas na capital São Luís, e em Barreirinhas, cidade turística da região dos Lençóis maranhenses, que também possui dunas.

* * *

Passamos dois dias na ilha, esperando por uma embarcação que nos levasse para Apicum-Açú. Fomos até alvo de brincadeira por parte de alguns moradores que fizeram referência a outra lenda que envolve a ilha. Em tom de chacota, eles afirmavam que estaríamos, às escondidas, levando algo do local, sem a permissão do rei Sebastião. Na verdade essa brincadeira estava relacionada com alguns relatos, também registrados por nós. Muitos informantes afirmaram que qualquer coisa levada da ilha, sem o consentimento do rei Sebastião, impedia a navegação das embarcações que tentavam deixar o arquipélago. Muitos barcos tiveram seus motores travados, ou velas embrulhadas, por causa do desrespeito aos mistérios da ilha.

Finalmente no dia 18 de janeiro, às 5 horas da manhã, íamos ao encontro de uma grande embarcação que necessitava de gelo, e nos esperaria perto de um muro de areia para nos levar ao porto de Apicum-Açú. Saímos na escuridão e fomos andando em paralelo à praia. A natureza nos chamou a atenção mais uma vez antes de deixarmos a ilha. De repente, pisamos em uma areia mais fofa e percebemos que pequenas luzes azuladas e intensas brotavam do chão a cada passo dado. Logicamente algum minério, o qual não tivemos condições de pesquisar, fazia parte da composição daquela areia. No entanto, a raridade do fenômeno despertou em nós a sensação de que deixávamos um ambiente propício a estados de mistério.

Por volta das 5:40 da madrugada embarcamos, sob um céu repleto de constelações impossíveis no espaço urbano. Ás 6:15 horas, deixávamos o arquipélago e entrávamos em alto mar, rumo à cidade de Apicum-Açú para podermos depois retornar a São Luís.

A volta a São Luís e a grande festa de São Sebastião, em Tambores de Mina: o encontro de três em um

As abundantes chuvas do inverno maranhense continuavam a castigar as estradas de terra. Nossa volta foi bastante prejudicada pela precária infra-estrutura rodoviária da região. Os desmoronamentos de terra das beiradas das estradas estreitavam cada vez mais o caminho. As águas das chuvas enganavam o motorista do ônibus por encobrirem imensas crateras e irregularidades do solo. Os pequenos povoados formados na beira das estradas pareciam desertos. Podíamos ver apenas animais domésticos soltos ao redor das poucas casinhas de compensado ou de palha. A viagem até Cururupu ganhou duas horas a mais, por conta das dificuldades de deslocamento. Chegamos lá por volta das dezessete horas, para nosso alívio. O ônibus para São Luís só sairia às quatro da manhã do dia seguinte, para nosso desespero.

Às 11 horas do dia 18 de janeiro chegamos a São Luís. Era necessário colocar os nervos no lugar, para dar continuidade à pesquisa. Mas só o fato de termos chegado ao nosso destino já nos proporcionava algum relaxamento. Por um instante precisei esquecer o percurso anterior, mas só consegui isso ao iniciar um outro. Na verdade, a continuidade da pesquisa, já em outro terreno e em outra "realidade", permitira o centramento que eu buscava novamente.

Durante dois dias preocupei-me em organizar o roteiro de visitas às casas de Tambor de Mina, onde seriam realizados os festejos do dia de São Sebastião. Quatro casas foram colocadas nos planos da pesquisa: a Casa das Minas, a mais antiga do Brasil no que se refere ao Tambor de Mina, a Casa de Nagô, a Casa Fanti-Ashanti e a casa comandada pelo babalaô Jorge Itacy.

* * *

Na manhã do dia 20 fui, acompanhado por Tácito Borralho, à Casa de Nagô fixada nas proximidades do bairro Madre Deus em São Luís. Lá, esperamos por uma procissão composta por músicos que tocavam instrumentos de sopro (metais) e pelas filhas de santo da Casa. A procissão havia saído da igreja de São Pedro, cantando louvores em homenagem a São Sebastião. Uma filha-de-santo encabeçava o grupo; levava nas mãos uma pequena imagem do santo. Chegando a procissão na porta da Casa de Nagô, a chefa da Casa, Dona Lucília Maria de Jesus, de 97 anos, mais conhecida como dona Lúcia[14], recebeu a procissão e a imagem do santo católico, defumando a porta de entrada da casa com um turíbulo. O catolicismo tem passagem livre no terreno de cultos afros. Os gestos de respeito e carinho para com o santo comovem, pela verdade do momento e pelo entendimento de que se está recebendo um elemento outro, que já foi absorvido pelos cultos, mas não deixa de cumprir outros papéis fora daquele contexto. Todos entram. É dado início aos toques em homenagem a São Sebastião.

14. M. do R. C. Santos, op. cit., pp. 80-86.

Figura 6. Procissão do dia de São Sebastião. Entrada do santo na Casa de Nagô, no Tambor de Mina.

As filhas-de-santo recebem os voduns, ao canto de doutrinas em homenagem a São Sebastião, ao rei Sebastião e a Xapanã, o deus da varíola, que se coloca como elemento importante da cultura africana em encontro com a cristã. As doutrinas em homenagem a Xapanã são cantadas em língua nagô. Não há em momento algum a sobreposição de uma figura à outra. É evidente que muitos encaixes são feitos nesta mescla de crenças, mas muito ainda deve ser pesquisado para se compreender a complexidade dos mecanismos que atuam na religiosidade popular com suas reelaborações culturais, com elementos que possibilitam a união destas três entidades em uma, se é que é assim que se dá o fenômeno.

O culto apresentou uma atmosfera de muita emoção, por causa da recente perda de um membro da comunidade. Informaram-me que geralmente, alguém envolvido com a Casa, falece em data próxima à do dia de Xapanã. Uma das filhas-de-santo chorava o tempo todo, durante as homenagens. Não conseguimos saber se quem chorava era a filha-de-santo ou a entidade que ela incorporava. A incorporação na Casa de Nagô, assim como na Casa das Minas, se dá de maneira suave, quase imperceptível, de modo que muitas vezes não nos damos conta da presença da entidade atuando no médium.

Logo depois das homenagens foram servidos doces e refrigerantes à assistência e aos membros da Casa. Finalmente a assistência deixou a Casa, e esperava para retornar na parte da noite, quando a "festa continua", nos dizeres de dona Lúcia.

* * *

Aproximadamente às 20 horas fomos visitar a Casa das Minas. Tivemos a oportunidade de experimentar a força que possui a homenagem a São Sebastião em São Luís. A Casa se localiza, como a Casa de Nagô, próxima ao bairro Madre Deus. Toda as ruas da região ficam tomadas, pois os eventos pré-carnavalescos são feitos nas ruas. Em frente à Casa das Minas um enorme palco com potentes alto-falantes anunciava músicas carnavalescas e incendiava a multidão já incontrolável. Em um cômodo pequeno da Casa das Minas próximo à porta de entrada, faziam-se os preparativos, em frente a um altar enfeitado, para entoar ladainhas em saudação a São Sebastião. Quando a ladainha se iniciou, foi anunciado nos alto-falantes do palco daquela rua que a festa de Momo se retirava por uns instantes, para dar passagem às homenagens a São Sebastião, na Casa das Minas. Durante aproximadamente meia hora a rua ficou em silêncio e a ladainha pôde se desenvolver sem perturbações.

Depois da ladainha o pré-carnaval pôde continuar, também sem nenhum problema. Todos passamos para um terreiro, no quintal da Casa das Minas, e lá foi dada continuidade ao culto.

* * *

Da Casa das Minas, somente a título de saudação, retornamos à Casa de Nagô, que havíamos visitado na manhã do mesmo dia. De lá fomos ao Centro de Tambor de Mina Iemanjá, cujo chefe é o babalaô Jorge Itaci Oliveira. Realizam-se ali cultos de Tambor de Mina e de Candomblé. Sabíamos que seria realizado um rito de passagem para o terceiro grau, o grau máximo de babalaô. O guia-de-cabeça do filho-de-santo era Xapanã, e era providencial que o rito se fizesse no dia de São Sebastião, o santo que conflui com o deus Xapanã e com o encantado rei Sebastião.

O salão onde são realizados os cultos tem suas paredes repletas de gravuras de orixás, reis europeus, santos católicos e voduns. No fundo do salão, perto da parede que separa o salão da rua, várias cadeiras acomodam a assistência. Em frente, encostado à parede que separa o salão de um pequeno saguão de entrada da casa, foi montado um altar em homenagem ao santo do dia, São Sebastião. Entre essas duas extremidades os membros da casa dançavam ao som de atabaques e chocalhos feitos de uma cabaça envolvida com redes finas nas quais miçangas e pequenas conchas de búzios são colocadas para causar o som.

O babalaô Jorge Itaci dança junto com os filhos-de-santo e puxa as doutrinas relacionadas a São Sebastião, Rei Sebastião e Xapanã. Depois de algum tempo, lentamente ele caminha até uma espécie de trono. Jorge empunha um cajado e senta-se no trono. De lá acompanha todo o culto. Enquanto é dado andamento ao culto, o rapaz que irá receber o terceiro grau para se tornar babalaô, está sendo preparado, em uma salinha em frente ao saguão da casa. Neste recinto pintam seu corpo com pintas brancas, preparam as indumentárias do seu santo-de-cabeça, as quais ele deve receber quando incorporado, e o vestem com as roupas de culto. O rapaz usa uma calça vermelha e não usa camisa. No pescoço traz um rosário, feito de miçangas com as cores do seu santo.

O rapaz entra no salão e junta-se aos outros filhos-de-santo, acompanhado por dois membros da Casa, que o auxiliam em sua preparação. Ele canta e dança as doutrinas. Finalmente incorpora Xapanã. Seu corpo se contrai todo, as mãos ficam deformadas e enrijecidas como se estivesse com artrite. Seu rosto fica deformado, como se estivesse sofrendo; e o rapaz solta fortes e impressionantes sons, atormentados. Tem seu corpo contorcido, e seu tronco abaixado, como se levasse uma enorme pedra. Caminha com enorme sofreguidão e é levado de volta à salinha de preparação.

O culto continua: a maioria dos participantes já está incorporada. A cada incorporação o médium vai até Jorge Itaci – que nesse momento também parece incorporado –, e recebe uma espécie de benção.

Cerca de quinze minutos depois o rapaz é trazido de volta ao salão. Ainda está incorporado. Desta vez uma espécie de cortejo, de quatro pessoas, sustenta uma toalha retangular – cada um segurando em uma ponta – sobre o rapaz incorporado. Ele traz uma bengala toda revestida de palha, e usa um chapéu de longos fios de palha que cobrem seu rosto completamente e parte do seu corpo. Na verdade o chapéu parece uma saia colocada sobre sua cabeça. Esta roupa é utilizada por Xapanã, o deus da varíola, que, como dissemos, é o santo-de-cabeça que acompanha o rapaz.

Todos os ícones que procuram representar Xapanã mostram sua figura com esse chapéu e com a bengala de palha. Porém, uma singularidade presente na vestimenta do médium é o que nos chamou mais a atenção: na volta do rapaz, além de observarmos nele as indumentárias tradicionais do orixá, percebemos que agora ele vestia um casacão vermelho e calçava chinelos em forma de sapato. O casacão vermelho apresentava o estilo de roupas utilizadas pela alta nobreza européia no renascimento. O sapato acompanhava os aspectos da vestimenta. Estávamos diante de pelos menos duas séries culturais heterogêneas, que buscam uma convivência sem a submissão de uma a outra. Na vontade de concretizar a articulação de elementos culturais distantes e distintos, como o rei Sebastião e Xapanã, temos a presença simbólica de um, trazida no casaco e no sapato vermelho, usado pelo médium incorporado, e temos o outro, representado com seus apetrechos tradicionais também presentes na vestimenta do rapaz.

Figura 7. O encontro de três em um. Filho de santo incorpora, no dia de São Sebastião, o santo homenageado.

Novamente acreditamos estar diante de mecanismos fundamentais do processo de mestiçagem[15] ocorrido, neste caso, no Brasil. Em determinado momento Jorge Itaci sai do salão e vai até a rua, acompanhado de um auxiliar. Lá permanece durante algum tempo, incorporado. Depois volta a si e conversa com os transeuntes, ou com a assistência que vai deixando o culto. A cerimônia dedicada a São Sebastião só termina de madrugada.

* * *

Na segunda feira, dia 22, estivemos mais uma vez com a pesquisadora Mundicarmo Ferreti, para lhe entregar o suplemento cultural *do Diário Oficial do Maranhão*, chamado "Vagalume". Este suplemento, já citado neste trabalho, contém vários artigos sobre a ilha dos Lençóis, e interessou à pesquisadora. Nesta ocasião conversei com Mundicarmo Ferretti a respeito da minha viagem de pesquisa de campo, que agora continuaria no Pará. Mundicarmo me passou o contato de Raymundo Heraldo Maués, professor doutor em antropologia da Universidade Federal do Pará. O professor Heraldo certamente dispunha de material a respeito da presença mítica do rei Sebastião no Pará, e poderia me orientar sobre como chegar aos locais tidos como regiões encantadas. Um artigo do qual eu já tivera contato explicitava esta certeza[16].

Já munido de algumas informações que interessavam à minha pesquisa, eu partiria para Belém do Pará, na noite de terça feira, dia 23 de janeiro. Deixei a roteirização para a chegada ao Pará, pois lá entraria em contato com gente do meio acadêmico que poderia, com maior precisão, auxiliar-me nesta tarefa.

III. Região do Salgado: a contingüidade do caminho sebástico no litoral paraense

Desembarquei em Belém às 7:30 horas da manhã do dia 24 de janeiro. Instalei-me no primeiro hotel que encontrei próximo

---

15. Cf. J. L. Lima, op. cit.
16. R. H. Maués e G. M. Villacorta, "Pajelança e Encantaria Amazônica", em R. Prandi (org.), *Encantaria Brasileira: o Livro dos Mestres, Caboclos e Encantados*.

à rodoviária. À tarde encontrei-me com uma amiga, Jozebel Akel Fares, que reside em Belém do Pará e leciona na Universidade Estadual do Pará. Doutora em Comunicação e Semiótica na PUC, fez pesquisas também com minha orientadora Jerusa Pires Ferreira. Jozebel serviu como minha primeira referência que dissipou minha ansiedade de "estrangeiro".

Fiz os primeiros contatos com pesquisadores do Pará na casa de Jozebel. Por intermédio dela, e citando o nome de nossa orientadora, consegui marcar, para a manhã seguinte, um encontro com o professor adjunto do departamento de antropologia da Universidade Federal do Pará, Raymundo Heraldo Maués. Eu iniciava minhas primeiras entranças naquela região ainda desconhecida para mim.

Na manhã seguinte fui ao encontro do professor Heraldo. Gentilmente ele me cedeu seus livros. No primeiro, o autor busca estudar crenças e representações dos praticantes do catolicismo popular e da pajelança cabocla na microrregião do Salgado, área de produção pesqueira do Estado do Pará[17]. A outra obra é uma coletânea de artigos que refletem sobre as várias manifestações religiosas existentes na Amazônia. Sua preocupação está voltada para o entendimento da convivência de diferentes religiosidades e seu caráter funcional para a população participante[18]. Mesmo não sendo o foco principal das pesquisas feitas pelo professor Maués, diversas vezes a figura do rei Sebastião é evocada em seus trabalhos. O pesquisador confirma a forte presença do rei como um ser encantado de grande importância para a religiosidade popular e para a vida cotidiana de algumas populações.

Ao conhecer o ponto de interesse da minha pesquisa, o professor Heraldo indicou as regiões de: Algodoal, onde estão o Lago e a Praia da princesa, filha do rei Sebastião; Marudá, localização de uma das moradas do rei encantado na ilha de Maiandeua; e São João de Pirabas, na ilha de Fortaleza onde fica a pedra do rei Sabá, outro nome que designa o rei Sebastião. Todas estas localidades compõem a região litorânea do Salgado. Por falta de tempo e de infra-estrutura financeira, pedi que me indicasse o local de maior expressividade da presença do rei

---

17. *Padres, Pajés, Santos e Festas: Catolicismo Popular e Controle Eclesiástico. Um Estudo Antropológico numa Área do Interior da Amazônia.*
18. *Uma Outra Invenção da Amazônia: Religiões, Histórias, Identidades.*

encantado, mesmo sabendo que este seria um critério sem fundamento algum. O professor Heraldo achou que seria mais interessante eu me deslocar para São João de Pirabas, já que, no fim de semana anterior, um evento comemorativo do dia de São Sebastião havia inaugurado os reparos e cuidados que a prefeitura havia feito na pedra do rei Sabá, na ilha de Fortaleza. O evento atraiu mais de três mil pessoas de todos os lugares do Brasil e do exterior. Achamos que todo este movimento poderia ter disparado a memória dos moradores da região a respeito da pedra e das encantarias que a envolvem. Além disso, pesamos também a possibilidade de as ditas melhorias terem facilitado a locomoção até a ilha de Fortaleza.

Estava em andamento mais um trajeto da cartografia em movimento proposta pela pesquisa.

* * *

No mesmo dia da visita ao professor Heraldo Maués estive empenhado em procurar um hotel mais modesto. Decidi por um hotel que continuasse estrategicamente próximo da rodoviária, pela facilidade de locomoção dentro e fora de Belém. O hotel em que eu estava ficava na mesma rua do primeiro. Vários bares funcionavam a pleno vapor em frente deste hotel. Prostitutas, negociantes suspeitos, viajantes em trânsito, toda uma agitação social compunha um espaço de convivência marginal. Fui alertado por várias pessoas sobre os perigos que corria instalando-me ali. No entanto, pela necessidade e por uma certa atração por aquele cenário, resolvi ficar, e tomar cuidados. Com o tempo entabulei uma aproximação com o dono do hotel, com os hóspedes e com os funcionários. Senti alguma segurança ao conseguir me misturar ao movimento cotidiano daquele espaço, e percebi minha aceitação por parte daquelas pessoas apesar – e talvez por isso mesmo – de não envolver-me com nenhum assunto escuso.

Sobre formas da natureza contribuindo para a construção de um fenômeno da cultura

Minha partida para São João de Pirabas estava marcada para o Sábado, dia 26 de janeiro, às duas horas da tarde. A distância aproximada entre Belém e São João de Pirabas é de 250 quilômetros. A estrada apresenta péssimas condições de tráfego. Cheguei à cidade por volta das oito horas da noite; um atraso de pelo menos uma hora e meia por conta dos buracos da estrada, das fortes chuvas e das incessantes paradas do veículo para a descida de alguns passageiros e embarque de outros.

O ponto final do ônibus fica numa simpática, agradável e alva praça central da cidade. Logo na chegada busquei hospedagem em uma pousada encostada a praça. Não havia vaga e fui informado de que só existia mais uma hospedaria em São João de Pirabas. A uns duzentos metros da praça encontrei o lugar. Dona Nazaré, a proprietária, sentiu muito por também não ter vagas, sentiu muito a ponto de ter pena, sentiu tanto até conseguir uma solução para impedir o meu destino ao relento. Armou para mim uma rede em um alpendre construído no seu quintal, providenciou travesseiro, lençol e toalha para banho. Percebi, neste momento com mais clareza, que em todas as viagens para a pesquisa de campo eu era colocado em situações difíceis que se dissipavam quase no mesmo instante em que eram criadas. Achei curioso e muitas vezes lembrei das palavras do encantado rei Sebastião "incorporado" por dona Luiza em São Luís.

No quintal fui convidado a participar de uma roda de pif-paf. Dona Nazaré, seu marido, mais um professor de ensino fundamental que dava aulas esporadicamente em São João de Pirabas, e mais um rapaz, apostavam um Real a rodada. Não entrei no jogo, mas fiquei conversando com o grupo. Desculpando-se muito ainda, dona Nazaré explicou que a falta de vagas nas duas pousadas da cidade, naquele fim de semana, devia-se a um concurso que ali seria realizado para professores da rede municipal. Muitos professores de Belém e de regiões vizinhas estavam interessados pela iniciativa do prefeito da cidade. Alguns projetos do prefeito vinham movimentando a pequena São João de Pirabas, de aproximadamente mil e quinhentos habitantes. Esta agitação já fazia dona Nazaré pensar em ampliar seus negócios.

A jogatina se estendeu pela madrugada. Fui deitar antes do término, mas era impossível dormir naquelas condições nunca experimentadas por mim. A rede era bem confortável, porém, muitos, acho que centenas, milhares de carapanãs[19] sentiam um

---

19. Insetos mais conhecidos no sul e sudeste como pernilongo.

apetite noturno incontrolável. Talvez por ser "sangue novo" no local, tornei-me o prato principal do banquete feliz de – uma hora tive esta impressão – milhões de carapanãs.

Apesar de ser a delícia das delícias daquela noite, eu ainda era uma refeição viva, e tentei me cobrir por inteiro com meu fino lençol, na esperança de uma gloriosa defesa. Pacientes, os comensais esperavam a inevitável falta de fôlego do seu petisco. Venciam sempre, aqueles sábios e minúsculos vampirinhos. Mesmo sentindo estar sendo devorado, há um momento em que um torpor leva ao fechamento gradual dos olhos e a um leve sonho, de imagens desconexas. Mas depois de algum tempo, as imagens desconexas do sonho mostram-se reais, e uma tempestade com vento nos prova isso ao nos deixar ensopados. E assim amanheceu e assim "acordei" e tomei meu café mais que nunca merecido.

Procurei pelos carapanãs que me fizeram a "agradável" companhia da madrugada, mas talvez eles adivinhavam minhas intenções vingativas: simplesmente haviam desaparecido. Tomei rumo para o porto de São João de Pirabas, munido de gravador e de máquina fotográfica. Meu destino agora era a ilha de Fortaleza, onde se localiza a pedra do rei Sabá.

Chegando ao porto, que fica a uns trezentos metros da pousada de dona Nazaré, fui ao mercado de peixes para saber a que horas partia alguma embarcação para a ilha de Fortaleza. Ao contrário do que pensava, fui informado de que nenhum barco iria para lá naquele dia. O movimento intenso do fim de semana anterior, devido à inauguração das novas instalações feitas para a pedra do rei Sabá pela prefeitura, não dava nenhuma garantia de facilidades para uma ida ao local em um fim de semana normal como aquele. A grande propaganda feita sobre o evento só funcionou mesmo para o dia das festividades em homenagem a São Sebastião. Fora desse período a cidade voltou ao normal e o transporte à ilha voltou a ser feito mediante formação de grupos de pessoas interessadas em agradecer graças recebidas, ou em fazer pedidos para o rei Sabá. Nestas ocasiões, algum barco pesqueiro era alugado por grupos de crentes. Segundo alguns pescadores, dificilmente eu conseguiria chegar à ilha naquele dia.

Mostrando que não iria embora tão cedo do porto, fiquei passeando no local, aguardando algum convite de algum barco pesqueiro que traçaria sua rota nas proximidades da ilha. Cerca de meia hora depois um grupo de pescadores, que iria para o alto mar no dia seguinte, concordou em me levar para a ilha, já que passariam a noite em um curral[20] – que ficava perto do meu destino. A viagem durou cerca de quarenta minutos. Chegando à praia da ilha onde se encontra a pedra do rei Sabá, fui acompanhado pelos pescadores, até a escultura natural.

A pedra fica no meio de um terreno formado por rochas pontiagudas; é quase impossível transpô-las com os pés descalços. A prefeitura construiu um cubo de concreto – de um metro de altura por um metro de comprimento e de largura – com a intenção de servir de suporte para a pedra do rei.

Imagens de outras entidades encantadas também receberam um suporte de concreto. Entre elas estão as estátuas de Mariana e Jarina, filhas do rei Sebastião na encantaria; uma estátua de Iemanjá, orixá dos mares na religiosidade afro-brasileira; outra de Zé Raimundo, um pescador encantado que, segundo os pescadores que me acompanhavam, teria sido o primeiro língua (tradutor) do rei Sebastião quando este chegou à ilha e se encantou. As estátuas foram confeccionadas e instaladas a pedido da prefeitura e lá colocadas por ela. O evento, realizado no dia de São Sebastião, como já dissemos, visava inaugurar estas intervenções feitas no espaço natural, originariamente habitado apenas pela pedra do rei.

Com cerca de um metro e quarenta de altura, a pedra do rei Sabá ficou assim conhecida por ter, quando vista de longe, a forma de um homem sentado. A natureza mostra então sua força, seu espírito, ao tornar-se elemento da cultura, e sugerir entidades, objetos, paisagens outras da história do homem, ganhando permanência na memória deste. A natureza deixa de ser uma entidade inerte, sem evolução, a-histórica, como queria Hegel em suas *Lições Sobre a Filosofia da História Universal*[21]. Nes-

---

20. Cabanas construídas em bancos de areia em alto mar. Sua sustentação é feita por enormes madeiras que as elevam a uma altura segura, a salvo da maré cheia. Quando a maré vaza, as madeiras de sustentação e o banco de areia ficam à amostra no meio do mar, proporcionando uma visão fantástica. O curral é construído por pescadores em lugares onde existe alguma abundância de peixes. Em seu interior são guardados apetrechos de pesca, água doce e alguns víveres de difícil perecimento.

21. Esse pensamento de Hegel é questionado por I. Chiampi em "A História Tecida pela Imagem", apresentação à obra de J. L. Lima, op. cit., p. 23.

tas condições ela passa então a ser compreendida como parte dos fenômenos da cultura. Assim também nos faz refletir Sergio Buarque de Holanda em sua obra *Visão do Paraíso*.

No cubo de concreto onde fica apoiada a pedra do rei Sabá estão dispostas muitas garrafas de bebida alcoólica, charutos, fitas de várias cores, restos de vela, fotos de pessoas, enfim, um sem número de oferendas que nos dão a idéia do grande movimento religioso e do fervor dos crentes com relação aos poderes do encantado rei Sebastião. Também deixei cigarros, pedindo proteção e discernimento para minha pesquisa, e desejando sucesso aos pescadores que me levaram até a ilha.

A ilha é desabitada. Apenas uma grande casa foi construída por uma família de alemães, que esporadicamente faz visitas ao local. Uma aura de mistério os envolve: uma das informações que nos chegam é a de que eles pretendem desenvolver alguns projetos turísticos para a região. No entanto ninguém é capaz de afirmar nada de concreto a respeito deles. Por enquanto a ilha é conhecida mesmo como a morada encantada do rei Sebastião no litoral paraense.

Depois de passarmos meia hora na ilha, fotografando o monumento natural – já envolto por toda uma trama de elementos da religiosidade popular – e observando a região, retornamos, os pescadores e eu, ao barco pesqueiro. Já no mar, fui deixado em um catamarã que pescava pelas redondezas e iria voltar para São João de Pirabas. Por volta de uma da tarde já nos encontrávamos na cidade.

* * *

Ao chegar à pousada, como que tirando um peso das costas dona Nazaré correu para me avisar que eu já tinha um quarto com cama de casal, banheiro, ventilador e muitos carapanãs. Demonstrando minha satisfação transportei minhas coisas para o excelente quarto, tomei um banho um tanto quanto demorado e me estiquei na cama de casal, para reacostumar o corpo à tamanha generosidade daquele conforto. Meia hora depois fui obrigado a deixar aquele estado de completo repouso para ir à casa de um antigo pescador, de 82 anos, João Torres Paliano, narrador muito conhecido na cidade como seu Paliano. Arrumei minhas coisas e parti.

* * *

Figura 8. Pedra do rei Sabá, na Ilha de Fortaleza, em São João de Pirabas, Pará.

Por volta das três e meia da tarde encontrei a casa do pescador. Seu Paliano estava dormindo, e logo uma de suas filhas foi chamá-lo. Não era novidade uma pessoa procurá-lo sem nenhum aviso, em qualquer dia e a qualquer hora. Ele é uma das pessoas mais velhas da cidade, e detém a memória das encantarias da região. Todos os repórteres, pesquisadores e curiosos procuram seu Paliano para saber sobre suas experiências e vivências com o encantamento.

Após dez minutos de espera aparece, de dentro do quarto, um senhor de estatura média, cabelos e cavanhaque brancos, usando um chapéu de palha, trazendo no rosto um par de olhos apertados e miúdos e um sorriso indicando boa vontade para contar suas histórias. Fui convidado a sentar com ele em cadeiras feitas com fios de plástico trançados, colocadas numa varanda bastante fresca e agradável. Podíamos observar todo o movimento da rua, e a cada momento éramos interrompidos pelo cumprimento de algum transeunte.

Seu Paliano me alertou quanto a sua atual falta de memória, causada por um recente derrame. Disse que tinha de "forçar muito a cabeça", e que já perdia os detalhes dos acontecimentos que vivenciou.

O antigo pescador entabulou seu relato falando de uma experiência pessoal, um encontro com o rei Sebastião na ilha de Fortaleza. O encontro se prestou como uma apresentação do encantado a ele, um homem paradoxalmente descrente, mas que vivia pensando nos relatos a respeito de visões que envolviam o rei. Como numa espécie de estratégia para provar a si mesmo a inexistência do rei encantado, seu Paliano conversava com o encantado, desafiando-o muitas vezes, e ironizando a veracidade dos acontecimentos contados por outras pessoas. Seus diálogos com o "nada" apresentavam um falso descaso com o invisível, e uma real vontade de um acontecimento que o colocasse na presença do rei Sebastião encantado, que era, no dizer do povo, o dono daqueles mares. Foi a partir deste processo insistente, de todos os dias procurar confirmar sua descrença ao relembrar e ironizar a crença dos outros, que um dia se plasmaram os sons, as imagens trazidas por estes sons, e a voz da entidade que o senhor Paliano trazia como idéia fixa, em sua negação àquelas crenças.

Figura 9. José Torres Paliano (seu Paliano). Respeitado narrador de experiência com o encantado rei Sebastião em São João de Pirabas.

O fato se deu em conseqüência de um desrespeito de seu Paliano. Conta ele que, quando ainda muito jovem, foi um dia pescar com seu cunhado na pedra do rei Sabá. Sentiu um certo cansaço, e calor, fundeou na ilha, procurou um lugar tranqüilo, retirou toda sua roupa e deitou sobre uma pedra em forma de coração. Passados alguns minutos ouviu um barulho lento, de cascos aproximando-se da sua direção. Continuou parado, pensando que se tratava de algum boi que pastava na ilha (diz ele que naquela época muito gado andava solto na ilha). Quando seu Paliano desconfiou que não se tratava de gado, mas de gente, tentou virar o corpo para saber quem era, porém seu corpo não podia se mover. Seu Paliano achou que algum morador da ilha, que ele não conhecia e que possuía família por perto, tinha vindo tirar satisfação de seu ato desrespeitoso. Pensou em pedir desculpas por estar nu daquele jeito, mas sua voz não saia. Quando já estava entrando em desespero, a figura finalmente se revela a ele:

> João Torres Paliano.: Ele é um velhão, o rei Sabá. Você já pensou num vestimenta de general? O vestimenta do general do rei tem muita diferença. Do rei é superior do general [...] aquelas medalhas, tudo, tudo medalhado tudo. A espada batia inté no carcanhar a espada. Aí bem preparado. [...] Ele é da cor do senhor. (Referindo-se a mim que sou branco, com traços europeus) Um homem forte.
> Pesquisador.: A roupa dele, que cor que é?
> J.T.P.: Fardamento, ele tava fardado, o fardamento dele. Fardamento de general [...] general de rei. Vestimento de rei, ele é um rei.
> Pesquisador.: Coroa e tudo?
> J.T.P.: Tudo, tudo...
> Pesquisador.: Ele tinha barba?
> J.T.P.: É, ele tinha barba. E aí ele me passou uma dispicial[22], muito bem. "Senhor, o senhor me respeita. Aqui tem dono, aqui tem dono." Então ele me passou uma dispicial. [...] Ele deu dois passos, atrás das minhas costas assim e aí eu não vi nada mais. Sumiu! No que eu enterrei meus pés de um lado pra outro, já tinha se sumido.
> Pesquisador.: Ele estava a pé ou de cavalo?
> J.T.P.: A pé, de a pé. Essa parada que me aconteceu que eu vi, que eu vi porque eu vi com meus olhos [...] me aconteceu essa parada. E outras, e outras, e outras, e outras que aconteceu com os outros...

Eis o marcador que atesta o relato como sendo uma experiência pessoal, que abarca os sentidos naturais do homem: no

---

22. Nos parece que esta palavra remete a uma comunicação de alguém que quer passar uma reprimenda.

caso aqui transcrito ficam mais evidentes os sentidos da audição e da visão. A frase "Essa parada que me *aconteceu* que *eu vi* porque *eu vi, que eu vi* porque *eu vi com meus olhos*..." nos coloca diante da tentativa de comprovação de um acontecimento pelo recurso da visão. Apesar de ter ouvido sons e a voz do rei, é a Visão da figura do rei que se sobressai como componente de convencimento que levará à crença. Não é à toa que o ditado popular "Sou que nem São Tomé, só acredito vendo..." é freqüentemente evocado em uma situação de dúvida com relação a algum acontecimento difícil de se acreditar, ou pela desconfiança depositada em um enunciador de determinado acontecimento. São Tomé, um dos discípulos de Jesus Cristo, teria dito, segundo os evangelhos do Novo Testamento, que só acreditaria na ressurreição de Cristo se pudesse ver e tocar em Suas feridas. E de fato ele só pôde seguir em sua fé quando seu pedido foi atendido. Então a visão ganha uma importância singular na construção de um imaginário concretizado em acontecimentos do cotidiano, que foram confirmados a partir da confiança depositada neste sentido.

Fora de sua experiência pessoal relacionada à presença do encantado rei Sabá, seu Paliano nos dá pistas a respeito dos caminhos de transmissão das lendas que compõem o imaginário em torno do rei Sebastião. Diz o pescador que muitas histórias sobre o rei lhe haviam sido contadas por pescadores vindos dos Lençóis, da ilha dos Lençóis, no Maranhão. Aquela profissão compartilhada – a pesca – e o mesmo mar que é transitado por pescadores tanto do Pará como do Maranhão, permite o encontro e produz laços de amizade entre estes profissionais. Narrativas sobre os mistérios do mar, sobre os encantados e encantarias, tecem uma trama em comum que acaba territorializando, em um mesmo espaço, relatos dispersos. Uma espécie de história, paralela à oficial, vai sendo construída e sendo atualizada a cada recriação de diferentes narradores. Desta forma estamos diante de um fenômeno cultural que se quer em processo permanente, e que não permite fixidez, pelo próprio ato de narrar, e pela própria vivência e cruzamento de experiências diversas, de geografias e paisagens outras, de faunas e floras diferentes, e pelo material lendário que circula em determinada região da qual faz parte determinado narrador.

Porém, traços comuns permitem a permanência de um mesmo imaginário em construção que cria um território bastante extenso como é o caso do nosso objeto de pesquisa. O reino encantado do rei Sebastião não é confinado mais na praia da ilha dos Lençóis. Lá, por diversos fatores ainda a serem discutidos, pode ter se dado sua origem. Hoje seu território abrange boa parte da costa maranhense e paraense, rota comum de pescadores desta região.

No entanto, o território que aparece nos relatos, trazendo traços utópicos e messiânicos é a ilha dos Lençóis. Todas as narrativas que ouvimos sobre o desencantamento do rei e do seu reino têm como local desta ação a ilha dos Lençóis. Este centro, que representa um ponto de renascimento, de surgimento de uma nova vida, a partir de um rei encantado, que restituirá ao mundo justiça, paz e igualdade, nunca foi deslocado. O território expandido do reino encantado e submerso do rei Dom Sebastião não faz com que mude o local de um possível desencantamento. A expansão do imaginário popular irá apenas recriar, a todo instante, este universo submerso, e permitirá o deslocamento da figura do rei Sebastião, que poderá atuar em outras regiões, e de diversas maneiras, como por exemplo num encantado de cura na pajelança amazônica, ou na figura de um defensor da natureza e dos mares etc.

* * *

Terminada, depois de duas horas, a entrevista com seu Paliano, deixei sua casa prometendo uma visita futura, se houver oportunidade. Apressei-me em ir comprar a passagem do ônibus que me levaria de volta a Belém, e que sairia às quatro horas da manhã de segunda feira, dia vinte e oito de janeiro. Retornei à pousada por volta das sete horas da noite. O jogo de pif paf continuava; fiquei assistindo à partida e contando minhas experiências do dia.

Por volta das vinte e uma horas chegou, depois de uma viagem de pesca de alguns dias, o filho mais velho de dona Nazaré. Sua presença ali comprovou a rota de pescadores, da qual falou seu Paliano em nosso encontro. O filho de dona Nazaré vinha da ilha dos Lençóis, sua última parada em terra firme antes de retornar a São João de Pirabas. Isto nos leva a crer que a rota é comum ainda nos dias de hoje.

Muito cansado, acertei minha conta com dona Nazaré e pude usufruir do conforto do novo aposento preparado para mim. Às quatro horas da manhã do dia seguinte saía, da praça central da cidade, o ônibus com destino a Belém do Pará.

Chegamos à capital paraense por volta das dez e meia da manhã. Naquele dia entrei em contato apenas com uma pesquisadora da Universidade Estadual do Pará, Ivânia Neves Corrêa. No dia seguinte nos encontraríamos, para que ela gentilmente me cedesse narrativas registradas, na região do Salgado, por seus alunos, num trabalho de conclusão de curso. O material registrado é recente e traz relatos da presença mítica do rei Sebastião na região. Felizmente pude ter contato com esse material – mesmo sabendo que ele vem de uma experiência diferente daquelas que constam nos materiais que recolhi – pois minha presença em São João de Pirabas foi forçosamente rápida pela falta de tempo.

Durante o resto da semana fui levado, por Ana Alice de Melo Felizola, mestra em estudos literários pela Universidade Federal do Pará, a conhecer Belém. Difícil descrever Belém em apenas uma visita relâmpago. São épocas e culturas diferentes, convivendo e sofrendo, ao mesmo tempo, os problemas das grandes metrópoles. Não consegui absorver direito a capital do Pará. Fiquei entorpecido e não compreendi.

Na sexta-feira, dia primeiro de fevereiro, Ana Alice entregou-me sua dissertação de mestrado *Rei Sebastião: o Mito narrando Nações*, defendida e aprovada em 2001 pelo Centro de Letras e Artes da UFPA. A dissertação pretende definir o mito a partir de seus múltiplos significados em sua relação com a realidade. A autora situa o rei Dom Sebastião na história, destaca as primeiras incursões do mito sebastianista na literatura, e acaba enfocando a recorrência dele em narrativas populares do litoral paraense e na Umbanda da Amazônia[23].

Ana Alice foi a última pessoa que encontrei em Belém. No outro dia eu seguiria com meu projeto cartográfico para outras terras, outras paisagens bem diferentes das percorridas até então. Depois das regiões de abundância de água, a figura mítica do rei Sebastião me levava agora a um outro extremo, a uma outra possibilidade de sua permanência e atualização em plena região da seca, em pleno sertão pernambucano.

---

23. A. A. de M. Felizola, *Rei Sebastião: o Mito Narrando Nações*.

IV. Traços sebastianistas no sertão pernambucano: o trauma de um movimento popular rebelde e suas atuais releituras

Às nove e trinta da manhã de dois de fevereiro eu partia da rodoviária de Belém do Pará rumo a Salgueiro, cidade próxima do meu destino, São José de Belmonte, em Pernambuco. A viagem demora mais de vinte e quatro horas, devido não apenas à distância, mas principalmente às péssimas condições das estradas. Apesar do calor incessante, pude adivinhar, durante o trajeto, que o sertão não apresentaria seu terrível cenário, distorcido pelas secas. Esta visão, mais comumente conhecida e esperada por uma pessoa que mora no Sudeste do país, não compareceu aos olhos deste pesquisador. As chuvas também foram honestas com o sertão nordestino naquela ocasião. A paisagem das estradas que cruzam o Norte e o Nordeste não se diferenciou quanto ao verde que me acompanhou o tempo todo. A única dessemelhança mais visível era, evidentemente, o tipo de vegetação que compõe cada região.

Chegando à rodoviária de Salgueiro, ao meio-dia de três de fevereiro, dirigi-me até a estrada que segue para Recife. Lá consegui vaga, em uma Veraneio lotada, para chegar a um posto que leva a São José de Belmonte. Dali, eu e mais cinco pessoas alugamos uma Caravan para nos levar até a cidade e redondezas. Apesar de as chuvas estarem acontecendo, um dos passageiros comentou que um mês antes, quando já não chovia há uns oito meses, os moradores de povoados de beira de estrada ficavam pedindo esmola aos viajantes. Também a "bandidagem" se faz presente para conseguir de alguma forma o sustento da família. Não obstante as chuvas estarem acontecendo, o mesmo passageiro comenta sobre a fome das crianças, que hoje estão gordinhas e riem, correndo ao largo das estradas, brincando junto dos animais. Apesar de estar chovendo é esta a imagem que fica na memória dos que vivem no sertão, e que eu não vi.

* * *

São José de Belmonte é a cidade mais próxima da Serra do Catolé, também chamada de Serra do Padre, onde se encontra a Pedra Bonita, ou Pedra do Reino, como é mais conhecida hoje em dia pela população. A serra do Catolé serve de limite entre

São José de Belmonte-PE, o município de Serra Talhada-PE e o município de Conceição-PB. Em 1988, a prefeitura de São José de Belmonte comprou dos familiares de Antônio do Açudinho, o sítio onde se encontra a Pedra do Reino, a aproximadamente quarenta quilômetros de São José de Belmonte. Seu acesso é complicado, por se encontrar em um aclive e por transformar-se num lamaçal em épocas de chuva.

A Pedra do Reino, como se sabe, foi palco de um movimento popular rebelde, vinculado à figura de Dom Sebastião. Em 1836, João Antônio dos Santos, morador em Vila Bela, trazia nas mãos duas pedrinhas bonitas, dizendo que eram brilhantes finíssimos retirados de um Lago Encantado próximo às duas torres de um reino. Afirmava ainda que nesse local seria desencantado o reino do rei Dom Sebastião.

Para comprovar sua história, mostrava um folheto muito conhecido pelo povo do interior daquela época. O folheto contava a história do desaparecimento do filho do príncipe Dom João na batalha de Alcácer-Quibir. No intuito de ganhar a confiança do povo para si e para o seu relato, mostrava o seguinte verso do folheto:

> Quando se casasse com Maria
> Aquele reino desencantaria...[24]

Não há vestígios sobre este folheto, mas muitos autores que se empenharam em descrever os acontecimentos da Pedra Bonita referem-se a ele como um dos elementos principais que irá participar do complexo movimento messiânico rebelde envolvendo a figura do rei Sebastião.

O verso conspira a favor de João Antonio: autoriza o casamento deste com uma moça das redondezas, bastante cobiçada por ele, chamada Maria. Os pais da moça, até o dia em que foram mostrados os versos, dificultaram o casamento, por não confiarem em João Antonio. Além dessa conquista, João conseguiu arrecadar enormes quantias de dinheiro, gados e terras dos fazendeiros, com a promessa de que, ao ser desencantado o rei, tudo seria devolvido em dobro. Contagiados pelo sucesso do embuste, seus parentes conseguiram uma imensa turba de adep-

---

24. B. C. Barros, *A Pedra do Reino*, p. 18.

tos vindos de regiões do Piancó, Cariri e Riacho do Navio. Mais tarde chegariam até do alto São Francisco[25].

As reuniões dos adeptos eram feitas em um complexo de rochas chamado Pedra Bonita. Deste conjunto de pedras destacam-se dois enormes penedos de aproximadamente 30 e 33 metros cada. Estas seriam as torres do castelo do rei Sebastião, prestes a ser desencantado, como prometiam João Antônio e os líderes do movimento popular que se formava. A disposição natural das rochas possibilitou a formação de uma pequena sala que acabou transformada em um santuário. Toda a paisagem daquele lugar contribuía para um cenário místico, que era alimentado pelos líderes do movimento e por seus adeptos.

O movimento começou a crescer e romarias atravessavam toda a serra do Catolé para encontrar a Pedra Bonita e participar da comunidade que se formava. A utopia construída em torno daquela evocação messiânica era inspirada nas maiores frustrações da população. O desencantamento do rei prometia a salvação imediata aqui na terra, e o fim das agruras do povo.

João Antônio, alertado pelo padre Francisco Correia de Albuquerque (vigário de Flores, nome da região na época) sobre os perigos de suas pregações, deixou a comunidade dizendo aos adeptos que pretendia recrutar mais pessoas de outros lugares para o reino do rei Sebastião. João Ferreira, cunhado de João Antônio, auto proclamou-se o novo rei da Pedra Bonita, enquanto a comunidade aguardava a volta do antigo líder.

O novo rei acreditava que o reino do rei Sebastião só se desencantaria se as pedras do sítio, onde os populares se reuniam, fossem completamente regadas com o sangue de crianças, homens e mulheres. Desejando o rápido desencantamento do reino, e entorpecido pela alta ingestão de um vinho "encantado", composto por aguardente de cana, jurema e manacá, João Ferreira prometeu que quem desse a vida em sacrifício, pelo desencantamento, voltaria com sua realidade invertida. Os negros voltariam brancos, os pobres iriam ser transformados em ricos e todos viveriam em igualdade no esperado reino de Dom Sebastião. Os resultados destas promessas foram três dias de sacrifícios dos fiéis, que derramaram seu próprio sangue nas pedras. Nos dias 14, 15 e 16 de maio de 1838 a base das duas torres de gra-

---

25. Idem, ibidem, pp. 22-23.

Figura 10. Pedra Bonita: complexo de rochas localizado em São José de Belmonte, PE, palco de movimento popular sebastianista.

nito foi lavada com o sangue de 30 crianças, 12 homens, 11 mulheres e 14 cães.

Percebendo a loucura que tomara conta de João Ferreira, Pedro Antônio, irmão de João Antônio e um dos chefes do movimento, revelou aos crentes que o rei Sebastião havia aparecido a ele em sonho e dissera que seu desencantamento final só se daria com a morte do atual rei da Pedra Bonita, João Ferreira. Este foi então sacrificado e rapidamente Pedro Antônio levou os crentes para o Lago Encantado do rei Sebastião, de onde João Antônio dizia ter retirado as duas pedras, de brilhante raríssimo. Pedro Antônio pretendia reunir e organizar novamente os adeptos, para dar continuidade ao movimento popular. Para ganhar definitivamente a confiança do povo, e manter-se na liderança, proclamou-se o terceiro rei da Pedra Bonita.

Alertados há muito tempo sobre os acontecimentos na região, e sentindo a perda de muitos empregados que aderiam ao movimento rebelde, os fazendeiros da região juntaram-se ao exército para tentar reprimir a multidão que se reunia na Pedra Bonita. A investida se concretizou após o aviso sobre o massacre que estava acontecendo entre os fiéis.

No entanto, o derramamento de sangue já havia sido encerrado, com a morte de João Ferreira, e os crentes já se encontravam, como já dissemos, no dito Lago Encantado do rei Sebastião. As tropas que seguiam para a Pedra Bonita encontraram os crentes no Lago e investiram contra os fiéis, que se defendiam na esperança de serem ajudados pelo exército do rei Dom Sebastião. Ao final da batalha quase todos os fiéis estavam mortos; restaram apenas um ou outro homem, e algumas mulheres e crianças.

* * *

Os acontecimentos traumáticos foram calados durante muitos anos por todos os que os vivenciaram. Apenas alguns registros foram feitos pela oficialidade, como uma nota descritiva publicada pelo *Diário de Pernambuco* de 16 de junho de 1838. Estes circularam, taxando as pessoas daquele grupo como anormais e desrespeitadores da ordem.

Uma releitura dos fatos ocorridos na serra do Catolé foi lançada apenas cem anos depois dos acontecimentos. *Pedra Bonita*, de José Lins do Rego, apesar de uma obra ficcional, recolocou a existência daqueles fatos e refletiu sobre sua importância como um fenômeno cultural que sustenta uma vontade dos que crêem poder modificar sua realidade presente. Esta visão pretendia trazer uma nova perspectiva, um novo olhar para o fenômeno marginal, recriado em uma ficção que não quer analisar nada, mas apenas quer discutir as possibilidades de um outro modo de viver que não o estabelecido, o formatado, o propiciador de inércia.

Em 1972, Ariano Suassuna lança um primeiro romance projetado para fazer parte de uma trilogia que até hoje não se concretizou. Sua obra *Romance D'a Pedra do Reino e o Príncipe do Sangue do Vai-e-Volta* conta uma continuação da busca no sertão brasileiro pelo rei encantado Dom Sebastião. O protagonista, Quaderna, narra, do interior de uma cela de prisão, todas as suas buscas e expõe sua crença-conclusão sobre o fato de ele mesmo ser o herdeiro do trono sertanejo do rei Sebastião. Neste romance, Ariano traz o funcionamento de encaixes de séries heterogêneas que constroem o imaginário nordestino composto por elementos ibéricos, autóctones e negros.

O romance de Suassuna acabou constituindo-se elemento importante para os atuais moradores de São José de Belmonte. Em 1992, um grupo de quatro ou cinco rapazes residentes na cidade resolveu ir a cavalo até o lugar chamado Pedra Bonita. Até então não tinham maiores intenções, além das de fazer um passeio comum, uma aventura entre amigos. No entanto, sem ter consciência clara disto, eles estavam dando vida a um caminho fadado ao esquecimento, pelos traumas coletivos ali sofridos. No ano seguinte, essa primeira e despretensiosa cavalgada daria início às primeiras iniciativas de uma revivificação da memória dos eventos de 1838. Foi criada, então, a Associação Cultural Pedra do Reino, que mantém um pequeno museu, com objetos originais remanescentes do trágico episódio; há também gravuras e livros que procuram trazer à tona algumas marcas do malfadado acontecimento. Também uma maquete do conjunto de rochas está à mostra no centro do pequeno museu.

Com grande empenho, para realizar a recuperação de uma memória traumatizada pelos antigos acontecimentos da região, a Associação conseguiu que a prefeitura registrasse a área – onde fica localizada a Pedra Bonita – como Patrimônio Histórico Municipal. Também inseriu no calendário turístico uma Cavalgada até o local, dando um significado à primeira Cavalgada realizada sem nenhum motivo aparente. O movimento recente em torno do local relegado ao esquecimento pela historiografia oficial, revive caminhos de uma cartografia sebastianista que se quer, como até o momento se revelou, paralela, marginal, por sua própria natureza de provocar acontecimentos relacionados à vontade de populares, que se querem presentes no mundo, não mais como uma massa informe.

A Cavalgada é realizada uma vez por ano, no último domingo do mês de maio. Neste ano de 2002 era completada a 10ª edição do evento, já com algumas modificações em sua estrutura por motivo de uma melhor organização das suas etapas. Uma missa, que era rezada na chegada dos cavaleiros a Pedra Bonita, passou a ser feita na partida dos mesmos, como função de rememoração e homenagem aos antepassados mortos em 1838. A missa, quando era feita na chegada, não conseguia manter totalmente seu caráter sagrado. As cantorias, as festas, a movimentação dos curiosos, tudo contribuía para uma dispersão deste momento sagrado inserido no trajeto da Cavalgada. Apesar destas verificações, sentimos ser ainda preciso perceber de que ordem é esse fenômeno da Cavalgada por haver muitos detalhes envolvidos em sua realização.

Cerca de quarenta quilômetros separam São José de Belmonte da Pedra Bonita. O caminho é todo íngreme, completamente irregular, barrento na época de chuva; porém proporciona uma vista maravilhosa da serra, com seus rochedos enormes, e vegetação rasteira. Grande parte dos cavaleiros vestem roupas de couro – e partem em grupos para prevenir acidentes muito comuns no perigoso itinerário. A todo momento entoam aboios que inundam a imensidão da serra.

A partir de 1995, Ariano Suassuna foi convidado a fazer parte da Cavalgada. O escritor recebeu o papel de imperador da Pedra do Reino, pela importância do seu romance na recriação do episódio da Pedra Bonita. Quando consegue participar do evento, é levado em uma charrete até o local. Seu filho, Zé Dantas, todo ano prepara um cavalo branco, e sai vestido de príncipe medieval, acompanhado por uma princesa.

No mesmo ano da sua primeira participação da Cavalgada, Ariano ensaiou com alguns membros da Associação Cultural Pedra do Reino, uma interpretação sobre a Cavalhada, folguedo popular que representa a luta entre Cristãos e Mouros. É bom lembrar que um dos motivos do desaparecimento do rei Sebastião na batalha de Alcácer-Quibir, em 1578, foi a retomada dos embates entre Cristãos e Mouros. Hoje a Cavalgada comporta todas estas manifestações, e relembra os acontecimentos do passado. Alguns episódios são narrados na chegada a Pedra Bonita.

* * *

Minha ida até a Pedra Bonita ocorreu na manhã do dia cinco de fevereiro. Aluguei uma moto, único meio de transporte que se dispôs a enfrentar o difícil trajeto, e parti para ver a complexa formação rochosa da região. O caminho é de fato uma aventura. A região é quase inacessível. Muitos sítios estão localizados naquela região isolada. Vive-se da produção de feijão, milho e macaxeira; no entanto, as constantes secas, o difícil acesso e o isolamento nos dão uma idéia das más condições em que ainda hoje sobrevivem os pequenos proprietários daquelas paragens. Segundo um dos motoqueiros que me acompanhou, e tem familiares naquelas regiões, as pedras não representam nada para eles. A constante luta contra as dificuldades impostas pelo clima, pela falta de assistência médica, pela preocupação diária em colher ao menos o alimento do sustento próprio, diário, não os impulsiona a participar dos eventos realizados nas grandes pedras. Uma outra religiosidade, católico popular, é exercida por estes moradores.

Uma hora depois da nossa fatigante viagem, finalmente chegamos à Pedra do Reino. Aos nossos olhos, talvez já contagiados pelas histórias referentes àquelas rochas, o local impressiona pela sua grandeza e singularidade. Parece que aquele conjunto de pedras compõe um território com limites. É como se ele estivesse isolado da paisagem comum que o envolve. Imaginei que sentidos teriam sido acionados pelos participantes do movimento de 1838, que crenças estariam envolvidas naquele contexto, diante de tamanho monumento natural transformado em um lugar místico! Novamente a paisagem amalgamada a um passado histórico, resultaria em um fenômeno cultural e religioso, transcriando um espaço para novas possibilidades da vinda de um salvador, de um messias pronto para dissipar a miséria humana.

Lentamente me locomovia, ao registrar as imagens do local e percorrer os interiores do conjunto rochoso. Tudo se desdobra. A cada passo encontramos uma nova fenda que leva ao outro lado das pedras. De repente encontramos um buraco não percebido ainda. Descobre-se uma rocha chamada "Pedra do Sino" devido ao som que reverbera ao se chocar com outra pedra. E diante deste monumento natural, faz-se um silêncio que nos provoca excelente paz, a ponto de querermos deitar nas rochas e permanecer em estado meditativo.

* * *

Após este experimento que despertou sentimentos logicamente bem distantes, e alheios do evento ocorrido a mais de um século, era necessário retornamos a São José de Belmonte com uma certa pressa. As chuvas poderiam chegar a qualquer momento, e aí sim estaríamos correndo sérios riscos durante o trajeto. A volta, em declive, foi feita em um tempo menor. Em quarenta e cinco minutos já estávamos na cidade.

À tarde fiz nova visita ao museu da Associação Cultural Pedra do Reino e separei material bibliográfico raro. Passei o resto do dia tirando cópias com a colaboração dos membros da Associação. Este era o último dia com condições para realizar esta pesquisa.

De noite, um grupo reuniu-se no museu para discutir os últimos detalhes de uma viagem que fariam ao Rio de Janeiro. Boa parte da cidade estava empenhada nos preparativo para o desfile de carnaval, do qual participariam, pelo Grêmio Recreativo Escola de Samba Império Serrano do Rio de Janeiro. Nesse ano a Império Serrano homenageou o escritor Ariano Suassuna e o enredo também falava da Pedra do Reino, que foi transformada em uma ala da Escola. A Associação se organizou o ano todo para participar do desfile.

Dia seis de fevereiro, às oito horas da noite, eu partiria. Enfrentaria mais nove horas de viagem, até Recife. Este seria o ponto final da minha pesquisa de campo.

Uma passagem rápida por Recife e uma pista possível, em folhetos de cordel, de traços que compõem o imaginário em torno do sebastianismo nordestino

Cheguei a Recife na quinta-feira, dia sete de fevereiro, dois dias antes da entrada do famoso Galo da Madrugada, que dá início ao grandioso carnaval da capital pernambucana. O objetivo era entrar em contato com o presidente da Comissão Pernambucana do Folclore, Roberto Benjamim, que tem um excelente acervo de literatura de cordel. Queria verificar como se dava a releitura dos eventos que envolvem a figura do rei Sebastião no Brasil neste campo de expressão cultural.

Na tarde do mesmo dia, apesar da grande dificuldade que tive para conseguir me instalar, acabei arranjando um pequeno hotel que me ofereceu vaga até sábado de manhã, em virtude das reservas já feitas para o carnaval. Uma gripe fortíssima ajudava a prejudicar ainda mais as condições do meu corpo, já bem castigado pelos quarenta dias de trânsito ininterrupto. Uma vez devidamente instalado, fui à sede da Comissão Pernambucana de Folclore.

Após o início de uma consulta ao acervo da comissão, Roberto Benjamim me chamou para uma conversa e revelou a dificuldade de se encontrar algum material específico sobre o meu objeto de pesquisa; disse que eu poderia encontrá-lo em folhetos de cordel relacionados a Canudos. Entregou-me material de alguns livros raros que comentavam o episódio da Pedra Bonita. Também sugeriu que eu buscasse folhetos nos quais eram feitas releituras de profecias bíblicas apocalípticas, e que tinham como personagens centrais figuras míticas do nordeste, como padre Cícero e frei Damião. Neste material eu poderia encontrar pistas de discursos que contribuem para a formação de movimentos populares com traços messiânicos. A circulação deste tipo de material entre a população nordestina é muito intensa, é um forte componente da construção de um imaginário popular, cruzando diversos temas lendários medievais e autóctones.

Ciente do meu precário estado de saúde, Roberto recomendou que eu fizesse a pesquisa deste material em São Paulo dada a vasta facilidade de acesso a tais textos em acervos como os do Centro Cultural São Paulo e da Biblioteca Mário de Andrade. A suspeita de eu ter contraído a dengue fez com que eu seguisse seu conselho e preparasse minha volta para o sábado de manhã. Um vôo da empresa Gol partiria às 14:30h, de Recife, e me deixaria às dezoito horas em São Paulo.

Finalmente uma etapa de busca de traços sebastianistas em diversas regiões brasileiras revelaram uma das predestinações do "objeto" desta pesquisa, como tendo vocação para o inacabado, para o ato provocativo de instigar mais na medida em que o envolvimento do pesquisador vai sendo mais denso, trazendo claramente a sensação de que esse caminho é infindável. E é neste impasse, neste sentimento desconfortável de que nada foi levado a cabo, que chegamos um tanto quanto confusos em São Paulo, e assim permanecemos até descobrirmos a continuidade, o não fechamento, a não resolução, como elemento positivo e de alimento para quem deseja mundos possíveis e não apenas um, entregue sem opções a não ser as já previstas.

V. Vontade de movimento. Outras cartografias. Outros tempos e lugares.

Concluir algo que não permite, por sua própria natureza, um ponto final aniquilador de movimentos, é impossível e até indesejável para o pesquisador, e inadmissível para o objeto que se dispôs a ser pesquisado. É como se este objeto ficasse gritando, cutucando, causando insônia, reivindicando seu direito a não ser tratado como um cadáver mal dissecado. Com razão ele se revolta, pois respira, transpira, dança, canta, luta, descansa e retorna eternamente. Por isso, essa conclusão quer apenas apontar o que se mostrou a mim, durante esta primeira incursão ao fenômeno cultural chamado sebastianismo, e o que se pretende conversar ainda com este "objeto", já que ele não me recusou com frases do tipo: "Ora amigo, deixe-me em paz!"

A proposta deste trabalho, desde o começo, era de cartografar o fenômeno cultural. O cartografar, neste caso, foi compreendido como possibilidade de conhecimento do objeto, de traçar suas linhas que compõem territorialidades e de leituras, observando três instâncias: as permanências que nos permitem localizar o sebastianismo, suas atualizações, no cruzamento e encaixes de materiais heterogêneos e a singularidade de uma leitura promovida pelo sujeito-pesquisador que, sem dúvida, traz um olhar específico, e que realiza um ir e vir afetivo entre o objeto ao qual procura em diversas instâncias se reunir.

Neste sentido, fazemos coro com o que Deleuze e Guattari compreendem por cartografar. Ao tentarem expor o que é um livro para eles, e como este é melhor aproveitado como movimento ao ser lido ou escrito, atentam para alguns elementos contidos num objeto a ser observado, e que devem ser levados em consideração: "Num livro, como em qualquer coisa, há linhas de articulação ou segmentaridade, estratos, territorialidades, mas também linhas de fuga, movimentos de desterritorialização e desestratificação". E estar atento a estes elementos já é cartografar um livro, ou um fenômeno cultural, ou processos de movimento que se territorializam, desterritorializam e se reterritorializam. Então, a leitura de um livro ou de qualquer outra coisa que nos cause curiosidade, segundo Deleuze e Guattari, pede específico tipo de abordagem.

> Não se perguntará nunca o que um livro quer dizer, significado ou significante, não se buscará nada compreender num livro, perguntar-se-á com o que ele funciona, em conexão com o que ele faz ou não passar intensidades, em que multiplicidades ele se introduz e metamorfoseia a sua.

Ao mesmo tempo, escrever, para os dois autores em questão, "nada tem a ver com significar, mas com agrimensar, cartografar, mesmo que sejam regiões ainda por vir"[26].

Ora, este cartografar, este contínuo viajar em uma singularidade, ou potência que produz singularidades, é ler um mundo possível, encontrar conexões em vários tempos/espaços e fazer outras no tempo/espaço do sujeito-pesquisador. Daí o cartografar, no caso dessa pesquisa, esteve muito ligado com a verificação de processos de transmissão do fenômeno cultural sebastianista, e com o observar os mundos possíveis no decorrer de tempos/espaços diversos, que por sua vez se concretizam num mundo possível no espaço/tempo do pesquisador, sem que se produza um engessamento do objeto pesquisado, compreendendo e admitindo, mais que qualquer outra coisa, sua potência de movimento.

Junto a este cartografar, e até atendendo a necessidade de um meio que nos desse uma certa base para praticar esta ação, uma etnografia com concepções modernas nos permitiram tomar contato com o trânsito do sebastianismo por códigos orais, ritualísticos, literários, políticos etc.

Laplantine, em sua obra *La descricion ethnographique*, procura amenizar uma angústia da maioria dos pesquisadores em dado momento da pesquisa: quando há o encontro e contato com seu objeto de pesquisa. Como se sabe, a antropologia foi marcada – apesar de possuir trabalhos sérios, esclarecedores e belíssi-

---

26. G, Deleuze e F. Guattari, "Introdução: Rizoma", op. cit., pp. 11-37.

mos – por equívocos que alternaram dois pólos em que se colocavam os sujeitos-pesquisadores. Um deles é a proposta de distanciamento total entre sujeito-pesquisador e objeto pesquisado; o que resultou em trabalhos com olhares que buscavam referências em sua própria cultura para tentar compreender a cultura do Outro, o que gerou, em alguns casos, empobrecimento e grandes equívocos a respeito dos fenômenos observados. No outro pólo verifica-se a aproximação extrema dos envolvidos em uma pesquisa, o que causa uma total imersão do sujeito-pesquisador na cultura do Outro, causando uma homogeneidade dos dois atores envolvidos na pesquisa, aniquilando as multiplicidades que estão em jogo na observação do objeto a ser pesquisado.

François Laplantine propõe a aproximação entre o sujeito-pesquisador e o objeto a ser observado, mas não nos deixa esquecer que, como pesquisadores, temos uma história e um comportamento diferente do Outro com o qual nos deparamos. Porém, necessitamos entrar em consonância com o Outro e participar dele, atentando sempre para o fato de que perderíamos todo nosso desejo, nossa curiosidade em observar o Outro se nos tornássemos ele.

É dessa forma, com tropeços e inúmeras dificuldades, que tentamos trabalhar os processos transmissívos, verificando as potências de movimento ancoradas na grande capacidade de permanência e atualização da figura de Dom Sebastião. Mas é evidente que não esgotamos o tema e temos consciência da impossibilidade deste ato. No entanto, sentimos o desejo de continuar a cartografia do fenômeno cultural sebastianista, aprofundando a observação de diferenças que ocorrem na leitura de grupos diversos como sugerimos, nessa trabalho, ao apontar as peculiaridades das transmissões e traduções da figura de Dom Sebastião na oralidade e em parte da religiosidade popular da região das águas (caso do Maranhão e Belém do Pará), e do sertão nordestino (caso de São José de Belmonte em Pernambuco).

Também percebemos ser de suma importância ampliar o território cartografado, notando movimentos populares rebeldes ocorridos no sertão, como no caso da Cidade do Paraíso Terrestre – tido como o primeiro movimento social nordestino que envolve a figura do rei Desejado – e casos que ganharam maior notoriedade como Canudos.

Para além da ampliação territorial da cartografia do fenômeno, também achamos necessário observar suas atualizações e trânsito em outros campos nos quais se concretizam releituras da figura de Dom Sebastião. Soubemos, depois de concluída a primeira parte desta pesquisa, de profecias de um beato de Arco Verde, Pernambuco, que pregava a espera messiânica de Dom Sebastião. Estas foram recriadas pelo grupo musical "Cordel do Fogo Encantado", atualmente residente em São Paulo, e conheceram nova expressão tanto performática, como cenograficamente, num ambiente predominantemente musical, mas que se preocupa com um tratamento teatral. Descobrimos também outro projeto de trabalho sério que teria sido realizado no espaço da dança, teatro, cinema e literatura por Larissa Matty, de Brasília. O projeto chama-se *Dom Sebastião – Rei de Portugal, Entidade Africana*, e ele teria abordado o sebastianismo, de maneira artística, no culto africano dos Terreiros de Tambor Mina, além das lendas sobre o rei Encantado.

Ao indicarmos estes novos territórios pelos quais transita o sebastianismo, estamos propondo, na oportunidade que dá esta conclusão, continuar nossa cartografia em um trabalho futuro. E, num primeiro momento, além de aprofundar os aspectos transmissivos do fenômeno cultural ao qual nos propomos estudar, três outros pontos nos chamam a atenção, convidando-nos a buscar uma melhor compreensão de determinados mecanismos que convivem no "meu" objeto de pesquisa.

Em primeiro lugar, sentimos que é indispensável retomarmos, com maiores detalhes, a questão do encantamento e desencantamento do mundo como concepção fundamental para compreender a criação de movimentos sociais coletivos, que têm como base uma visão de mundo ancorada na religiosidade popular. Para isso, os estudos iniciados por Max Weber nos aproximam da especificidade deste processo de busca pelo re-encantamento do mundo. Nele está em jogo o desejo de se situar no cotidiano como uma singularidade. Isso favorece agrupamentos coletivos que pretendem criar uma nova ordem, que se estabelece como outra que não aquela que torna o indivíduo apenas parte disforme e descartável de uma massa perante um poder abstrato que, por sua vez, conforma o cidadão aos seus desígnios.

Em *Errantes do Novo Século*, Duglas Teixeira Monteiro nos indica este processo de encantamento e desencantamento do mundo nos acontecimentos da Guerra Santa do Contestado. Todo um novo espaço sagrado, acompanhado de uma singular ritualística, é criado com vistas ao re-encantamento do mundo, para concretizar os seguintes desejos coletivos deste caso em particular: assumir as visões escatológicas de um catolicismo popular – este mais próximo do cotidiano dos participantes da Guerra Santa do Contestado – que promete a continuidade da história até o seu final apocalíptico, no qual o Paraíso Celeste estaria destinado aos escolhidos por Deus; desvencilhar-se de uma situação de exclusão social, territorial e de aborto de políticas do desejo. A criação deste espaço sagrado, e de novas práticas ritualísticas, tinha a intenção de estimular mecanismos de continuidade histórica para que se desse o fim da história, no final dos tempos, em que a junção de sagrado, e profano permitisse a dissipação das diferenças sociais, e o indivíduo retomaria o encanto do mundo em uma outra ordem que não a secular, a do homem, mas a nova ordem de Deus.

Outro processo que no interessará abordar é o funcionamento da memória que é trabalhada em um fenômeno cultural que ganha tanta longevidade em tempo/espaço como o sebastianismo. Ora, a complexidade que envolve a figura de Dom Sebastião tem que ver com concepções utópicas, milenaristas, apocalípticas e messiânicas, elaboradas em discursos proféticos que buscam revelar o futuro na direção do re-encantamento do mundo.

A voz profética trabalha sempre em um presente que contrai o passado e o futuro. Dois presentes são colocados em questão quando enunciado e enunciatário do texto profético se encontram: o presente do enunciador, no qual ele elabora sua profecia sobre o futuro, em seu presente, observando sinais que lhe são revelados e que já estavam previstos no passado; o presente do enunciatário, que pode ler outros sinais no seu presente que estavam previstos no presente do enunciado profético, que por sua vez é o passado do enunciatário.

Desta forma, determinado enunciado profético caminha ao longo de tempos/espaços sendo repetido sempre diferentemente. Daí teremos uma Memória do Futuro[27] que repete o diferente

---

27. Tomo este termo emprestado, e as idéias nele envolvidas, do curso Cultura é Memória II realizado por Jerusa Pires Ferreira, no 1º semestre de 2000, no Programa de pós Graduação em Comunicação e Semiótica da PUC/SP.

e não o mesmo. Produz-se um eterno retorno do diferente, quando linhas históricas, imaginárias, sociais, políticas, culturais, religiosas etc. se cruzam, e não mais o eterno retorno do mesmo, que é produzido circularmente. Este processo talvez cause a impressão, no presente de quem lê os enunciados proféticos, de que há uma repetição do mesmo. Mas a atualização contínua de profecias, e, com isso, das figuras nelas constantes, é produzida pela repetição do diferente.

Estes mecanismos da memória, tão caros ao fenômeno cultural sebastianista, merecerão melhor tratamento em outro trabalho. Acerca destes processos da memória, serão de suma importância estudos como o de Gilles Deleuze chamado *Diferença e Repetição*, no qual o autor preocupou-se com estes problemas no âmbito da filosofia, e nos legou grandes reflexões sobre o assunto.

Assim, muito ainda nos instiga a figura de Dom Sebastião no Brasil. Sua existência virtual escapa a qualquer conclusão, não permite ponto final e nem o verbo *ser;* não há como apreendê-lo em uma expressão do tipo "Dom Sebastião *é* tal coisa...", pois é de sua natureza evidenciar seu estado de devir, num sendo constante, no qual uma simples conclusão de pesquisa acaba tornando-se o desejo de uma ponte para um possível trabalho futuro.

SEGUNDA PARTE:

ELEMENTOS DO DOSSIÊ E ESTADO DA QUESTÃO

Documentos

1. Do nascimento, criação, e maioridade de Dom Sebastião, quando se torna rei

Capítulo II: *Do nascimento de El-Rei Dom Sebastião e das falas que têve El-Rei Dom João, o 3º*

Era casado Dom João, o 3º, filho de El-Rei Dom Manuel, com a Rainha Dona Catarina, filha de El-Rei Dom Filipe de Castéla, Arqui-Duque de Áustria, primeiro dêste nóme, dos quáis, como por benção, nascêram os filhos seguintes:

A Infanta Dona Maria que fôi Princêsa de Castéla, mulhér de El-Rei Dom Filipe, Nósso Senhôr;

O Príncipe Dom Manuel
O Príncipe Dom Filípe
O Príncipe Dom António
O Infante Dom António
A Infanta Dona Isabél
A Infanta Dona Biatrís
A Infanta Dona Maria e

O Príncipe Dom João, pái de El-Rei Dom Sebastião, além do que houve máis, o sr. Dom Duarte, filho não legítimo: mas como Dêus tinha ordenado virem êstes Reinos de Portugal a El-Rei de Castéla, aprouve a Êle, por sua Divina Providência que todos os filhos de El-Rei Dom João morrêssem meninos, de pouca idade, não ficando vivo senão o Príncipe Dom João que Dêus lhe deixou para bordão da sua velhice e onde estribasse suas esperanças, com alívio das desconsolações das mórtes de tantos filhos. Mas como a herança dos Reinos dependêsse sómente de uma esperança da vida do Príncipe Dom João, único filho de páis estéreis, já por idade madúra; e temerósos El-Rei e os póvos desta se acabar em florescente idade, como já o tinham visto em seus irmãos, ordenáram de o casar, como chegou à idade de 16 anos, para que havendo filhos, ficássem os Reinos máis providos de herdeiros e (se), evitássem os receios que cada hóra os assaltávam: portanto se tratou o casamento, em Castéla, com a Princêsa Dona Joâna, filha de Carlos V, Imperadôr e Rei das Espânhas, a qual trasída a êstes Reinos com a pompa e féstas reáis, veiu a Lisboa, metrópole do Reino, a 5 de Desembro de 1552, onde lógo, em face da Igreja, fôram recebidos com vinculo de matrimónio, dia de Nóssa Senhôra da Conceição, na Sé désta cidade.

O Princípe Dom João, como amasse muito a Princêsa, sua mulhér, com brandúra de coração e ela lhe correspondêsse com igual amôr, assím pelo chégado parentêsco, que entre ambos havía, como por afeição natural, a qual na florente idade e tenros corações máis se imprime, veiu a Princêsa, em bréve tempo, a emprenhar, com que tôdo o pôvo ficou alégre: mas esta alegría lhe não durou múito, porque poucos dias antes do parto da Princêsa, sobreveiu ao Príncipe Dom João uma enfermidade mortal, sem lhe aproveitar remédio humâno, por Dêus, assim o permitir, e acabou os seu dias a 2 de janeiro de 1554. Durou casado 13 mêses e 18 dias antes da Princêsa parir. Mas, como já por a mórte do Príncipe, o ampáro de Portugal, e sua sucessão ficava pôsto nas esperanças do parto da Princêsa, porque o sobressalto de tamanha dôr não imprimísse algúm perígo à criança, abalando as entrânhas da viúva, trabalháram El-Rei e a Raínha encobrirem a mórte do Príncipe até que parisse, os quáis, com muito avíso e grão dissimulação, alégres visitávam a miudo a Princêsa, avisando a tôdos que fiséssem seus prantos de maneira que a Princêsa não sentisse: e não de todo enganada, por algúns indícios que como discréta e santa e respóstas e perguntas que fasía do Príncipe, com ânimo prudente e temperado, metida entre dúvidas e sobressaltos, lhe déram as dôres do parto à meia noite para a 1 hora, a 20 de janeiro de 1554, dia do Mártir S. Sebastião. Sabída esta nova pela cidade, dado avíso à cleresía e religiósos e às máis pessôas devótas pedissem a Dêus, com orações santas e públicas, o próspero parto da Princêsa, como único remédio português e lógo de noite se ordenou uma soléne procissão de toda a cleresía e religiósos da Sé a S. Domingos. Leváram nela o braço do Mártir S. Sebastião, o qual foi trasído a êste Reino de Portugal do saque de Roma, em tempo de Clemente 7º. Além disto não ficou dona nem donzéla, por nóbres e virtuósas que fôssem, que com múitas lágrimas não saíssem de suas casas, e andassem pelas igrejas pedindo o remédio tão desejado, concorrendo todos ao Terreiro do Paço, sabendo as horas de que a Princêsa paría, o que todos, com grande silêncio, sendo já dia, ouvíram das janélas, que disíam os Fidalgos, que nelas estávam, que já tinham Príncipe e fôi tanta alegría de tal sucésso, que não cessávam de louvar o Senhôr por tamanha mercê, a qual nóva correu lógo por tôda a Cidade e Reino, com múito alvoroço.

A êste tempo, tornando a procissão para a Sé, cantando a ladaínha, na rua se publicou ser o Príncipe nascido onde lógo mudando o som à letra, levantáram *Te Deum laudamus*, com múita alegría e todos os Fidalgos fôram beijar a mão a El-Rei e á Rainha, os quáis consolados em Dêus lhes restituir em um só néto a pêrda de tantos filhos, não podiam encobrir o contentamento que disso tinham.

Chegado o outro dia do nascimento do Príncipe, foi batisado e lhe puséram por nóme Dom Sebastião, que foi o 1º dêste nóme por nascêr ao dia de S. Sebastião a quem já o pôvo português era múito obrigado por devoção por Dêus havêr levantado a cruel e freqüente péste dêstes Reinos, com a vinda do seu braço e a Princêsa viúva se partíu para Castéla a 15 de abril de 1554.

Capítulo III: *Da criação de El-Rei Dom Sebastião e seus mestres*
A Rainha Dona Catarina e o Cardeal Henrique, irmão de El-Rei Dom João, sobre os quáis ficava estribado o pêso do Governo do Reino e da criação de El-Rei menino e orfão, ao qual êles com egual zêlo e amôr procurávam todo o bem de seus Reinos, ambos com conselho dos príncipais Senhôres, ordenáram quatro sumilhéres a El-Rei, a sabêr: Dom Pedro de Menêses, Dom Fernando Álvares de Norônha, Dom Duarte de Almeida, Fébus Monis e por áio Dom Aleixo de Menêses, por sêrem velhos, para o instruir em toda a bôacriação e político tratamento e ordenáram, no mêsmo tempo, para o ensinar a lêr e bons costúmes, por Mestre o Padre Luís Gonçalves da Câmara, religiôso da Companhia de Jesús, que a êste tempo estava em Roma, donde foi chamado por sêr nóbre, virtuôso e douto em todas as artes e era lido em todas as antiguidades. Tinha o Mestre por companheiro Amadôr Rebêlo Maurício, ambos de múita religião. (...) Mas como El-Rei Dom João foi mui amado do pôvo, e o exercício da guerra começou a afrouxar, e êle ter largado aos Mouros as fortalêzas que os Reis seus antepassados ganháram aos Mouros em África, as quáis éram Safim e Azamôr, Alcarodegol, Arzila e perdido à força de armas, o Cabo de Degue, o que os póvosz e nobrêsa estranháram e murmuráram, determináram, o Mestre Maurício inclinárem El-Rei D. Sebastião, em outro extrêmo, de o fasêrem belicôsos e ensinado ás armas.

Sendo El-Rei menino, não soménte o exortávam com palavras e exemplos de grandes Reis e de grandes vitórias que houvéram, mas em matéria do escrevêr e nos livros por onde lhe dávam lição, o persuadíram a tais emprêsas e exercício militar. O menino, de sua real condição, éra esforçado e de coração altivo, de tal maneira bebía estas doutrinas que lógo começou a dar móstras de ânimo invencível: mas como a conquista dêste Reino seja África, visinha e inimíga, a principal guerra que os Mestres de El-Rei lhe mostrávam era ésta, contra a qual já o môço, com capital ódio, desejava mostrar seu esforçado carácter, e assím não faláva em outra cousa senão na Arte Militar, dando-se a todo o género de cavalarias, corrêr touros, montear pórcos, jogar, fasêr justas e torneios, nos quais exercícios éra mui déstro, que nenhúm dos senhôres lhe éra igual, em destrêsa, fôrças e esfôrço e bom ar, e que todos, sem lisonja, conhecíam por avantajado: ao que também juntou o gôsto de todo género de caça e montaria em que gastáva a maiór parte do tempo, nas suas coutadasde Almeirim e Salvaterra, em invérno, e verão, em Cintra e nisto era tão curiôso, o que se lhe reputava por vício, assim por a falta que fasía aos negócios públicos como pelo perígo a que se punha de sua pessôa, em trasêr os Fidalgos e oficiais de sua casa mui cnasados e inquietos, ainda por muitas chuvas, frios e grandes calmas, nos quáis exercícios El-Rei se mostráva muito sofredôr dos trabalhos e despresadôr das delícias de hómens mimosos. E não sómente se via sua incansável naturêsa em os táis exercícios, mas aínda nos do mar, temendo seus perígos com ânimo alheio de todo o mêdo, o que os mariantes, muitas vêses têem de cértos perigos e entendem não podêrem escapar, e assím, muitas vêses, em os táis perigos, zombava dos que via e sentia covardes e medrósos: com os quáis esperanças parecia podêr sujeitar seus inimígos. E, na verdade, sómente não era temído de seus vassálos, mas de todos onde chegáva a notícia de seu nóme. E tal éra a sua condição que uns julgávam por dificultôsos nas ferocidades que mostrava, e outros por bemaventurado nos grandes feitos que prometia. Com esta diversidade de opiniões todos concordávam em o temêrem e o reverenciárem com um acatamento digno de tão grande monárca, não deixando por outra parte de se mostrar de condição real, com as máis partes requisítas a tal Príncipe, como éra bem.

Capítulo IV: *Como depôis da mórte de El-Rei Dom João, a Rainha Dona Catarina governou os Reinos de Portugal, e depôis deixou o Govêrno ao Cardeal Dom Henrique e o menino fôi alevantado por Rei.*

A Rainha aceitou o Govêrno, mais por a necessidade do pôvo que interêsse ou gôsto, entre tantas máguas que tinha sentido nas mórtes de seus filhos.

(...) Mas como a Rainha estivésse cançada dos negócios públicos, e enfastiada dos costumes da côrte e por sua larga idade desejasse repouso de alma, a dar a Deus, com quietação, os derradeiros dias, em seu serviço, tratando com os póvos seu intento, dando-lhe descarga de sua idade e quietação que pretendía, se desobrigou do Govêrno do Reino, voluntariamente e porque El-Rei Dom Sebastião era de mui pequêna idade para tomar o cétro, pediu ao Cardeal Dom Henrique, irmão Del-Rei Dom João, seu marido, por a obrigação que tinha de ajudar aos Reinos, assim por amôr de El-Rei Dom Sebastião, seu sobrinho, como por não havêr outro Príncipe de máis autoridade e experiência, que quisésse aceitar o Govêrno. O Cardeal, como foi sempre grande zeladôr do bem comúm e de todo gênero de virtude, não enjeitou os rógos da Rainha, nem despresou a necessidade do pôvo, com zêlo de cumprir com a obrigação para com El-Rei seu sobrinho e menino a quem desejava servir e múito máis a Dêus a quem nisso atendia servir e agradar. Tão resoluto éra o Cardeal nos negócios públicos e tão contínuo nos despachos, com um ânimo sofredor de trabalhos, que não perdendo ponto de acudir a todas as cousas necessárias, governou o Reino com admirável prestêsa e maravilha dos naturais.

Acabados os 6 anos que governou com muita inteirêsa de justiça e zêlo do culto divino, com assás murmuração de escândalos, diante de quem as virtudes são havidas por inimígas, sendo já El-Rei Dom Sebastião de 14 anos, cujo entendimento estava madurado para regêr com prudência seus Reinos, lhe entregou o regimento, o govêrno e cétro publicamente, sendo a isto chamados todos os Nóbres e Prelados, na qual entréga o Cardeal em escrito e palavra deu descarga de todas as cousas do govêrno e os serviços que nisso fiséra a Dêus e a El-Rei [...]

E logo foi dado ao Príncipe um cétro todo de ouro e tão delgado como um dêdo da mão, de 3 palmos de comprido e uma cabeça em cima e êle o tomo na mão direita e o secretário tirou um papel e o leu em vós baixa, e o Cardeal fês o mêsmo, que éra a procuração da Rainha para por ela pôder dar obediência a El-Rei; então o Cardeal lhe beijou a mão, a após êle o Senhôr Dom Duarte e Dom António, filho do Infante Dom Luís, Duques e Marquêses, Condes, Regedôr, e mais Senhôres e vereadôres da Cidade, e após o Cardeal lha tornou outra vês a beijar e lógo o Arcebispo Dom Fernando, e máis Bispos e máis pessôas principáis até 30 pessôas e lógo Dom João de Menêses que tinha a bandeira enrolada a estendeu e um Rei de armas disse: ouvi, ouvi, ouvi, e o dito Dom João, com a bandeira estendida, disse em vós alta: *Real, Real, Real, por o muito alto e poderôso Príncipe Rei Dom Sebastião, Rei de Portugal, Nósso Senhôr'* e lógo as charamélas, trombêtas e atabales, com múi grande estrondo tocáram e tangêram, e toda gente, com mui grandes brados, começou a bradar Real, Real, Real e o Galeão que éra o maiór e máis poderôso de Espanha, que estava diante dos Paços múito embandeirado, atirou muita artilharía, que com éla tremía a cidade e o mêsmo fiséram cértas caravélas de El-Rei que alí préstes estávam, e acabado de atirar, as despojáram de suas bandeiras, móstras de prasêr.

(*Crónica de El-Rei Dom Sebastião, único dêste nóme e dos Reis de Portugal o 16º , composta pelo Padre Amadôr Rebêlo, companheiro do Padre Luís Gonçalves da Câmara, Mestre do dito Rei Dom Sebastião*. Porto, Edição de António Ferreira de Serpa, Civilização, 1925.)

2. *Os Lusíadas* de Camões: dedicatória depositando esperanças no rei Desejado

6
E vós, ó bem nascida segurança
Da lusitana antiga liberdade,
E não menos certíssima esperança
De aumento da pequena cristandade
Vós, ó novo temor da maura lança,
Maravilha fatal da nossa idade,
(Dada ao mundo por Deus, que todo o mande
Pera do mundo a Deus dar parte grande);

7
Vós, tenro e novo ramo florecente
De ua árvore, de Cristo mais amada
Que nenhuma nascida no Occidente,
Cesárea ou Cristianíssima chamada,
(Vede-o no vosso escudo, que presente
Vos amostra a vitoria já passada,
Na qual vos deu por armas e deixou
As que Ele pera si na Cruz tomou);

8
Vós, poderoso rei, cujo alto império
O sol, logo em nascendo, vê primeiro;
Vê-o também no meio do hemisfério,
E quando dece o deixa derradeiro;
Vós, que esperamos jugo e vitupério
Do torpe ismaelita cavaleiro,
Do turco oriental e do gentio
Que inda bebe o licor do santo rio,

9
Inclinai por um pouco a majestade
Que nesse tenro gesto vos contemplo
Que já se mostra qual na inteira idade,
Quando subindo ireis ao eterno templo;
Os olhos da real benignidade
Ponde no chão: vereis um novo exemplo
De amor dos pátrios feitos valerosos,
Em versos devulgado numerosos.

10
Vereis amor da pátria, não movido
De prêmio vil, mas alto e quase eterno;
Que não é prêmio vil ser conhecido
Por um pregão do ninho meu paterno.
Ouvi: vereis o nome engrandecido
Daqueles de quem sois senhor superno,
E julgareis qual é mais excelente,
Se ser do mundo rei, se de tal gente.

11
Ouvi: que não vereis com vãs façanhas,
Fantásticas, fingidas, mentirosas,
Louvar os vossos, como nas estranhas
Musas, de engrandecer-se desejosas:
As verdadeiras vossas são tamanhas
Que excedem as sonhadas, fabulosas,
Que excedem Rodamonte e o vão Rugeiro
E Orlando, inda que fora verdadeiro.

12
Por estes vos darei um Nuno fero,
Que fez ao rei e ao reino tal serviço
Um Egas e um Dom Fuas que de Homero
A cítara par'eles só cobiço.
Pois polos Doze Pares dar-vos quero
Os Doze de Inglaterra e o seu Magriço.
Dou-vos também aquele ilustre Gama,
Que para si de Eneas toma a fama.

13
Pois, se a troco de Carlos, rei de França,
Ou de César, quereis igual memória:
Vede o primeiro Afonso, cuja lança
Escura faz qualquer estranha glória,
E aquele que a seu reino a segurança
Deixou, com a grande e próspera vitória;
Outro Joane, invicto cavaleiro,
O quarto e quinto Afonsos e o terceiro.

14
Nem deixarão meus versos esquecidos
Aqueles que, nos reinos lá da Aurora,
Se fizeram por armas tão subidos,
Vossa bandeira sempre vencedora:
Um Pacheco fortíssimo e os temidos
Almeidas, por quem sempre o Tejo chora,
Albuquerque terríbil, Castro forte,
E outros em quem poder não teve a morte.

15
E, em quanto eu estes canto e a vós não posso,
Sublime rei, que não me atrevo a tanto,
Tomais as rédeas vós do reino vosso,
Dareis matéria a nunca ouvido canto:
Comecem a sentir o peso grosso
(Que polo mundo todo faça espanto)
De exércitos e feitos singulares
De África as terras e do Oriente os mares.

16
Em vós os olhos tem o mouro frio,
Em quem vê seu exício afigurado;
Só com vos ver o bárbaro gentio
Mostra ao pescoço ao jugo já inclinado;
Tétis todo o cerúleo senhorio
Tem para vós por dote aparelhado;
Que, afeiçoada ao gesto belo e tenro,
Deseja de comprar-vos pera genro.

17
Em vós, se vem, da olímpica morada,
Dos dous avôs as almas cá famosas;
Ua, na paz angélica dourada,
Outra, polas batalhas sanguinosas.
Em vós esperam ver-se renovada
Sua memória e obras valerosas;
E lá vos tem lugar, no fim da idade,
No templo da suprema eternidade.

18
Mas em quanto este tempo passa lento
De regerdes os povos que o desejam,
Daí vós favor ao novo atrevimento.
Pera que estes meus versos vossos sejam;
E vereis ir cortando o salso argento
Os vossos Argonautas, porque vejam
Que são vistos de vós no mar irado,
E costumai-vos já a ser invocado.

(Camões, Luís Vaz. *Os Lusíadas*. O primeiro volume foi impresso em Lisboa, em 1572. Este extrato é da versão *Os Lusíadas: Edição Comentada*, da Biblioteca do Exército, Rio de Janeiro, 1980)

3. Alcácer Quibir: costura de textos sobre a batalha e o "desaparecimento" do corpo do rei.

A 24 de Junho de 1578 parte a vistosa armada, com várias centenas de navios, rumo a Tânger (847 velas de toda sorte e 24 mil homens); em Arzila se celebra um conselho e se discute a hipótese de um combate em campo aberto ou de um cerco a Larache. D. Sebastião defende a hipótese da batalha de campo aberto – raciocínio certo segundo uns, devido a Larache ser moroso de atingir, mero pretexto para o rei satisfazer o seu apetite de bater-se corpo a corpo, segundo outros. Efetivamente trava-se uma batalha de campo aberto nas campinas de Alcácer-Quibir na manhã de 4 de Agosto de 1578, estando el-rei na vanguarda, à frente de alguma cavalaria, na ala esquerda, sendo a ala direita comandada pelo Duque de Aveiro; D. Sebastião procurou antes a organização da batalha, e ao primeiro rompimento de fogo do inimigo a cavalaria portuguesa acometeu, abrindo largas brechas na hoste moura. Houve um momento vitorioso em Alcácer. Mas uns momentos de indecisão e a voz de "ter, ter!" do sargento-mor Pêro Lopes, bastaram para a superiosidade numérica do adversário prevalecer sobre a bravura dos portugueses, que foram dispersados. "Uma derrotas organizada", teria dito mais tarde um fidalgo, acerca da confusão e pânico que então se gerara. Do rei pouco se soube. A História fixou que ele combateu denodadamente e se embrenhou pela hoste inimiga até não mais ser visto. O resto do seu destino perdeu-se na incerteza e na lenda. Na memória nacional ficou o seu grito de "morrer, mas devagar!" e uma grande página de dor e de luto na História.

(Costura de textos diversos sobre a batalha de Alcácer Quibir realizada por PIRES, António Machado. *D. Sebastião e o Encoberto: Estudo e Antologia*. Lisboa, Fundação Calouste Gulbenkian, 1969. Carta de um autor anônimo a um abade da Beira publicada em SÉRGIO, António. *O Desejado*. Paris-Lisboa, Aillaud & Bertrand, 1924; ESAGUY, José de. *O Minuto Vitorioso de Alcácer Quibir*. Lisboa, Agência –Geral das Colónias, 1944; e o romance de RIBEIRO, Aquilino. *Aventura Maravilhosa de D. Sebastião Rei de Portugal, Depois da Batalha com o Miramolim*. Lisboa, Livraria Bertrand, 1937.)

4. Condenação de um pretenso Dom Sebastião

De algumas cousas em que El Rey Dom Sebastian se pareçe na sua tribulaçan com a paxam de Christo...
Injuriosamente foy preso, indinamente atado, injustamente condenado, entregue a soldados esteve e a seus escarneos; so, sem ninguem por si que procurasse por elle ou fallasse. Buscaram lhe testimunhos falsos e o condenaram

sem ordem de juizo pella vontade, sem ley: dizendo: Que por se fazer Rey: de que pretendiam desapressarse. Perguntado foy pollos que o seguiam como por seus discipulos: e fizeramno Calabres (como Galileu) nam querendo que fosse Portugues: rematando sobre tudo que tem o Diabo em si: por justificar sua causa com os segredos e finaes do tempo que gouvernou. Julgado foy em poder do que governava por El Rey de Hispanha o Reyno de Napoles: levado por toda a cidade cabeça delle, sobre um asno por zombaria e desprezo, com o pregam do titulo que os Judeos emendado pediram a Pilatos. O qual governando tambem por seu Senhor, foy tirado o verdadeoro do çeo eda terra Deos e Rey Encuberto pellas ruas de Hierusalem ao Calvario. E com todo terror da injustiça nam dixaram as entrenhas pierdosas de o chorar: em cuja çidade polla misericordia infinita nam se cumpra tambem o dito do Salvador.

Ficava por passar a este bom Rey pera se lhe ir de todo assemelhando a morte de Cruz, mas como esse Deoa e homem o tem eleito pera Enviado a cousas de tanto seu gosto: comutoulhe em Cruz de gale e morte çivel: reputado em fim com os maos, feyto forçado como elles. Na barquinha esteve tres dias e a vergonha e penando com as tres horas da Cruz de Christo: e se seus inimigos gosaram delle, dandolhe a vaya: foram muytos os outros, que tornando se pera suas casas, feridos seus peytos da dor e da justiça, o confessaram pello verdadeiro Rey de Portugal. Em lugar dos cravos teve o ferro: despido foy e nu, e seus vestidos dados aos soldados. E porque nada de deshonrra lhe faltasse suas barbas reaes arrancadas e seu rosto Affeado. Finalmente na gale ficou como em sepultura, com o sello do ferro e guardado...

(*Relato da Condenação do Pretenso D. Sebastião em Nápoles, abril de 1602*. Extraído de João de Castro, *Ajunta do Discurso...*, Paris, setembro de 1602, em BERCÉ, Yves-Marie. *O Rei Oculto: Salvadores e Impostores. Mitos Políticos Populares na Europa Moderna.* Bauru,SP, EDUSC; São Paulo, Imprensa Oficial do Estado, 2003.)

5. Extrato de uma profecia chamada de evangelho do sebastianismo

SONHO SEGUNDO
XCIX
(...)Já o tempo desejado
É chegado
Segundo o firmal assenta
Já se passam os quarenta
Que se ementa
Por um Doutor já passado.
O Rei novo é acordado
Já dá brado:
Já arressoa o seu pregão
Já Levi lhe dá a mão
Contra Sichem desmandado.

E segundo tenho ouvido,
E bem sabido,
Agora se cumprirá:
A desonra de Dina
Se vingará Como está prometido.

C

O Rei novo é escolhido, E elegido, Já alevanta a bandeira
Contra a Grifa parideira
Que tais pastos tem comido;
Porque haveis de notar, E assentar
Aprazendo ao Rei dos Céus
Trará por ambas as Leis,
E nestes seis
Vereis coisas de espantar. (...)

CIV

(...) Este Rei de grão primor,
Com furor,
Passará o mar salgado
Em um cavalo enfreado,
E não selado,
Com gente de grão valor.

CV

Este diz, socorrerá,
E tirará,
Aos que estão em tristura,
Desde, conta a Escritura,
Que o campo despejará,
Os Fidalgos estimados,
E desprezados, Que até agora são corriodos,
Com o tal serão erguidos,
E mui queridos,
E com os Reis estimados. (...)

SONHO TERCEIRO
CL

(...)Vejo erguer um grão Rei
Todo bem aventurado, E será tão prosperado,
Que defenderá a grei.

CLI

Este guardará a Lei
De todas as heresias,
Derrubará as fantasias
Dos que guardam, o que não sei.

CLII
Vejo sair um fronteiro
Do Reino detrás da serra,
Desejoso de pôr guerra
Esforçado cavaleiro.(...)

CLVII
(...) Servirão um só Senhor
Jesus Cristo, que nomeio,
Todos crerão, que já veio
O Ungido Salvador.

CLVIII
Tudo quanto aqui se diz,
Olhem bem as Profecias
De Daniel, e Jeremias,
Ponderem, nas de raiz.(...)

(Extratos das *"Profecias" do Bandarra*, escritas por Gonçalo Annes Bandarra (Sapateiro de Trancoso) entre 1530 e 1540. Lisboa, Veja, 5ª edição, 1996.)

6. Sermão de S. Sebastião. Um dos divulgadores do sebastianismo no Brasil.

(...) Assim andam n'este mundo encobertos os bemaventurados; e assim viveu, quando viva n'elle, aquelle grande bemaventurado, e aquelle famoso encoberto, cujas saudosas e gloriosas memorias hoje celebramos, o illustrissimo e invictissimo confessor de Christo, S. Sebastião. Ó divino bemaventurado! Ó divino encoberto! No céo vos celebra a igreja triunphante descobertamente bemaventurado; na terra vos festeja a Igreja militante bemaventurado, mas encoberto: assim vos chamo, e assim vos devo chamar, porque assim vos descreve, e assim vos pinta hoje o Evangelho, encoberto com quatro disfarces, mas todos quatro de bemaventurança, de bemaventurado: *Beati pauperes: Beati Qui lugent: Beati Qui nunc esuritis: Beati eritis cum vos oderint homines*. Suposto este fundamento do Evangelho, resumindo o meu discurso, só a duas palavras, todo o assumpto d'elle será este: *Sebastião o Encoberto*. Para sahir bem de tão antigo e tão novo assumpto, não poderá ser sem muita assistencia da graça. *Ave Maria*.

De quatro maneiras encobertos nos representa o Evangelho aos bemaventurados: e em outras quatro considerações (se bem o advertirmos) foi S. Sebastião o encoberto: encoberto na vida, e encoberto na morte; encoberto na fé, e encoberto nas obras: e estas duas combinações de encobrir reduziremos toda a prova do nosso assumpto. Foi S. Sebastião encoberto na vida, e encoberto na morte: porque? Porque encobriu a realidade da vida debaixo da opinião da morte; e encobriu a apparencia da morte debaixo da realidade da vida. Foi também S. Sebastião encoberto na fé, e encoberto nas obras: porque? Porque encobriu a verdade da fé com a politica das obras: e encobriu a politica das obras com a dissimulação da fé. Assim como a Igreja nos deu o assumpto no Evangelho, que é a primeira fonte da verdade, assim nos há-de dar prova nas Lições que reza do santo, que é a Segunda.

Primeiramente foi S. Sebastião o encoberto, porque encobriu a realidade da vida debaixo da opinião da morte. São palavras formaes do Texto eclesiastico da sua historia: *Quem omnium opinione mortuum, noctu sancta mulier Irene sepeliendi gratia jusit auferri: sed vivum repertur domi suae curavit: et paulò post confirmata valetudine.* Ó milagre! Ó maravilha da Providência divina! Na opinião de todos era Sebastião morto: *omnium opinione mortuum*; mas na verdade e na realidade estava Sebastião vivo: *vivum repertum* ferido sim, e mal ferido; mas depois das feridas curado: *Irene domi suae curavit*: deixado sim por morto de dia na campanha: mas de noite retirado d'ella: *noctu jussit auferri*: com vozes sim de sepultura e de sepultado: *sepeliendi gratia*: mas vivo, são e valente, e tão forte como de antes era: *confirmata valetudine*. Assim sahiu Sebastião d'aquella batalha, e assim foi achado depois d'ella: na opinião morto, mas na realidade vivo: *opinione mortuum, vivum repertum.* [...]

[...] Passando brevemente á segunda combinação do nosso assumpto, foi também Sebastião encoberto na fé e encoberto nas obras: porque (como diziamos) encobriu a verdade da fé com a politica das obras: e encobriu a politica das obras com a dissimulação da fé: *Christianos, quorum fidem clam colebat, opera et facultatibus adjuvabat* (diz o nosso Texto); onde se devem notar muito aquellas palavras, *quorum fidem colebat*. Era christão, mas christão encoberto: e como era encoberto sendo christão? Encobrindo a verdade da fé debaixo da politica das obras: tudo é do mesmo Texto: *Diocletiano charus, dix primae cohortis, christianos, quorum fidem clam colebat, opera et facultatibus adjuvabat*. Ó que grande christão por dentro, ó que grande politico por fóra! Sebastião visto por fóra e entendido por dentro: uma coisa era o que era, e outra coisa era o que parecia; parecia um cortezão do palacio da terra, e era um peregrino da côrte do céo: parecia um capitão que militava debaixo das aguias romanas, e era um soldado que servia debaixo da bandeira da cruz: parecia um grande privado de Diocleciano, e era o maior confidente de Christo. Sua fortuna, seu habito e trajo, seu nome, tudo era supposto: o nome era ironia. Debaixo do nome de Sebastião (que significava Augusto) encobria o principe a quem servia: debaixo das armas e do bastão encobria a milicia que professava: debaixo da privança e graça do imperador encobria a graça de Christo, de que só vivia. Toda a sua vida era uma dissimulação da vista, toda era um enigma da opinião, e toda era uma metaphora do que não era: porque parecendo que toda se empregava em dar a Cesar o que era de Cesar, só dava a Deus o que era de Deus. Assim servia Sebastião encoberto a Christo, porque entendia (e cuidava bem) que o servia mais encoberto, que declarado. [...]

[...] Divino Sebastião encoberto, bemaventurado na terra, e descoberto defensor que sempre fostes d'este reino no céo: ponde lá de cima os olhos n'elle, e vêde o que não poderá vêr sem piedade, quem está vendo a Deus: vereis pobrezas e miserias, que se não remedeiam; vereis lagrimas e afflicções que não se consolam; vereis fomes e cobiças, que se não fartam; vereis odios e desuniões, que se não pacificam. Ó como serão ditosos e remediados os pobres, se vós lhes acudirdes: *Beati pauperes!* Ó como serão ditosos e alliviados os afflictos, se vós os consolardes: *Beati Qui lugent!* Ó como serão ditosos e satisfeitos os faminitos, se vós os enriquecerdes: *Beati Qui nunc esuritis!* Ó como serão contentes os odiados e desunidos, se vós os concordardes: *Beati estis cum vos oderint homines!* D'esta maneira, Santo glorioso, por meio do vosso amparo conseguiremos a bemaventurança encoberta d'esta vida, até que por meio da vossa intercessão alcancemos a bemaventurança descoberta da outra: *Adquam nos perducat, etc.*

(Extartos do sermão em homenagem a São Sebastião, pregado por Vieira, aos 24 anos de idade, na igreja de Acupe, na Bahia, em 1634. O assumto deste sermão é tido por muitos como alusivo à história do rei Sebastião, o Encoberto. Ver em *Sermões do Pe. Antonio Vieira*. Volume VI. Porto, Lello & Irmãos, 1947.)

7. Carta publicada em jornal da época, narrando, do ponto de vista da oficialidade, os acontecimentos na Pedra Bonita, em Pernambuco

Prefeitura da Comarca de Flores.

– Illm. E Exm. Sr. – Pela vez primeira, que me dirijo a V. Exc., participando o estado desta Comarca,

que apesar de se achar tranquila, todavia, tenho de levar ao conhecimento de V. Exc., o caso mais extraordinario, mais terrivel, cruel, nunca visto, e quasi incapaz de acreditar-se, e eu deixaria de noticiar hum semelhante acontecimento, se naõ fosse obrigado pelo dever, que me impõe o Emprego que por V. Exc., me foi confiado, talvez por desconhecer a incapacidade do meu criterio. Permitta-me V. Exc., que por hum pouco vá analisando os factos, e prejuizos, taes e quaes tiveraõ lugar n'esta Comarca nas imediações de Piancó. A mais de dois annos, Exm. Sr., que hum home de nome João Antonio, morador no sitio Pedra Bonita, distante d'esta Villa vinte e duas leguas (lugar este composto de bosques, junto aos quais se achaõ dois penedos acroceraneos), se lembrasse apresentar huma sizania aos povos, dizendo, que n'aquelle lugar existia hum Reino encantado, e que estava a desencantar-se, em cuja occasião appareceria El Rei D. Sebastião, com hum grande exerzcito, ricamente adornado, e que todos, que o seguissem seriaõ felizes, e foi lidando n'esta seita, thé que em dias do mez de Novembro do anno proximo passado, aconselhado pelo Missionario Francisco José Correia de Albuquerque, fizesse huma viagem para o sertão do Inhamun, n'onde mandou hum seu enviado de nome João Ferreira, homem hostil, pessimo, e esquisito, de sorte, que este lobo assim chegado no lugar Pedra Bonita, e aclamando-se Rei, tratou de trazser os povos rusticos sugeitos a bumas ideias supersticiosas, disendo-lhes, que para restauração do Reino tornava-se necessario, que fossem immoladas as victimas, de homens, mulheres, e meninos; e que em breves dias ressuscitarão todos, e que ficariaõ immortaes, sendo estes sacrificios uteis para regar o campo encantado com o sangue humano, e dos innocentes, depois do que appareceriaõ as maiores riquezas do Mundo, e que todos os pardos dos lugar ficariaõ mais alvos do que a propria Lua; de maneira, que assim pôde reduzir os povos ignorantes as suas falsas declamações, e pessima doutrina, e conseguio, que alguns Pais entregassem seus filhos ao cutelo do sanguinario Tigre; e no dia 14 do corrente deo principio as suas bestialidades, assassinando thé o dia Quarta Feira 16 d'este mesmo mez, vinte e hum adultos, e vinte e hum parvulos de ambos os sexos, e casando cada homem com duas o tres mulheres, sendo este contracto feito pelo mesmo idolatra, com superstições proprias de sua immoral conducta, porem o seu resultado foi tristissimo; porque Pedro Antonio, irmão do primeiro inventor João Antonio, já intolerante dos desatinos de semelhante camfrás, ou talvez ambiciosos de o substituir no Reinado, determinou-se a assassina-lo, como o fez no dia Quinta Feira 17, dia em que correndo hum do moradoreas do lugar, fez aviso ao Comissario Manuel Pereira da Silva, e este immediatamente fez reunir uma força composta de vinte seis Guardas Nacionaes, e paizanos, e seguindo ao dia Sexta Feira 18 do supracitado mez, do seu sitio Belem, distante do dito lugar da desordem oito légoas, e já perto, encontrando a Pedro Antonio assassinio do Barbaro João Ferreira, coroado com huma coroa de sipó, tomada ao seu antecessor, acompanhado de hum grupo de homens, e mulheres, que gritavaõ em altas vozes, chequem, que os naõ tememos, e ajudaõ-nos as tropas do nossop Reino e com taes [...] principiaraõ a brigar, e os desordeiros poderaõ logo (a cacetes e espadas com que brigavaõ) matar sinco homens da tropa, e ferirem a quatro, entre os quaes mortos, foraõ os Cidadãos Alexandre Ferreira da Silva, e Cypriano Pereira, irmãos do Comissario (perda esta sensivel) , mas, Exm. Sr., de balde foi o plano dos desordeiros, que sendo fortemente atacados, perderaõ em hum instante, vinte e nove pessoas, inclusive tres mulheres, alem dos feridos, que pelos matos correraõ, sendo prisioneiros tres homens, nove mulheres, e doze meninos. Nota V. Exc.; que n'aquele dia 18 as quatro horas da tarde, foi que me chegou a noticia das primeiras desordens, naõ por parte Official do Comissario, mas sim por huma carta particular de pessoa de crédito, a vista da qual a toda a pressa reuni quarenta homens , e logo marchei á frente d'elles para prender os desordeiros, mas foraõ malogrados os meus passos; porque chegando perto da Pedra Bonita, já tudo estava destruido, como acima levo dito, Exm. Sr., esta minha asserçaõ, naõ foi só baseada na parte do Comissario, mas sim na confissão conteste, que fazem todos os presos, e mesmo as crianças de sinco a doze annos, de maneira, que parecendo o caso hum sonho, todavia he real, pelas rasões, que pondero a V. Exc. Os presos de que faço mensaõ, foraõ pela minha tropa conduzidos para a Cadea d'esta Villa, e d'elles fiz entrega ao Juiz Criminal, com parte, para conhecer summariamente, e doze meninos, entreguei ao Juizdo Civel para oos mandar destribuirpor pessoas que os possaõ educar, thé que V. Exc. Providencie a respeito.

Deus guarde V. Exc. Prefeitura da Comarca de Flores 25 de Maio de 1838 – Illm. E Exm. Sr. Francisco do Rego Barros, Presidente da Provincia de Pernambuco, – Francisco Barbosa Nogueira Paz.

(Carta publicada no *Diario de Pernambuco*, no ano de 1838, num Sábado, dia 16 de Junho)

8. Dramatização da "Lenda da Farinha" sobre Dom Sebastião presente nas encantarias da Ilha dos Lençóis, no litoral maranhense

Cena 5

[...] (Mal o barco ancora, uma visão reluzente ao sol alto, encosta na praia. Saindo das espumas, um cavaleiro de armadura prateada, todo de branco sobre um cavalo branco com barras de espumas.)
Cavaleiro Misterioso – O que leva aí?
Mestre Gurijuba – Além da tripulação, só gente como passageiro.
Cavaleiro Misterioso – E além do lastro pesado, o que tem para negociar?
Mestre Gurijuba – Só farinha d'água!
(Todos do convés acorrem ao diálogo estupefatos)

Cavaleiro Misterioso – Precisamente do que estou necessitando. Faltou farinha para meus trabalhadores. Quer o senhor vender o carregamento?
Caveira-da-Desgraça (que é o dono da farinha) – Sim, senhor! Se bem que era prá vender pro povo do Bate-Vento.
Cavaleiro Misterioso – Quanto quer?
Caveira-da-Desgraça – Nhô branco faça o preço... Quem leva a farinha, meu senhor?
Cavaleiro Misterioso – Cambe para o mar.
Caveira-da-Desgraça – Mas não vejo nenhuma canoa!
Cavaleiro Misterioso – Cambe, não lho mandei?
(A tripulação começa a jogar os paneiros de farinha no mar enquanto seis pajens, trajados como brincantes – do tipo boi de Pindaré – todos em branco e prata, com pernas-de-pau, vão subindo no palco e coreograficamente vão levando os paneiros de farinha, arrastando em grande rede de pesca.)

Filha de santo 1 – (Chamando as outras duas e correndo para um canto). Olhem prá mim. Não paro de tremer.
Filha de santo 2 – E eu mulher?! Tô quase não me agüentando em pé.
Filha de santo 3 – Quem poderá ser essa figura, assim na luz do dia, que anda à cavalo sobre as águas. Quem...
Filha de santo 2 – Ora quem poderá ser! O Dono da praia. Só pode.
Filha de santo 1 – E agora? Será meu pai vai fazer diferente do que disse prá nós? Vai encarar logo assim, de proa, e na frente de todo mundo?
Filha de santo 3 – Se tiver de ser, será. Mas do jeito que ele falou era diferente.
Filha de santo 2 – Tenho medo que seja logo e ele não esteja preparado.
Filha de santo 1 – Mas que não está tenho certeza. Ainda não deu tempo. E mesmo, a hora não era essa. E nem no sol quente.
Filha de santo 3 – É. Tem que ser no nascer da lua.
Filha de santo 2 – E não pode ser assim na frente de todo mundo.

Filha de santo 1 – Se bem que eu acho que nem estão vendo. Parece que todo mundo está entalado!
Filha de santo 3 – Parece que só Mãe-Pequena está se dando conta.
Filha de santo 1 – E nós só nos mexemos porque estamos protegidas. Mas mesmo assim... Ó, espia!
Filha de santo 2 – Vamos correr pro toldo e ajudar o pai. (Vão se dirigindo para o toldo quando são interrompidas pela voz do Cavaleiro Misterioso.)
Cavaleiro Misterioso – Agora, quem vai receber o dinheiro?
(Silêncio sepulcral. Saindo do toldo, semi-paramentado, o pai-de-santo quebra resoluto o silêncio.)

Pai Firmino – Eu vou!
Todos se entreolham e viram-se para o Pai que vai abrindo passagem para perto da Mãe-Pequena e do Mestre Gurijuba.)

Pai Firmino: Eu vim foi p'ra isso mesmo.
Cavaleiro Misterioso – Então vamos! Monte cá, na minha garupa!
(Pai Firmino obedece e sobe na garupa do cavalo branco. O Cavaleiro Misterioso cavalga pela praia, sobe numa duna e se enfia no mar do outro lado, às vistas de todos que vão descendo do barco "Fé em Deus", guiados pelo Mestre e Mãe-Pequena. O cenário vai-se transformando, o barco some e fica só praia e mar.)

Velha Crispiana – Valei-nos, meu santo! D. Sebastião! [...]

(Trecho do original da peça teatral *Viva El Rei, D. Sebastião!* escrita em São Luís do Maranhão, em julho de 1995, pelo diretor e dramaturgo Tácito Borralho.)

9. Uma lenda na região do Salgado, litoral do Pará, demonstra a força do encantado Dom Sebastião

Na região do Salgado o Rei Sebastião é visto como o rei de todos os encantados. Há uma lenda, narrada em várias versões, que trata de uma disputa entre os dois grandes encantados, o Rei Sebastião e Cobra Norato, em que este foi derrotado e, em algumas versões, morto pelo rei. A partir desse episódio é que o Rei Sebastião passou a ser o mais importante de todos os encantados da região. Segundo os relatos dos informantes, em muitas sessões de pajelança o Rei Sebastião se incorpora nos pajés mais notáveis, vindo com o objetivo de curar as doenças de seus pacientes.

(Maues, Raymundo Heraldo e Villacorta, Gisela Macambira. "Pajelança e Encantaria Amazônica", em PrandiI, Reginaldo (org.) *Encantaria Brasileira: o Livro dos Mestres, Caboclos e Encantados*. Rio de Janeiro, Pallas, 2001.)

Querelas da Questão

Em Portugal a crença no mito sebástico tem permanência até hoje, com forte vínculo a um sentimento nacionalista e patriótico. Porém vários ataques sofreu esta crença no decorrer da história. Mas foi no século XIX que ela foi alvo mais visível de fortes críticas. Em 1810, em Lisboa, José Agostinho de Macedo lança um opúsculo intitulado *Os Sebastianistas, Reflexões sobre esta Ridícula Seita*. Seu ataque às crenças sebásticas fazia apelo ao uso da razão em detrimento de construções de entedimento sobre fatos ancorados em divugação de discursos aberrantes. Assim ele se manifestava em seu opúsculo:

> Todos os homens de siso se agastão e enjoão até de ouvir fallar em sebastianistas, e tem razão. Na História Universal da Demencia humana, ainda não appareceu nem aparecerá hum delirio similhante. Custa compreender como se haja podido arreigar e dilatar esta pueril credulidade, que, se pode ter alguma desculpa nos annos proximos à morte, e fatal desventura do Augustissimo Senhor Rei D. Sebastião, que Santa Gloria haja, he impossivel que a encontre agora diante do Tribunal da Razão[1].

1. José Agostinho de Macedo. *Os Sebastianistas, Reflexões sobre esta Ridícula Seita*. Lisboa, officina de Antonio Rodrigues Galhardo, 1810, Prefácio. Citado por A. M. Pires, op. cit.

O autor arremata seu desabafo afirmando que o sebastianista é o maior de todos os tolos, pois acredita em fatos ilógicos e inaceitáveis.

Porém, no decorrer dos anos o sebastianismo, apesar de receber violentas críticas, foi agraciado também por fervorosas defesas. Nos primeiros anos da década de 20 do século XX, instaurou-se uma polêmica famosa entre dois dos maiores intelectuais de Portugal naquele período. Este embate acabou ficando conhecido como "Questão Sebástica". O historiador Carlos Malheiros Dias apontava o racionalismo do intelectual Antonio Sergio, como principal motivo para os ataques deste ao sentimento sebastianista. Este mesmo racionalismo não deixava, segundo Malheiros, Antonio Sergio compreender os heróis de uma nação. Já Antonio Sergio responde a Malheiros, chamando a atenção para o seu romantismo, que era causa de perigos exagerados do "dom do sentimento" na apreciação de figuras históricas, comprometendo a objetividade crítica de um historiador. A polêmica estendeu-se por réplicas e tréplicas durante algum tempo.

No campo da literatura, o tema do sebastianismo também foi objeto de leituras satíricas, e outras que buscaram ver na figura de Dom Sebastião e seu entorno alguns traços que singulariam Portugal e o ser humano. Nomes célebres como Almeida Garrett e Fernando Pessoa, só para citar exemplos, utilizaram seus talentos sobre o mesmo tema, mas em sentidos opostos. Toda a matéria das crenças do sebastianismo é posta a ridículo em uma comédia de Garrett chamada *As Prophecias do Bandarra*, escrita em 1845[2].

Já Fernando Pessoa traz ao público o livro de poesias *Mensagem*, único livro em português que publicou em vida. O texto nos comunica, entre outras coisas, reflexões sobre a existência humana, suas aventuras e seus desafios. Sua forte carga simbólica é tema de interesse ainda hoje para pesquisadores, e esta era uma das condições principais de Pessoa ao escrever este livro. Logo em uma nota preliminar o poeta já nos indica suas intenções sobre os possíveis leitores da obra: "O entendimento dos símbolos e dos rituais (simbólicos) exige do intérprete que possua cinco qualidades ou condições, sem as quais os símbolos

---

2. A. Garrett, *Obras de Almeida Garrett*, vol. II.

serão para ele mortos, e ele um morto para eles". E nos descreve as cinco qualidades que sugere para um bom entendimento do leitor de símbolos. Talvez um verso que mais compreende a permanência da figura de Dom Sebastião viajando por épocas e locais diferentes seja o que se segue:

> QUINTA / D. SEBASTIÃO, REI DE PORTUGAL
> Louco, sim, louco, porque quis grandeza
> Qual a sorte a não dá.
> Não coube em mim minha certeza;
> Porisso onde o areal está
> Ficou meu ser que houve, não o que há.
>
> Minha loucura, outros que me a tomem
> Com o que nella ia.
> Sem a loucura que é o homem
> Mais que a besta sadia,
> Cadaver addiado que procria?[3]

Como já foi dito, ainda hoje o sebastianismo é um tema que desperta diferentes reações. Mais recentemente, em 2002, o escritor português José Saramago, em uma entrevista dada a *Folha de São Paulo*, em ocasião do lançamento do seu livro *O Homem Duplicado*, parabenizou a vitória de Lula nas eleições presidenciais. Mas deixava também um conselho à população, talvez prevendo algumas interpretações sobre o resultado tão singular para a política brasileira. Saramago vê no sebastianismo uma crença que paralisa as ações dos crentes na figura de Dom Sebastião, por trazer esta personagem mítica uma forte carga messiânica, provocando assim o aguardo de um salvador da pátria. Eis as colocações de Saramago: "Nós, portugueses, sabemos muito do sebastianismo, essa idéia de que alguém virá um dia resolver os nossos problemas. O melhor que eu posso desejar aos brasileiros é que não façam de Lula um dom Sebastião. Trabalhem ao lado dele porque ele está ao vosso lado"[4]. Claramente Saramago tem uma posição com relação ao sebastianismo ao refletir com maior profundidade o fenômeno em seu país.

---

3. F. Pessoa, *Mensagem*.
4. Entrevista com José Saramago, "O Homem Duplicado", realizada pela editoria da Ilustrada, publicada na *Folha de São Paulo* de 02 de novembro de 2002, na seção Livros/Lançamentos, p. E3.

Mas realmente o escritor estava certo ao perceber que a figura de Lula poderia ser espelhada na de Dom Sebastião. Logo no dia seguinte o professor do Deparatamento de Sociologia da USP, José de Souza Martins, dava uma entrevista para comentar também a vitória de Lula. Em sua entrevista, José de Souza observou uma espécie de reavivamento do sebastianismo que, segundo ele, estaria vinculado na pessoa de Lula como sendo a concretização da promessa do advento ungido[5].

Na mesma página da entrevista, uma matéria mostrava posições opostas das de José de Souza Martins. A professora de filosofia da USP, Marilena Chauí, o antropólogo da UFRJ, Otávio Velho, e Irlys Barreira, antropóloga da Universidade Federal do Ceará, definiram a eleição de Lula para presidente como um acontecimento "antimessias" e "oposto do salvacionismo"[6].

Portanto as questões envolvidas nos diversos olhares sobre o sebastianismo, renovam-se a cada evento e despertam inúmeras controvérsias. Talvez o debate sobre o sebastianismo em torno da eleição de Lula só tenha ocorrido devido a potências contidas no complexo mítico que circundam a figura de Dom Sebastião. Modestamente acredito que a questão é maior do que a criação de dois pólos buscando refletir sobre um mesmo fenômeno em apenas uma página de jornal. Creio que ainda é preciso perceber o que se desperta quando a figura do rei Desejado se manifesta em fenômenos políticos, sociais, religiosos, filosóficos etc. Mas talvez seja natural observações precipitadas no calor de fatos de maior envergadura, que ainda por cima trazem traços de um material mítico tão sobrevivente aos tempos.

---

5. Entrevista com José de Souza Martins, "Lula Reaviva Sebastianismo, diz Sociólogo", realizada por Caio Caramico Soares, pela Editoria Brasil do jornal *Folha de São Paulo*. Domingo, 03 de novembro de 2002, p. A-13.
6. Matéria realizada por Rafael Cariello, "Intelectuais Vêem Petista como 'Antimessias'", da Editoria Brasil do jornal *Folha de São Paulo*. Domingo, 03 de novembro de 2002, p. A-13.

Bibliografia

ABREU, Capistrano de. *Capítulos de História Colonial (1500-1800)*. Rio de Janeiro, Civilização Brasileira; Brasília, INL, 1976. Excelente obra sobre a formação do Brasil na época colonial.

AZEVEDO, João Lucio de. *A Evolução do Sebastianismo*. Lisboa, Livraria Clássica, 1947. Obra clássica da historiografia sobre o sebastianismo.

BUESCU, Ana Isabel. "Um Mito das Origens da Nacionalidade: o Milagre de Ourique" in BETHENCOUR, Francisco & CURTO, Diogo Ramada (org.). *A Memória da Nação*. Lisboa, Livraria Sá da Costa Editora, 1987. Vários artigos sobre diversos assuntos pertinentes a formação política, social e cultural de Portugal.

FERREIRA, Jerusa Pires. *Cavalaria em Cordel: o Passo das Águas Mortas*. São Paulo, Hucitec, 1993. Pesquisa de envergadura sobre releituras de material oral e literário tradicional da Europa que ganha permanência e atualização em reelaborações no Brasil, mais especificamente pelos autores de literatura de cordel.

HERMANN, Jacqueline. *No Reino do Desejado: a Construção do Sebastianismo em Portugal nos Séculos XVI e XVII*. São Paulo, Companhia das Letras, 1998. Obra muito interessante e atual que propõe uma discussão e aprofundamento de temas do sebastianismo ainda um tanto quanto obscuros.

HOLANDA, Sergio Buarque de. *Visão do Paraíso: os Motivos Edênicos e Colonização do Brasil*. São Paulo, Brasiliense/Publifolha,

2000. Imprescindível para localizarmos a transposição de um imaginário medieval europeu em terras do Novo Mundo. Ainda faz uma análise profunda, baseada em documentos de época, da confluência de culturas européias e autóctones no continente americano.

PIRES, António Machado. *Dom Sebastião e o Encoberto. Estudo e Antologia*. Lisboa, Fundação Calouste Gulbenkian, 1969. Traz excelente antologia de textos sobre o sebastianismo, na prosa, poesia, na historiografia, em ensaios de todas as qualidade. Porém tem uma visão negativa e sem cuidado algum quanto ao sebastianismo no Brasil.

QUEIROZ, Maria Isaura Pereira de. *O Messianismo no Brasil e no Mundo*. São Paulo, Alfa-Ômega, 1977, 2ª edição. Livro de grande fôlego sobre as questões que envolvem temas messiânicos no Brasil e em outros países.

Alguns textos sobre o imaginário medieval mais próximo ao tema desta pesquisa

DELUMEAU, Jean. *Mil Anos de Felicidade: Uma História do Paraíso*. São Paulo, Companhia das Letras, 1997.

_____. *História do Medo no Ocidente*. São Paulo, Companhia das Letras, 1989.

FRANCO JÚNIOR, Hilário. *As Utopias Medievais*. São Paulo, Brasiliense, 1992.

KANTOROWICZ, Ernst H. *Os Dois Corpos do Rei: Um Estudo sobre Teologia Política Medieval*. São Paulo, Companhia das Letras, 1998.

LE GOFF, Jacques. *São Luís: Biografia*. Rio de Janeiro, Record, 1999.

LOYN, H. R. (org.). *Dicionário da Idade Média*. Rio de Janeiro, Jorge Zahar Editor, 1997.

MAGNE, Augusto (org.). *A Demanda do Santo Graal*. Rio de Janeiro, Imprensa Nacional, 1944.

ZUMTHOR, Paul. *A Letra e a Voz: A "Literatura" Medieval*. (Trad. Jerusa Pires Ferreira e José Amálio Pinheiro), São Paulo, Companhia das Letras, 1993.

Obras sobre o sebastianismo e história de Portugal

BOSI, Alfredo. "Vieira e o Reino deste Mundo", in IANNONE, Carlos Alberto et alii (orgs.) *Sobre as Naus da Iniciação Estudos Portugueses de Literatura e História*. São Paulo, Unesp, 1998.

BUESCU, Ana Isabel. *Imagens do Príncipe – Discurso Normativo e Representação (1525-49)*. Lisboa, Edições Cosmos, 1994.

CENTENO, Yvette Kace. *Portugal: Mitos Revisitados*. Lisboa, Edições Salamandra, 1993.
FONSECA, Tomás da. *D. Afonso Henriques e a fundação da nacionalidade portuguesa*. Coimbra, Coimbra Editora Limitada, 1949
MATTOSO, José. *Fragmentos de Uma Composição Medieval*. Lisboa, Editorial Estampa, 1987.
MOISÉS, Massaud. *A Novela de Cavalaria no Quinhentismo Português – O Memorial das Proezas da Segunda Távola Redonda de Jorge Ferreira de Vasconcelos*. São Paulo, Faculdade de Filosofia, Ciências e Letras da USP, 1957.
NOVINSKI, Anita. "Sebastianismo, Vieira e O Messianismo Judaico", in IANNONE, Carlos Alberto et alii (orgs.) *Sobre as Naus da Iniciação; Estudos Portugueses de Literatura e História*. São Paulo, Unesp, 1998.
SARAIVA, Mário. *Nosografia de Dom Sebastião (Revisão de um Processo Clínico)*. Lisboa, Delreaux, 1980.
SOUSA, Maria Leonor Machado de (org.). *Dom Sebastião na Literatura Inglesa*. Lisboa, ICALP, 1985.
VALENSI, Lucette. *Fábulas da Memória: A Batalha de Alcácer Quibir e o Mito do Sebastianismo*. Rio de Janeiro, Nova fronteira, 1994.

Obras sobre presenças de sebastianismo no Brasil

BARROS, Benedita Carvalho. *A Pedra do Reino*. Recife, Fundarpe, 1997 (monografia).
CLEMENTE, Débora Cavalcantes de Moura. *Pedra do Reino: em Discussão*. Projeto de Pesquisa, Campinas, Unicamp, 1997.
FELIZOLA, Ana Alice de Melo. *Rei Sebastião; o Mito Narrando Nações*. Belém, mestrado em Estudos Literários pela Universidade Federal do Pará, 2001.
HERMANN, Jacqueline. *1580-1600: O Sonho da Salvação*. Col. Virando Século, São Paulo, Companhia das Letras, 2000.
MONTEIRO, Duglas Teixeira. *Os Errantes do Novo Século*. São Paulo, Duas Cidades, 1974.
MORAES, Jomar. *O Rei Touro e Outras Lendas Maranhenses*. São Luís, Sioge, 1980.
MOTT, Luiz. *Rosa Egipcíaca – Uma Santa Africana no Brasil*. Rio de Janeiro, Bertrand do Brasil, 1993.
PRANDI, Reginaldo (org.) *Encantaria Brasileira: O Livro dos Mestres, Caboclos e Encantados*. Rio de Janeiro, Pallas, 2001.
SOUZA, Laura de Mello e. *Inferno Atlântico – Demonologia e Colonização (séculos XVI-XVIII)*. São Paulo, Companhia das Letras, 1993.

Textos literários e/ou proféticos e crônicas que trazem o tema Dom Sebastião

BANDARRA, Gonçalo Annes. *"Profecias" do Bandarra*. Col. Janus, (dir.) Antonio Carlos Carvalho série História. Vega, 1996, 5ª edição.
CAMÕES, Luiz Vaz de. *Os Lusíadas*. Lisboa, Imprensa Nacional, 1972.
Crónica de El-re Dom Sebastião, Único dêste Nóme e dos Reis de Portugal o 16º, Composta pelo Padre Amador Rebelo, Companheiro do Padre Luís Gonçalves da Câmara, Mestre do Dito Rei Dom Sebastião. Edição de António Ferreira de Serpa. Porto, Civilizações, 1925.
GARRETT, Almeida. *Obras de Almeida Garrett*. vol. II, Porto, Lello &Irmão – Editores, 1963.
PESSOA, Fernando. *Mensagem*. Rio de Janeiro, Nova Aguillar, 1976.
REGO, José Lins. *Pedra Bonita*. Rio de Janeiro, Livraria José Olympio Editora, s/d.
SUASSUNA, Ariano. *Romance D'A Pedra do Reino e o Príncipe do Sangue do Vai-e-Volta*. Rio de Janeiro, Livraria José Olympio Editora, 1972.
VASCONCELOS, Jorge Ferreira de. *Memorial das Proezas da Segunda Távola Redonda*. Lisboa, Lello Editores, 1998.
VIEYRA, Padre Antônio. *História do Futuro*. Belém, Edição fac-símile Secult-PA/IOE/Prodepa, 1998.
VIEIRA, Padre Antônio. *Sermões do Padre Antônio Vieira*. vol. VI. Porto, Lello & Irmãos, 1947.

Obras de referências teóricas

CASCUDO, Luis da Câmara. *Dicionário do Folclore Brasileiro*. Rio de Janeiro, Instituto Nacional do Livro, 1962, vols. 1 e 2.
CHARTIER, Roger. *História Cultural. Entre Práticas e Representações*. Lisboa/Rio de Janeiro, Difel/Bertrand do Brasil, 1988.
CHEVALIER, Jean e GHEERBRANT, Alain. *Dicionário de Símbolos*. José Olympio Editora. Rio de Janeiro, 3. ed., 1990. Verbete "Mar".
CHIAMPI, Irlemar. *Barroco e Modernidade*. São Paulo, Perspectiva, 1998.
DELEUZE, Gilles. *Diferença e Repetição*, Rio de Janeiro, Graal, 1988.
DELEUZE, Gilles e GUATTARI, Félix. *Mil Platôs: Capitalismo e Esquizofrenia*. 5 volumes, São Paulo, Editora 34, 2000.
ENCICLOPÉDIA EINAUDI, *Religião – Rito*. vol. 30. Lisboa, Imprensa Nacional, Casa da Moeda, 1994. (coord. da edição portuguesa: Fernando Gil).
GUATTARI, Félix e ROLNIK, Suely. *Micropolítica.Cartografias do Desejo*. Petrópolis, Vozes, 1986.

LAPLANTINE, François. *Aprender antropologia*. São Paulo, Brasiliense, 1999.
_____. *La descricion ethnographique*. Paris, Éditions Nathan, 1996.
LÉVI-STRAUSS, Claude. *O Pensamento Selvagem*. São Paulo, Companhia Editora Nacional, 1976.
LIMA, José Lezama. *A Expressão Americana*. São Paulo, Brasiliense, 1988.
LOTMAN, Iuri M. *La Semiosfera II: Semiótica de la Cultura del Texto, de la Conducta y del Espacio*. Madrid, Ediciones Cátedra, 1998.
LODY, Raul. *O Povo do Santo: Religião, História e Cultura dos Orixás, Voduns, Inquices e Caboclos*. Rio de Janeiro, Pallas, 1995.
MAUÉS, R. Heraldo. *Padres, Pajés, Santos e Festa: Catolicismo Popular e Controle Eclesiástico*. Belém, Cejup, 1995.
_____. *Uma Outra "Invenção" da Amazônia; Religiões, Histórias, Identidades*. Belém, Cejup, 1999.
NIETZSCHE, Friedrich. *Vontade de Potência*. São Paulo, Ediouro, s/d.
SANTOS, Maria do Rosário Carvalho. *O Caminho das Matriarcas Jeje-Nagô: Uma Contribuição para História da Religião Afro no Maranhão*. São Luís, FUNC, 2001.
WEBER, Max. *Weber*. São Paulo. Abril Cultural, 1978 (Os Pensadores).
ZUMTHOR, Paul. *Tradição e Esquecimento*. Trad. Jerusa Pires Ferreira e Suely Fenerich. São Paulo, Hucitec, 1997.

Fontes Impressas

FERNANDES, José Silvestre et alii. *Suplemento Cultural Vagalume do Diário Oficial*, São Luís, Jan/Fev, 1989.
Folha de São Paulo de 02 de novembro de 2002, na seção Livros/Lançamentos, p. E3. Entrevista com José Saramado, "O Homem Duplicado", realizada pela editoria da Ilustrada.
Folha de São Paulo. Domingo, 03 de novembro de 2002. Entrevista com José de Souza Martins, "Lula Reaviva Sebastianismo, diz Sociólogo", realizada por Caio Caramico Soares, pela Editoria Brasil, p. A-13.
Folha de São Paulo. Domingo, 03 de novembro de 2002, p. A-13. Matéria realizada por Rafael Cariello, "Intelectuais vêem Petista como 'Antimessias'", da Editoria Brasil do jornal.
"Os Hóspedes da Morada Encantada de Dom Sebastião". *Revista Parla*, Ano 1, n. 5, 2000.
NEOTTI, Clarêncio (org.) "Tempo e Utopia". *Revista de cultura Vozes*. Rio de Janeiro, Vozes, 1973.

QUEIROZ, Maria Isaura Pereira de. "Dom Sebastião no Brasil: o Imaginário em Movimentos Messiânicos Nacionais". *Revista USP*, n. 20, dez/fev – 93/94, pp. 28-41.

Vídeo

MACHADO, Roberto. *A Lenda do Rei Sebastião*. Ano de produção: 1979; duração: 14 minutos; produção: Tempo Filmes,

Material Fonográfico

BAIANO, Paulo & MACHADO, Roberto. *A Lenda do Rei Sebastião: Registros Sonoros do Maranhão*. Produção: Rec Play Tempo Filmes, apoio: Ministério da Cultura.

Marcio Honorio de Godoy nasceu em São Paulo, em 1970. Graduou-se em Comunicação Social, com ênfase em jornalismo, pela Universidade São Judas Tadeu, em 1996. Recebeu o título de Mestre em 2002, na área de Intersemiose na Literatura e nas Artes pelo programa de Comunicação e Semiótica da PUC/SP, defendendo a dissertação *Dom Sebastião no Brasil – Fatos da Cultura e da Comunicação em Tempo/Espaço* agora publicada, com atualizações, pela Perspectiva. No momento é doutorando em Comunicação e Semiótica pela PUC/SP, com a tese *Dom Sebastião no Brasil: uma Cartografia das Oralidades Tradicionais aos Processos Comunicacionais nas Mídias*. Junto a esta mesma universidade, é membro do Centro de Estudos da Oralidade e também participa do Centro de Estudos de Crítica Genética.

COLEÇÃO KHRONOS

1. *O Mercantilismo*, Pierre Deyon
2. *Florença na Época dos Medici*, Alberto Tenenti
3. *O Anti-Semitismo Alemão*, Pierre Sorlin
4. *Os Mecanismos da Conquista Colonial*, Ruggiero Romano
5. *A Revolução Russa de 1917*, Marc Ferro
6. *A Partilha da África Negra*, Henri Brunschwig
7. *As Origens do Fascismo*, Robert Paris
8. *A Revolução Francesa*, Alice Gérard
9. *Heresias Medievais*, Nachman Falbel
10. *Armamentos Nucleares e Guerra Fria*, Claude Delmas
11. *A Descoberta da América*, Marianne Mahn-Lot
12. *As Revoluções do México*, Américo Nunes
13. *O Comércio Ultramarino Espanhol no Prata*, Emanuel Soares da Veiga Garcia
14. *Rosa Luxemburgo e a Espontaneidade Revolucionária*, Daniel Guérin
15. *Teatro e Sociedade: Shakespeare*, Guy Boquet
16. *O Trotskismo*, Jean-Jacques Marie
17. *A Revolução Espanhola 1931-1939*, Pierre Broué
18. *Weimar*, Claude Klein
19. *O Pingo de Azeite: A Instauração da Ditadura*, Paula Beiguelman
20. *As Invasões Normandas: Uma Catástrofe?*, Albert D'Haenens
21. *O Veneno da Serpente*, Maria Luiza Tucci Carneiro
22. *O Brasil Filosófico*, Ricardo Timm de Souza
23. *Schoá: Sepultos nas Nuvens*, Gérard Rabinovitch
24. *Leni Riefenstahl: Cinema e Nazismo*, Luiz Nazário
25. *Dom Sebastião no Brasil*, Marcio Honorio de Godoy
26. *Arquitetura Vernacular*, Marisa Barda

Impresso pela Gráfica VIDA & CONSCIÊNCIA